H. R. NIEDERHÄUSER

Fremde Länder – Fremde Völker

HANS RUDOLF NIEDERHÄUSER

FREMDE LÄNDER - FREMDE VÖLKER

Eine Einführung in die Völkerkunde
in Bildern, Mythen und Erzählungen

VERLAG FREIES GEISTESLEBEN

Zeichnungen von Michael Becker

ISBN 3 7725 0553 8
6. Auflage 1976

Fotomechanischer Nachdruck: Strauss & Cramer, Leutershausen

INHALT

Schalkhafte Einleitung

Das Buch ist aber ganz ernst gemeint; es fehlt ihm sogar der Humor, obwohl es auch interessante völkerkundliche Aufschlüsse gäbe, wenn man zum Beispiel Til Ulenspigel, Münchhausen, Harlekin, Don Quichotte, oder das, worüber die verschiedenen Völker lachen, beschreiben und vergleichen würde. Das steht alles nicht in dem Buche; aber doch manches andere, was vielleicht auch interessant ist.

Nun, mit dem Schalkhaften hat es folgende Bewandtnis: Wenn ein Schweizer in den Mittleren Westen Amerikas kommt und dort ahnungslos Besuche macht, wird er öfter gefragt: Können Sie auch jodeln?, denn er kommt doch aus der Schweiz, dem Gebirgsland, und man hätte es zu gerne, wenn er gleich anfinge.

Wohl gibt es in der Schweiz Menschen, die richtig jodeln können – nicht nur im Radio oder am Sonntagabend in der Bahnhofhalle – sondern oben in den Bergen. Aber nicht immer jodeln sie; nur wenn es ihnen so recht von Herzen drum ist. Leider ist das von Jahr zu Jahr immer seltener der Fall – aber das ist schon wieder ganz ernst. – Und wenn einer auch jodeln kann, so kann er es jedenfalls nicht in einer Dutzendwohnung bei lieben Freunden im Mittleren Westen, selbst nicht, wenn Goldfische im Aquarium herumschwimmen und ein kleines Gärtchen vor der Tür ist. Es braucht wirklich ein wenig Berge dazu.

Das Jodeln ist ein eigenartiger Zug der Alpenbewohner. Aber eben, die Alpen liegen, auch wenn man in Basel oder Bern wohnt, was beides biedere Schweizerstädte sind (beileibe nicht die einzigen), die Alpen also liegen doch eben recht weit weg, und darum mag einer aus der Schweiz kommen und kann doch nicht jodeln.

Nun, daran mußte ich oft denken, wenn ich an diesen völkerkundlichen Bildern schrieb. Und wenn ich auch nicht sagen möchte – wie einmal Johann Peter Hebel: »Der geneigte Leser wird gebeten, nicht alles für wahr zu halten, was in der Geschichte steht«, so muß ich doch darauf hinweisen, daß es sich mit vielem, was in diesem Buche steht, gleich verhält wie mit den jodelnden Schweizern.

In den folgenden Darstellungen ist versucht, Typisches, Charakteristisches von den Völkern zu einem Wesensbild zu verdichten. Man darf nur das Gesagte nicht in ausschließlichem Sinne verallgemeinern. Das Leben ist zu reich, als daß es sich auch im dicksten Buch fassen und festlegen ließe.

Also, wenn man beim Lesen immer ein wenig denkt: Viele Menschen sind Schweizer, aber nicht jeder Schweizer kann jodeln, und nicht jeder, der im Mittleren Westen Besuche macht, wird gebeten zu jodeln – dann werden wir uns gut verstehen.

Die Völker der Erde

Bis zu einem gewissen Grad ist das Leben der Menschen eingebettet in den Rhythmus von Tag und Nacht und den Wechsel der Jahreszeiten.

Wir erleben den Sommer: flimmernde Hitze, kurze dunkle Schatten, golden wallendes Korn, sich türmende Kumuluswolken, vielleicht ein Gewitter, das donnernd grollt; wir erleben den Übergang zum sanften Glanz und Leuchten des Septembers, die Fülle der Früchte, das Aufflammen der Herbstfarben. Es folgen Regen und Stürme; die Bäume stehen kahl im nieselnden Novembernebel. Frost verkrustet die Erde, mächtige Schneemassen decken sie zu. Die Farben und Geräusche der Natur sind gedämpft. In flachem Bogen zieht die Sonne über den Himmel. Lang und dunkel sind die Winternächte.

Wir atmen auf, wenn im Frühling die Abende heller und heller werden. Freudig achten wir auf das Schwellen der Knospen, auf die Amseln, die erst im tieferen Geäst einzelne Töne erklingen lassen und mit zunehmendem Licht auf den Spitzen von Bäumen und Häusern singen. Es ist, als atmete die Erde selber aus im Jubilieren der Vögel, im sich entfaltenden Grün, im Sich-öffnen und Strahlen der tausend und abertausend Blütenkelche.

Würden wir nordwärts reisen, so fänden wir jenseits des Polarkreises, hoch im Norden, die Erde pflanzenlos, kahl, vor Frost erstarrt, mit Schnee und Eis bedeckt, jahraus jahrein.

Nach Süden ziehend, kämen wir in die Gegend einer stetigen Wärme, wo das Pflanzenleben in üppiger Fülle sich entfaltet dort, wo genügend Wasser vorhanden ist. Wir würden am Laubfall des einen oder anderen Baumes die Andeutung seiner »Winterruhe« finden, wir würden aber in den Urwäldern am Kongo wie am Amazonas jahraus jahrein von sattem Grün umgeben und von Wärme umhüllt sein.

Wir erleben hier in Mitteleuropa, in der gemäßigten Zone, den Wechsel der Jahreszeiten im Laufe des Jahres, während gleichzeitig an den Polen der Erde immer Winter herrscht und in den Äquatorgebieten ewiger Sommer.

Ähnlich ist es mit dem Wechsel von Tag und Nacht. Könnten wir nach einem schönen Sonnenuntergang dem Lauf der Sonne folgen, dann würden wir sehen, wie der Farbenschleier der Abendröte der Sonne nachfolgt. Die Morgenröte aber eilt überall ihrem Kommen voraus.

Immer ist in bestimmten Zonen der Erde Sonnenaufgang, Tag, Sonnenuntergang, Dämmerung, Nacht und Sternenglanz. Was wir an einem Orte im Kreis der Stunden hintereinander erleben, umkreist als Geschehen zu gleicher Zeit die ganze Erde.

So ist die Erde in bezug auf den Wechsel von Tag und Nacht und der Jahreszeiten ein Ganzes, in dem alle möglichen Extreme wie die feinsten Übergänge gleichzeitig vorhanden sind.

Ähnlich wie mit der Erde ist es mit den Völkern, die sie bewohnen. Ob schwarz, braun, gelb, kupferfarben oder weiß die Hautfarbe ist: alle sind sie Menschen. Aber sie leben unter den verschiedensten Bedingungen: die einen in der dünnen Luft der Hochebene, die anderen am Meer; in der Fülle tropischer Urwälder die einen, in den kargen Tundragefilden die andern. Das bestimmt ihre Lebensweise bis in Brauch und Haus, das formt aber auch ihren Charakter, ihr Denken und Empfinden.

Aber die Völker leben nicht nur in verschiedenen klimatischen und geographischen Verhältnissen. Es leben die Völker der Erde jetzt gleichzeitig auch auf den unterschiedlichsten Stufen der geschichtlich-kulturellen Entwicklung nebeneinander.

Während die Menschen in den Großstädten Europas und Amerikas in äußerster Wachheit der Sinne und mit scharfem Verstand die moderne Technik schufen – heute in soviel Stunden von Europa nach Amerika fliegen können als Kolumbus Wochen brauchte, um erstmals nach Amerika zu gelangen –, während ein reger Verkehr und Handel die ganze Erde umspannt, gibt es Völker, die noch auf der Stufe der Sammler sind, kaum Werkzeuge noch Hütten kennen. Andere wiederum benutzen Waffen aus Holz, Knochen und Stein, üben magische Jagdkünste aus und leben heute noch wie die Menschen Europas zur Steinzeit. Wieder andere ziehen als Nomaden mit ihren Herden von Brunnen zu Brunnen, wie zur Zeit der Patriarchen, und so fort: ein unvorstellbarer Reichtum der Erscheinungsformen und Lebensweisen der Völker breitet sich gleichzeitig über die Erde hin aus.

Und – obwohl jeder einzelne Angehörige der verschiedenen Rassen und Kulturstufen das Antlitz des Menschen trägt, lebt jedes Volk doch eine gewisse Einseitigkeit der menschlichen Entwicklungsstufen dar. Wenn man alle diese Einseitigkeiten zusammenschaut, offenbart sich erst das volle Bild des Menschenwesens. Alle Völker der Erde zusammengenommen: sie sind *der Mensch.*

Aber nirgends ist ein Stillestehen; es ist ein ständiges Kommen und Gehen der Menschen und Geschlechter, ein Wandeln und Fortschreiten der Völker.

Der einzelne Mensch ist eingebettet in sein Volk. Aufwachsend entwickelt er sich zu dem, was ihm durch dieses möglich wird. Aber er kann als Einzelner durch Lernen – man denke an die Sprachen – seine Entwicklung weiterführen, auch wenn die naturgegebene Entwicklung zum Abschluß gekommen ist. Dann wächst er über sein Volk hinaus; er wird Weltbürger.

Wie beim einzelnen Menschen können wir auch durch die Zeiten und Völker eine deutliche Entwicklung beobachten.

Der Entwicklungsgang der Menschheit zeigt in seinem Anfange Kulturen, deren äußeres Leben sich sehr einfach gestaltete. Die Menschen fühlten sich damals in wunderbarem Eins-sein mit der Welt, mit dem ganzen Kosmos verbunden. Sie erlebten Donner und Blitz, das Wachsen der Pflanzen, das Treiben der Tiere unmittelbar als das lebendige Wirken der göttlich-geistigen Mächte und suchten im Kultus, durch Opfer und beschwörendes Wort mit diesen Kräften sich gut zu stellen, ja sie sich dienstbar zu machen.

Auf solche Kulturstufe kosmischen Erlebens und magischer Wirksamkeit weisen zum Beispiel die wunderbaren Höhlenmalereien hin, die man in Südfrankreich, in den Pyrenäen sowie an vielen anderen Orten der Erde fand; weisen auch die Werkzeuge der Steinzeit hin, die in ihren Formen über die ganze Erde hin sich gleichen und schlechthin vollkommen sind hinsichtlich der Einheit von Form und Bestimmung.

Auf einer weiteren Kulturstufe entfaltet sich das äußere Leben der Menschen immer reicher. Die Erde wird durch Ackerbau und Pflanzenveredlung umgestaltet, Tiere werden gezähmt. Die Menschen graben nach den Erzen, und die Arbeit differenziert sich in die Urberufe des Ackerbauers, Viehzüchters, Erzgießers, Töpfers und so weiter, wie es uns im Alten Testament durch Jubal-Kain und Tubal-Kain angedeutet ist. – Das unmittelbare sich Eins-fühlen mit der Welt aber dämmert allmählich ab und verblaßt mehr und mehr.

In Mythenbildern sprechen nun die Menschen von ihrem Erleben der Götter und deren Walten in der Welt. Manches von dem, was heute sogenannte primitive Völker darleben, ist keineswegs primitiv, sondern Nachklang solcher Erlebnisse; ist wie der Schatten einstigen Glanzes. Es hat sich in oft verkümmerten, verzerrten Überresten, zum Beispiel bei Negervölkern und den Kopfjägern Neuguineas, bis in unsere Zeit erhalten.

Dann kam ein dritter Entwicklungsschritt, wo auch dieses mythische Erleben verblaßte und der Mensch als selbständig Denkender, als Forscher und Erfinder das Leben aus der Kraft seiner Intelligenz gestaltet. Es ist die Zeit, die den ungeheuren Aufschwung der materiellen und technischen Kultur brachte.

Im Menschheitserinnern hat sich dieser Wandel noch in manchen Sagen bildhaft erhalten. So wird in den Alpengegenden erzählt, wie die Zwerge den Menschen nachts geholfen haben, wie dann jemand aus Neugier sie belauscht oder aus Bosheit ihnen einen Streich gespielt hat. Danach, so wird erzählt, verließen die Zwerge Menschen und Tal, indem sie ausriefen:

Uf und i'd'Aerde,
D'Lüt wei spitzfindig wärde!

Die Entwicklung bis zu dieser Stufe vollzog sich vor allem in Europa und Nordamerika. Wir können beobachten, wie von da ausgehend durch die Kolonisation, durch den Handel, durch die Verbreitung der modernen Technik und durch den Weltverkehr überall auf der Erde die gleichen Einrichtungen entstehen, wie die Völker und ihre Kulturen sich an- und ausgleichen, insofern sie mit dieser neuen Zivilisation in Berührung kommen. Wir finden schreiende Lichtreklamen in Tokio wie in New York, Wolkenkratzer in Peking wie in Buenos Aires, ja Städte mit modern eingerichteten Flugplätzen mitten im afrikanischen Urwald. Das hat zur Folge, daß die Eigenarten der Völker und ihre ursprünglichen Kulturformen mehr und mehr verschwinden; es breitet sich eine einheitliche äußere Kultur über die ganze Erde aus.

Das alles vollzieht sich in jedem Volk, das von diesen Vorgängen erfaßt wird, unter Umständen, die tief in sein ganzes Leben eingreifen und von dramatischen Spannungen begleitet sind.

Man mag diesen Schwund alles Originalen, die Nivellierung bedauern; aber es scheint der unvermeidliche Tribut zu sein, der auf dem Entwicklungsweg entrichtet werden muß, der zu freiem Denken und Handeln aus der Eigenkraft des Einzelnen, der zum Aufwachen und Mündigwerden der Völker führt.

Wir wollen im folgenden Eigenart und Lebensweise verschiedener Völker kennenlernen. Wenn auch manches von ihren Lebensformen und Gesinnungen schwindet und sie vielerorts aufwachen zu der Gedankenhelligkeit, die die Kultur des Maschinenzeitalters hervorgebracht hat, so sind diese Völker letztlich doch nur zu verstehen, wenn ihr Streben nach der modernen Lebensgestaltung gemäß den Voraussetzungen und aus den Untergründen ihrer besonderen Seelenart betrachtet wird.

Menschenrassen und Völker

Aus alten Zusammenhängen der Menschheitsentwicklung unterschied man früher, hauptsächlich nach der Farbe der Haut, fünf Rassen, und ordnete sie folgendermaßen den Kontinenten zu:

die schwarze Rasse – Afrika;

die braune Rasse – Hinterindien, Ostindische Inseln und Ozeanien;

die gelbe Rasse – Nord-, Zentral- und Ostasien;

die weiße Rasse – Europa;

die kupferrote Rasse – Amerika.

Einer der ersten, der wissenschaftlich die Rassen erforschte, war der Naturforscher Blumenbach. Er gab 1775 in seiner grundlegenden Abhandlung über die Menschenrassen zur Unterscheidung der fünf Hauptrassen folgende äußere Kennzeichen an:

1. Weiße oder kaukasische Rasse: weiße Haut, ovale Gesichtsform, starker Bartwuchs, schlichtes Haar.

2. Mongolische Rasse: gelbliche Hautfarbe, breites Gesicht mit vorstehenden Backenknochen, schrägliegende geschlitzte Augen (was auf eine Falte im oberen Augenlid zurückzuführen ist), langes, straffes Haar und schwacher Bartwuchs.

3. Malaiische Rasse: braune Hautfarbe, schlichtes, dunkles Haar.

4. Amerikanische Rasse: kupferfarbene Haut, Adlernase, vorstehende Backenknochen, schlichtes, dunkles Haar.

5. Äthiopische Rasse: schwarze Haut, krauses, schwarzes Haar, wulstige Lippen.

Jede dieser Rassen gliedert sich in zahlreiche Unterabteilungen, in *Völker,* deren unterscheidende Merkmale ursprünglich auf Verschiedenheiten in der Sprache zurückgeführt wurden.

So einleuchtend und praktisch brauchbar die Unterscheidungsmerkmale sind, die von Blumenbach und anderen aufgestellt wurden – die Fülle der Erscheinungen, die zahlreichen feinen Übergänge ließen sich durch solche Merkmale nicht fassen und festlegen. Was für ältere Zeiten gültig war, genügte nicht mehr für die neuere Zeit. Die Menschheitsverhältnisse sind komplizierter geworden; mannigfache Wanderungen und Völkermischungen machen eine strenge Sonderung nach Rassen und Völkern vielerorts schwer, ja stellen sie für manche überhaupt in Frage. Und so geriet, als man die Sache eindringlicher zu erforschen begann, in Fluß, was eben erst so schön aufgestellt worden war.

Auch die sprachlichen Unterscheidungsmerkmale, wonach man die Völker schied, erwiesen sich nach genauerem Studium nicht als eindeutig. Bei den Sprachen fand man eine noch fließendere Beweglichkeit als bei den körperlichen Merkmalen. Obwohl die Sprachen das eigenste Erzeugnis der Völker sind, lösen sie sich oft von ihnen los; sie wandern, verwandeln sich, überziehen fremde Völker, ja Rassen, oder sterben ab, während ihre früheren Träger eine ganze andere Sprache sprechen.

Ein aufschlußreiches Beispiel für die Wanderung eines Volkes und die Umwandlung seiner Sprache ist das folgende:

In der Völkerwanderung drangen die Germanen ins Römische Reich ein. Der Stamm der Franken überschritt den Rhein und ließ sich im römisch besetzten Gallien nieder, wo ehemals die Kelten gelebt hatten. Sie verbanden sich sehr stark mit der römisch-lateinischen Kultur und der Sprache Galliens, in der noch starke keltische Elemente mitklangen. Aus der Vermischung dieser verschiedensten Elemente entstand ein Volk, das ganz neue Charaktereigenschaften und eine neue Sprache entwickelte: die Franzosen. Sie sind dem Stammesherkommen nach Germanen, der Sprachverwandtschaft nach zählt man sie zu den romanischen Völkern.

Oft auch wurden die Einteilungen, die durch die Naturforscher aufgestellt worden waren, von denen der Sprachforscher durchkreuzt. Das war besonders auffällig bei der weißen Rasse. Bei der Vergleichung der Sprachen traten nahe Verwandtschaften von Völkern zutage, die man ihrer Hautfarbe nach nicht ohne weiteres zur weißen Rasse zählen würde.

So bei den Indern, Arabern und Äthiopiern. Man zählt diese Völker, trotz ihrer dunklen Haut, zur weißen Rasse.

Angesichts dieser Verhältnisse kann man sich fragen: Hat es denn noch Sinn, von Rassen und Völkern zu sprechen? Wodurch ist das Unterscheiden heute so schwer geworden?

In dieser Schwierigkeit zeichnet sich der Gang der Menschheitsentwicklung ab. Die Unterscheidungen nach Rassen und Völkern beziehen sich auf altvergangene Zeiten, in denen uneingeschränkte Gültigkeit hatte, was man mit diesen Begriffen umfassen will. Der Mensch älterer Zeit war in erster Linie durch seine Rasse- und Volkszugehörigkeit bestimmt. Ein Grieche fühlte sich vornehmlich als Glied seiner Sippe, dann etwa als Athener, als Achäer und als Grieche.

Heute stehen wir in einem Übergang, wo das Alte noch kräftig nachklingt, aber ein Neues zugleich sich zu bilden beginnt. In Nordamerika ist es heute keine Seltenheit, daß die vier Großeltern eines Amerikaners vier verschiedenen Völkern, ja sogar verschiedenen Rassen angehören. Welcher Rasse oder welchem Volk soll man ihn da nach den alten Begriffen zuordnen? Er ist weder Japaner noch Schweizer, weder Russe noch Franzose, sondern etwas neues: Amerikaner.

So zeigen Leben und Entwicklung, wie gegen die Zukunft hin immer stärker das allgemein Menschliche in den Vordergrund tritt und das Rassen- und Volksmäßige nur mehr eine untergeordnete Rolle spielt insofern, als es ihm eine lebendige, spannungsreiche Färbung gibt.

Weil man aber im praktischen Leben die Bezeichnungen »Rasse« und »Volk« noch dauernd gebraucht, ist es gut, wenn wir uns nach den herkömmlichen Gesichtspunkten eine Übersicht der Völker nach ihrer Rassezugehörigkeit verschaffen insoweit, als es lebensmäßig sinnvoll ist.

Zur Hauptsache ist die *weiße Rasse* in Europa beheimatet, aber sie breitet sich ebenso nach Asien wie nach Afrika aus und bekommt dort eine entschiedene Färbung durch den Kontinent. So ist der Inder in seiner Schlankheit der Glieder, in dem schwellend Blühenden seiner Erscheinung, in dem sanften Braun und dem dunkel leuchtenden Auge durch das tropische Asien geprägt, wie es in der malaiischen Rasse zu reinster Entfaltung kommt. In den Äthiopiern, den Berbern und den dunklen Fulbe wirkt die Formkraft Afrikas und gibt ihnen Züge, welche stark an die der Neger erinnern.

Umgekehrt ist interessant, wie auch die Formkraft Europas wirkt: die Ungarn, die Finnen würde man dem unmittelbaren Eindruck nach zur weißen Rasse zählen; sie gehören auch hinsichtlich ihrer Kultur und Geschichte ganz zum europäischen Raum; der Rasse nach muß man sie aber der gelben unterordnen.

Überblick über die weiße Rasse

INDOGERMANEN					SEMITEN	HAMITEN
Inder	*Iranier*	*Armenier*	*Griechen*	*Albanier*		
	Perser Afghanen Kurden				Hebräer Syrer Araber Abessinier	Berber ägypt. Fellachen Tuareg Fulbe, Galla, Massai } mit negroidem Einschlag

Romanen	*Kelten*	*Germanen*	*Slawen*
Italiener Franzosen Spanier Portugiesen	Gälen Basken	Skandinavier Engländer Deutsche Holländer Österreicher Deutsch-Schweizer	Ostslawen: Russen Ukrainer Bulgaren Serben Kroaten Slowenen Westslawen: Polen Tschechen

Die weiße Rasse mit ihren Vertretern in Asien und Afrika bildet eine Art von Ganzheit; sie bietet im kleinen das Bild der Menschheit dar.

Zur gelben (mongolischen) *Rasse* gehören in eingeschränktem Sinne die Finnen, Lappen und Ungarn (Magyaren). Dann die Samojeden, Ostjaken und Tungusen in Nordasien; die eigentlichen Mongolen, Kirgisen, Burjäten und Kalmücken in Zentralasien; dann die Chinesen die Japaner und Koreaner, die Tibetaner und Völker Hinterindiens, sowie die Turkvölker (Türken und andere).

Zur *schwarzen Rasse* gehören die Sudan-Neger und die Bantu; in weiterem Sinne die Buschmänner, Hottentotten und die Australier.

Zur *roten* oder *kupferfarbenen Rasse* zählen alle Indianervölker Nord-, Mittel- und Südamerikas. Ihre Hautfarbe spielt vom helleren bis ins dunkle Gelb-Braun. Kupferrot wurde ihnen als Hautfarbe zugeschrieben, weil die Indianer, die man zuerst kennenlernte, sich mit Ockererde bemalt hatten.

*

Fragen wir, was in alten Zeiten vor allem zur Rassebildung beigetragen haben mag, so kann das folgende Beispiel, das allerdings aus jüngster Zeit stammt, einen wesentlichen Hinweis geben:

Seit drei bis vier Jahrhunderten wanderten Europäer der verschiedensten Völkerschaften nach Nordamerika ein. Sie haben die Indianer verdrängt und bis auf einen kleinen Rest zum Aussterben gebracht. Nun haben sich diese Europäer verändert, ohne daß eine Blutmischung mit Indianern mitspielte. Man kam darauf, als man bei solchen Familien, welche zwei bis drei Generationen zuvor eingewandert waren, vergleichende Messungen anstellte. Bei der dritten Generation bereits, also bei den Enkeln des eingewanderten Großvaters, zeigte sich, daß sie im Vergleich zu ihren Verwandten in Europa verhältnismäßig längere Glieder, Arme wie Beine, größere Hände und Füße und eine kräftiger ausgebildete Kieferpartie haben. Die Anthropologen, denen sich diese Erscheinung aufdrängte, sprechen davon, daß die eingewanderten Europäer in Amerika typisch indianische Merkmale im Gliederbau aufweisen. – So formt der andere Kontinent die Menschen in feiner Weise, aber doch bis in die Knochen um.

Dieses Beispiel schließt vieles auf. Es weist auf Wirkungen bildender und umbildender Kräfte feiner Art hin. Wenn es auch nicht leichtfertig verallgemeinert werden darf, so kann es doch als Hinweis dafür genommen werden, daß die Erde, obwohl sie überall aus dem festen

Steingrund besteht, vom Wasser durchsetzt und umflossen, von derselben Luft umspielt und von der gleichen Sonne bestrahlt wird, doch auf jedem Kontinent, in jedem Land anders ist und anders auf den Menschen einwirkt.

In erster Linie denken wir an das Gestein, auf dem der Mensch geht, an die Landschaft, in der er lebt. Weite, wellige Flächen mit kristallinem Sand wirken anders auf den Menschen als Moor- oder Lehmboden oder eine Gebirgslandschaft. Im allgemeinen sind die Menschen des Flachlandes offener, beweglicher und rasch im Erfassen; ihre Sprache fließt weich, die Konsonanten sind abgeflacht.

Der Gebirgler dagegen neigt zu verhaltenem Ernst; er staunt, ist schweigsam und bedächtig. Sein Urteil holt er aus tiefen Gründen heraus und setzt es in plastisch-kräftig geformter Sprache hin.

Und wiederum: ein Kalkgebirge saugt und zehrt; der Fuß gleitet leicht auf dem Fels ab, während er im Urgestein sicheren Halt findet. Granit strahlt etwas sprühend Kräftiges aus; man erholt und stärkt sich leicht und schnell auf Urgestein, während man sich im Kalkgebirge schwerer fühlt und innerlich immer etwas aufbieten muß, um nicht ausgelaugt zu werden. Bis in die Pflanzenwelt, bis ins Wasser ist ein Unterschied zu spüren. Weich und frisch schäumend ist das Wasser aus dem Urgestein, wogegen dasjenige aus dem Kalkgebirge hart ist und lau schmeckt.

Menschen, die im Inneren großer Ländermassen wohnen, neigen unter dem Eindruck der eintönigen Landschaft und des einen, alles umfassenden Horizontkreises zu einem ernsten Charakter und zeigen vorwiegend melancholische Temperamentfärbung. Wie leicht und beweglich sind dagegen die Griechen, in deren Heimat das Meer in unzähligen Buchten tief in das Landesinnere gliedernd hineinflutet, wo das Land in Vorgebirgen und Inseln sich in das beweglich schäumende Element hinaus erstreckt; wo Land und Meer mit immer wechselnden Horizonten harmonisch sich durchdringen.

Oder denken wir an die milde Insellage Englands, seine außergewöhnliche Luftfeuchte, die zu wochenlangem Nebel sich verdichten kann: Büsche und Bäume gedeihen dort in solch paradiesischer Fülle, Größe und Schönheit wie nirgends sonst auf dem Kontinent; oder an die wasserdurchsetzte und übersättigte Tropenwelt und ihren wuchernden Pflanzenwuchs – im Gegensatz dazu an Gegenden langdauernder Trokkenheiten: wie feingegliedert sind dort die Tiere; spitz und scharfkantig die Gräser, die Pflanzen verholzt und dornig. Denken wir an die Hochgebirge und ihre dünne, trockene, gläsern durchsichtige Luft, in der eine gedrungene, in zarten Spitzen ausziselierte, mit Stacheln oder feinem Haarpelz bedeckte Pflanzenwelt gedeiht – wie leuchtend strahlen da die Sterne, brennt da die Sonne, wirkt die kosmische Strahlung auf die Erde ein, als dort, wo Dunst und Dampf ihr Leuchten trüben, ihr Einwirken mildern.

Ganz verschieden ist auch die Wärme der Erde in den verschiedenen Erdgegenden. Man wird dabei fast ein wenig an den menschlichen Organismus erinnert, der ja auch an verschiedenen Stellen, zum Beispiel am Kopf, am Rumpf, an den Fußsohlen andere Temperaturen aufweist als im Innern des Leibes, in der Leber oder Lunge. Sogar Untertemperaturen fehlen nicht an bestimmten Stellen des Organismus.

In den Tropen reicht eine gleichmäßige, von tages- oder jahreszeitlichen Schwankungen unberührte Erdtemperatur bis in zwölf Meter Tiefe. Im Polargürtel ist die Erde mehr als hundert Meter tief ständig hartgefroren und taut nur im Sommer an der äußersten Oberfläche etwas auf; dazwischen finden sich alle Übergänge, tages- und jahreszeitlich bedingter Schwankungen zwischen frosterstarrten und erddurchwärmten Oberflächen. Welch verschiedenartige Einflüsse wirken von diesen Wärmeverhältnissen her auf das Pflanzenleben, die Tiere und den Menschen!

Untersuchungen wie alltägliche Erfahrungen haben gezeigt, daß, um ein letztes Beispiel zu nennen, auch die elektrischen Kräfte in verschiedenen Erdgebieten verschieden stark sind.

In Gebirgsgegenden Mitteleuropas wird einem die Erdelektrizität selten bewußt: vielleicht einmal, wenn man bei besonderen Luftverhältnissen einen Pullover auszieht und es in den Haaren fein knistert. Bei einem Gewitter im Gebirge aber kann es schon zu ganz imposanten Erscheinungen kommen, wenn kleine Elmsfeuerchen auf allen Eisenspitzen und -kanten tanzen oder die Blitze um einen herum krachend sich entladen und die Luft schweflig riecht. Schwächer sind diese Erscheinungen im flachen Lande. – In Amerika, sowohl im Norden wie im Süden, wirken die erdelektrischen Erscheinungen stellenweise so stark, daß man sie alltäglich bemerkt: als heftiges Knistern beim Kämmen und Wechseln von Woll- und Seidenkleidern. Mancherorts trifft einen ein elektrischer Schlag, wenn man den Schlüssel ins Schlüsselloch steckt oder Metallteile am Auto berührt.

Je eindringlicher man auf all die verschiedenen Einzelheiten eingeht, die ja auch im Tages- oder Jahresablauf sich ändern, um so lebendiger gestaltet sich einem das Bild von der Erde und ihrem fein differenzierten Zusammenspiel von Kräften im Gewande der Elemente: der Erde, ihrer Gesteinsarten, Gebirgs- und Landschaftsformen; des Wassers als Meere, Seen, Ströme und Luftfeuchte; der Luft und ihren Strömungen; der Wärme in der Erde sowohl als in der erdnahen Luftschicht; der Elektrizität, des Magnetismus und so weiter.

Dieses Zusammenspiel stellt man sich in seiner »Lebendigkeit« nur fein genug vor, wenn man es vergleicht mit einem Naturgeschehen auf höherer Stufe: mit den feinen sich gegenseitig beeinflussenden und sich umwandelnden Lebensvorgängen im menschlichen oder tierischen Organismus.

In dieses lebendige elementarische Zusammenwirken von Erd- und Sonnenkräften ist der Mensch, sind Pflanze und Tier hineingestellt. Das Organische gliedert sich organisch in das Erdganze ein, und es gestalten sich den jeweiligen Verhältnissen gemäß jene rätselhaften, schwer zu fassenden und doch so stark erlebbaren Einheiten von Landschaften, auf die Mensch, Pflanze und Tier wie auf einen geheimen Grundakkord abgestimmt sind. (Solches beschreiben A. E. Brehm und Ernst Haeckel in ihren Reiseerinnerungen mit künstlerischem Empfinden.) Man denke an die Wüste: überall breitet sich die Ockerfarbe des Sandes aus. Sie tönt das Fell der Gazelle, der Springmaus, ja selbst der Hunde der Beduinen. Sie glänzt in der Hautfarbe der Wüstenbewohner wider. Die trockene Hitze und die Lichtfülle prägt sich in den stachligen Pflanzen aus wie in den fein durchgebildeten Formen der Tiere. Die Landschaft findet selbst im Charakter ihrer Bewohner entsprechenden Ausdruck: welch Feuer blitzt aus den zugekniffenen Augen der Wüstensöhne! Ihr Verstand zergliedert scharf; in ihrem gelassen-wiegenden Schritt schwingt die Weite und Ruhe des ganzen Sandmeeres mit.

In alten Zeiten, als die Menschen noch seßhafter waren, hat die Erde auf den Menschen mächtig eingewirkt und ihn geprägt. Das fand seinen stärksten Ausdruck in den Rassenmerkmalen. Durch die formenden Sprachkräfte entstanden die zarteren Schattierungen der verschiedenen Völkerschaften. Und das Erworbene wurde durch Vererbung in den Generationenstrom einverleibt und bewahrt.

Diese bildenden Kräfte der Erde, der Sprache, sind aber heute noch lebendig, sie wirken heute noch, wenn auch viel schwächer, auf den Menschen ein. Das Beispiel der nach Nordamerika eingewanderten Europäer und das der Bildung des französischen Volkes machen dies deutlich.

Aber der Mensch ist nicht allein durch diese Kräfte der Erde bestimmt wie die Pflanze, wie das Tier.

In der Kraft der Erinnerung, der Fähigkeit des Denkens, ja schon in seiner aufrechten Haltung zeigt sich, daß der Mensch zur Freiheit veranlagt ist. Er kann sich bis zu einem bestimmten Grade von seiner natürlichen Bestimmtheit unabhängig machen.

Das kann man schon an alltäglichen Erscheinungen sehen – wenn wir zum Beispiel durch das starke Interesse an einer Sache die Kopfschmerzen wenn nicht zum Verschwinden bringen, so doch soweit überwinden, daß wir dennoch leistungsfähig sind; es ist aber auch an außergewöhnlichen Fällen von Krankheit oder körperlicher Behinderung zu beobachten. Man denke zum Beispiel an Christi Brown, an Helen Keller oder an Auguste Renoir, der mit gichtverkrampften Händen viele seiner leuchtenden, duftigen Landschaften malte.

Wie der Mensch, der krank ist oder körperlich behindert, seinem Leib Erstaunliches abringen kann und im Überwinden der Hemmungen zu sozialen, wissenschaftlichen oder künstlerischen Taten sich aufschwingt, die weit über das hinausgehen, was ihm von Natur möglich wäre, so kann er durch Selbsterziehung, Üben und Lernen auch jene Kräfte und Fähigkeiten steigern und wandeln, die ihm gegeben sind dadurch, daß er in einer bestimmten Familie, in einem bestimmten Volk oder Land geboren wurde.

In der Spannung aber zwischen der leiblichen Bestimmtheit und Begrenzung durch Rasse und Volk und dem, was er aus seiner Freiheitsmöglichkeit macht, offenbart sich etwas von jener Kernkraft des Menschen, wodurch jeder Mensch ein einziges und ein einmaliges Wesen ist.

*

Als die materiellen Verhältnisse noch einfachere waren, da waren die Menschen im allgemeinen seßhafter, gebunden an den Ort und ausgesetzt seinen stillen, aber unaufhaltsam formenden Wirkungen. Da differenzierten sie sich je nach der Erdgegend, in der sie lebten, in die Rassen und Völker.

Große Völkerwanderungen – wenn wir nur an die in geschichtlicher Zeit denken – wie die dorische oder die nachchristlich-germanische, brachten die Völker in stärkere Bewegung, unter den Einfluß ganz anderer Erd- und Himmelsgegenden. Völkerblutsmischungen und Durchdringungen der Kulturen kamen ergänzend dazu. Man denke hierbei etwa an Oberitalien, an die Poebene. Welche Völker sind da durchgezogen!

Und für unsere Gegenwart (zu der wir in diesem Zusammenhange die Zeit der Wiederentdeckung Amerikas und der Kolonisation im Osten hinzurechnen dürfen) ist ja das Wandern von Völkern, Volksgruppen, Familien und Einzelnen, freiwillig oder gezwungen, ein hervorragendes Merkmal. Zwei Zahlen mögen diesen normalen Wandertrieb verdeutlichen: In den Vereinigten Staaten Amerikas wechselt der fünfte Teil der Bevölkerung alljährlich den Wohnort. In Brasilien wandern jedes Jahr durchschnittlich 100 000 Menschen ein. Durch diese Wanderungen und die Blutsmischungen gleichen sich die alten Rassen- und Volksunterschiede allmählich aus.

Von diesem Blickpunkt aus gesehen sind die Bestrebungen in Brasilien von großartiger, vorbildlicher Kühnheit. In Brasilien hat sich ein zahlenmäßig recht starker Teil der indianischen Urbevölkerung bis heute erhalten. Die eingewanderten Portugiesen hatten sich zum Teil mit Indianern vermischt. Diese Portugiesen mit indianischem Blut betrachten sich – neben den Indos – als den Kern, gewissermaßen die Adligen der Bevölkerung. Dazu kommen die Einwanderer aus allen Völkern Europas, Chinesen und vor allem Neger in großer Zahl. Ein unvorstellbares Völkergemisch drängt sich in den Straßen Rios oder des aufblühenden Sâo Paulo.

Nun ist es das Bestreben der führenden Weißen, daß in Brasilien die Vorurteile gegenüber allen Rassen fallengelassen werden. Es sind wohl kaum überbietbare Gegensätze da zwischen arm und reich: In Sâo Paulo leben Weiße und Farbige in Luxusvillen; nicht weit davon am Stadtrand hausen andere, meist Neger, in Wellblechbaracken ohne fließendes Wasser und Kanalisation. – Aber nie wird ein Mensch seiner Hautfarbe wegen zurückgedrängt, benachteiligt oder gar verachtet. Diese Haltung ist keineswegs selbstverständlich; aber in Brasilien ist sie die Grundlage des Zusammenlebens und ist in Gesetz und Recht verankert. Wer dort Heimatrecht sich erworben hat, ist Brasilianer; er spricht zu Hause vielleicht seine Muttersprache, aber im offiziellen Verkehr spricht man portugiesisch. So wird in diesem Lande der Versuch gemacht, unabhängig von Rasse und Volk zusammenzuleben. An mancherlei Orten der Erde scheint sich ähnliches anzubahnen, teils neu erstrebt, teils seit älterer Zeit betätigt und bewährt. – In diesem Sinne sei auch die Schweiz erwähnt, wo seit mehr als hundert Jahren vier Völker mit vier Sprachen zusammenleben und bei innerer und äußerer Achtung der Minderheiten und ihrer Eigenart sich dennoch als eine Einheit fühlen. Man spricht, um diese zu bezeichnen, im alltäglichen Sprachgebrauch zwar vom »Schweizervolk«, um etwas zu benennen, was gerade über das Volksmäßige im eigentlichen Sinne hinausgeht.

Am Beispiel Brasiliens und zahlreicher anderer Länder kann abgelesen werden, daß heute nicht mehr die aus alter Zeit stammenden trennenden Unterschiede der Rasse und der Sprache für das Zusammenleben entscheidend sind wie früher, sondern der *Mensch,* der mit anderen zusammen zu ähnlichen kulturellen, geistigen, rechtlichen und wirtschaftlichen Zielen sich verbindet oder verbunden sich fühlt. Diese sachlichen Lebensgebiete und das Interesse des einen Menschen am andern scheinen gegen die Zukunft hin die entscheidenden und einenden Bindungen von Menschengruppen zu werden.

Dies wird von außen gefördert durch die moderne technische Zivilisation, die über die ganze Erde hin ähnliche Verhältnisse schafft und die Völker in der Wachheit und Verantwortung gegenüber gemeinsamen Aufgaben eint: der moderne Flugverkehr, um ein Beispiel zu nennen, stützt sich auf die Zuverlässigkeit des Flugplatzpersonals in London, Athen und Kairo sowohl wie in Indien und in Peru.

Was so als Neues sich bilden will, wird stark gefördert durch das Interesse an den Völkern und die Kenntnis ihrer Eigenheiten. Denn je eindringlicher dies gepflegt wird, um so lebensvoller rundet sich das Bild der Menschheit in der Seele jedes einzelnen.

Die Eskimo

Als John Ross auf einer seiner Entdeckungsfahrten (1818-29) in den hohen Norden vorstieß, traf er, nur zwei Breitengrade von den letzten menschlichen Siedlungen entfernt, in unwirtlicher Gegend von Eis und Schnee auf ein seltsames Völklein: starr vor Staunen standen sie am Ufer, kleine in Felle eingepackte Menschen mit runden Gesichtern, schwarzem, strähnigem Haar, und erwarteten die seltsame Erscheinung, die sich ihrer Küste näherte. Sie zeigten keine Furcht, als der gewaltige Vogel – das Segelschiff – langsam herangerauscht kam und ihm lichte Wesen entstiegen, die lachend auf sie zukamen. Durch einen Dolmetscher erfuhr Kapitän Ross, daß die Eskimo die Ankömmlinge für Wesen hielten, die vom Mond oder der Sonne herab zu ihnen gekommen seien. Als Ross dies verneinte und ihnen begreiflich machte, daß sie Menschen, nicht Götter seien, wurde ihr Erstaunen nicht geringer. Denn die Eskimo hielten sich bis jetzt für die einzigen Menschen auf der Welt. Sie nannten sich daher auch »Inuit«, was einfach »Menschen« heißt. – Der Name Eskimo ist ein Spottname, der diesem Volk von den Indianern gegeben wurde, und bedeutet soviel wie *»Rohes-Fleisch-Fresser«*. – Sie glaubten, die Welt sei das, was sie um sich herum sahen: Himmel, Meer, Fels, Eis und Schnee. Noch hielten sie die Ankömmlinge alle für Weiber, weil sie so eine feine weiße Haut hatten. Die langen struppigen Bärte der Seeleute schienen sie nicht im geringsten zu stören. Als ihnen ein Spiegel vorgehalten wurde und sie sich darin sahen, rief das Staunen und dann ein großes Gelächter hervor.

Allmählich verloren sie die Scheu, wurden zutraulicher, und die Mutigsten folgten Ross zum Schiff. Als sie es betasteten, konnten sie kaum glauben, daß dies alles Holz sei. Zum erstenmal sahen sie so viel und so großes Holz. »Bäume«, »Wälder« waren Begriffe, die ihnen vollkommen fehlten. An Pflanzen kannten sie bloß einige dürftige Gräser, Moose und Flechten und verkrüppelte Heidekräuter. Holz war ihnen nur als Treibholz bekannt, das an die Küsten angeschwemmt wird.

Was hatten die Eskimo einander alles zu erzählen an diesem Abend, als sie ihre Behausungen aufsuchten! Und wie machten sie haargenau alle Bewegungen, das Mienenspiel und den Tonfall der Fremden nach! Die Kunde von dem Wunder verbreitete sich rasch, so daß sogar von benachbarten Inseln und Halbinseln an den folgenden Tagen Kajaks mit Neugierigen sich nahten. Ross blieb einige Zeit dort, lernte das Leben dieser von der Zivilisation unberührten Eskimo kennen und erzählte ihnen, wie es bei ihm zu Hause sei und wie die Welt dort aussehe.

Als der Sommer zu Ende ging und er wegfuhr, als der Winter kam und die Eskimo wieder in ihren Schneehütten lebten, da entstanden lange Gesänge über die Weißen Brüder und ihre Erzählungen von der Welt. Und wer sie nicht selber mit Augen gesehen und mit Ohren gehört hatte, konnte im nächsten Sommer oder in den folgenden alles aus diesen Gesängen erfahren.

*

Wenn sich im Frühjahr ein blasser Streifen zeigt am Horizont, wenn es heller und heller wird in den Ländern rings um den Nordpol, da ergreift eine Unruhe die Eskimo in ihren Schneehütten. Die Kinder können den Tag nicht erwarten, wo das Winterhaus verlassen wird und die Reise zu den Sommerplätzen beginnt. Schon ist das Eisdach des »Iglu« merklich dünner gworden, und zu der langersehnten Stunde, wo der leuchtende Sonnenrand über dem Horizont erscheinen wird, ist alt und jung vor der Hütte versammelt. Die Knaben springen auf die Anhöhe, um die Sonne zuerst zu sehen. Da – es wird heller und heller, im nächsten Augenblick blitzt es golden über dem Horizont. Ein Jubel begrüßt die neue Sonne! Das blasse Licht läßt Schneefelder und Eisblöcke zauberhaft aufschimmern. Durch die langen, tief blau-violetten Schatten treten Hügel und Eisschründe plastisch aus der Einöde hervor. Noch bleibt die Sonne nicht lang, aber Tag für Tag strahlt sie heller und kräftiger. Die Eskimo feiern ihr Erscheinen durch ein fröhliches Fest. Jetzt braucht man nicht mehr zu kargen mit den Vorräten. Und wenn die Sonne längst wieder hinter dem Horizont verschwunden ist, dann schmausen sie in den Hütten nach Herzenslust: frischerlegtes Seehundsfleisch und Speck, in unglaublichen Mengen. Nach alter Sitte müssen zwei Männer um die Wette essen: von jeder Seite eines langen Speckriemens schlingen sie, bis sie zur allgemeinen Heiterkeit zusammentreffen. Mit glänzigen Äuglein schauen die Kinder zu und schlecken sich fortdauernd die Mundwinkel. Selbst die Hunde vor den Hütten, beinmager geworden durch den Winter hindurch, bekommen ihren Teil vom Festschmaus.

Aber noch ist nicht an Aufbruch zu denken. Längere Zeit noch dient die Winterhütte als Wohnstatt, wenn auch das Leben sich wieder draußen abspielt, und die Jagd- und Fangzeit beginnt. Denn der Winter ist nicht ganz besiegt. Mit heftigen Schneestürmen kämpft er gegen das Sonnenlicht, bis er das Feld doch endlich räumen muß.

Nun werden die Schlitten gepackt. Die Hunde belfern heiser. Angespannt und – nordwärts geht's zu den Sommerplätzen. Das Winterhaus wird den Elementen überlassen; bald wird an seiner Stelle die Tundra blühen. Leicht gleiten die Schlitten durch den Schnee. Die Hunde, angetrieben durch singende, glucksende Rufe, legen sich tüchtig in die Riemen. Aber kaum in Fahrt, muß angehalten werden; einer der zwölf Hunde des Gespannes hat sich in den Leinen verwickelt; dann wieder sind Eisbarrieren zu überwinden. Da muß alles abgeladen, hinübergetragen und neu aufgeladen werden. So geht's stockend vorwärts. Eine Geduldsprobe ist diese Fahrt. Aber gelassen überwinden sie ein Hindernis nach dem andern. Viel leichter haben es die Eskimo, welche die Reise zu Wasser unternehmen, wenn sie auch nicht ungefährlich ist. Dazu werden die Frauenboote, Omjak, etwa zwölf Meter lange, flache Schiffe, mit Kind, Hund und Hausrat beladen und bemannt. Das heißt: die Frauen, etwa zehn an der Zahl, rudern das Boot, der Familienvater als einziger männlicher Mitfahrer bedient das Steuer. Die andern, Männer und Jünglinge, fahren mit ihren Kajaks.

Ob zu Land oder zu Wasser, sie suchen immer die gleichen Orte auf, wo sie die Zeit der hellen Nächte verbringen: Plätze, die günstig sind für Jagd und Fang. Hier schlagen sie ihre Zelte aus Seehundsfell auf und gehen ihren vielseitigen Beschäftigungen nach.

Frühmorgens steigt der Eskimo auf eine Anhöhe und hält Ausschau nach Meer und Wetter. Danach schreitet er bedächtig zum Zelt, kleidet sich mit dem Kajakpelz, ergreift Kajak und Waffen und trägt sie ans Ufer. Alle Waffen werden in guter Griffnähe auf dem Boot befestigt. Vorsichtig steigt er in den schaukelnden Kahn und schnürt den Kajakpelz um den Einsteigerahmen zu. Ärmel und Gesichtsöffnung zu schließen ist heute nicht nötig, denn es herrscht Windstille und das Wetter ist gut. Darum fährt er auch allein hinaus. Einige leichte Schläge mit dem Paddel, und das Boot pfeilt lautlos auf die glatte Fläche hinaus. Wie flüssige Perlmutter schimmert das Meer; es spiegeln sich das blasse Blau des Himmels und die Wolken. Hunderte von Wasservögeln tanzen auf den flach rollenden Wellen, fliegen kreischend auf und setzen sich wieder. In der Ferne schimmern Eisberge leuchtend weiß in bizarren Formen. Unversehens schleudert der Eskimo den Pfeil mit dem Wurfholz, wie zum Spiel. Ein Alk fällt ins Wasser. Rasch ergreift er ihn und steckt ihn hinten auf den Kajak. Sein Ziel ist heute eine Seehundsbank weit draußen. Dort lagern die Seehunde, alt und jung, gemächlich auf Sand, Eis und Felsen und räkeln sich gähnend im blassen Sonnenlicht. Sobald der Jäger naht, springen sie von den Felsen ins Wasser, watscheln in ängstlicher Eile an die Flutlinie und rollen sich ins flüssige Element. Bald sieht er nur noch dunkle, runde Köpfe mit glänzenden Augen auf- und untertauchen. Aber er kennt ihre Lebensweise und weiß sie mit Geduld zu überlisten. Heute ist die Jagd ein leichtes Spiel. Mit guter Beute kehrt er zurück, am Ufer freudig empfangen von den Seinen.

Aber auch wenn das Meer stürmisch ist, fahren die Eskimo hinaus. Dann aber nie allein. Oft auch sind sie weit draußen und werden von einem Sturm überrascht. Da zeigt sich ihre Kaltblütigkeit und ihr Mut. Kajak, Mann und tobendes Meer sind eins, wie der Wasservogel und die Wellen. Mit unglaublicher Geschwindigkeit reagieren sie auf den Wellengang, gewichten aus, treiben sich kräftig voran. Ganze Wasserstürze fallen über sie her – aber sie leben ganz im Element; Wahrnehmen und Handeln ist eins. Wenn einer kentert, weiß er in jeder Lage mit blitzschneller Wendung den Schlag auszuführen, durch den er wieder nach oben kommt. Und er ist nicht verlassen. Rasch ist ein Kamerad zur Stelle, wenn es nötig ist. Das Aufrichten ist besonders schwierig, wenn einer Beute mitschleppt. Denn, selbst vom Sturm überrascht, im Kampf mit den wütenden Wogen, wirft der Eskimo die Harpune, so oft die Gelegenheit sich bietet; und Beute läßt er nur fahren, wenn er in höchster Lebensgefahr schwebt.

Wenn der Himmel dunkel ist, Wind und Meer heulen und weiße Kronen auf den schwärzlichen Wogen schäumen, dann stehen die Angehörigen mit Bangen auf den Höhen und starren aufs Meer. Kleine Punkte sehen sie draußen auftauchen und verschwinden. Das sind ihre Männer, Brüder und Väter, die mit aller Macht heimwärts streben. Jetzt verschwinden sie in den Wellentälern, werden im nächsten Augenblick hochgehoben und sausen wieder zur Tiefe. Sobald sie wieder sichtbar sind, werden sie gezählt. Einer fehlt. Ein Wehruf. Doch kurz darauf taucht er auf. Alle atmen auf. Eine zweite Sturzflut, eine dritte, schwächere, folgt. Schon sind sie so nah, daß die einzelnen erkannt werden. Sie zielen in eine sichere Bucht. Ein Hügel verdeckt sie. Alles rennt ihnen entgegen. In der Bucht entkommen sie dem brüllenden Element. Ein Freudengeheul, wenn sie geborgen, wenn sie beutebeladen an Land steigen. Aber wie oft kommt es vor, daß einer, daß zwei nicht zurückkommen. Sie fanden trotz heldenhaftem Kampf den Tod im tobenden Element. Das Unvermeidliche wird mit stummer Ergebung hingenommen. Und morgen wird der Bruder, wird der Sohn wieder hinausfahren.

Ist die Jagd auf Seehunde verhältnismäßig leicht und bei gutem Wetter auch von einem einzelnen allein auszuführen, so ist die Walroßjagd nur mit vereinten Kräften möglich. Haben die Männer ein Walroß gesichtet, so fahren sie es vorsichtig an. Der nächste wirft die Harpune. Rasch entwickelt sich die Leine, und die Schwimmblase tanzt auf dem Wasser. Ihr nach. Das Tier ist wild geworden, taucht unter, steigt auf, eine zweite, dritte Harpune saust, sie folgen ihm, weichen

aus, ziehen an den Leinen – ein Kampf auf Leben und Tod. Das Wasser färbt sich rot. Wehe, wenn ein wildgewordenes Walroß ein Boot von unten angreift. Dann ist's um den Eskimo geschehen. Allmählich erlahmt die Kraft des Tieres, die Eskimomänner ziehen es langsam landwärts, immer auf einen neuen Ausbruch gefaßt. Dann rasch die Leinen los. Nun bugsieren sie die Beute an eine günstige Stelle, wo sie den Koloß mit vereinten Kräften aufs Land wälzen können. Längst haben die Knaben die heimkehrenden Väter gesichtet. Auf ihre Rufe eilen Frauen und Kinder zur Küste und bestaunen den Fang. Die Männer überlassen das Verteilen den Frauen; sie sorgen sich nur mehr um Kajak und Waffen. Das Walroß wird an Ort und Stelle zerteilt; kleinere Jagdbeute tragen die Frauen heim. Der Eskimo, dessen Harpune das Tier tödlich traf, hat Anrecht auf das beste Stück, das übrige wird brüderlich geteilt. Undenkbar, daß hierbei Streit entstünde. Aber sachte, eins nach dem andern. Erst wird gegessen! Den Kindern läuft schon längst das Wasser im Mund zusammen ob dem feinen, frischen Speck. Nun kommen die Männer auch herbei; denn sie sind nüchtern auf die Jagd gefahren. Mit den Knochenmessern schneiden die Frauen Stück um Stück ab, und nun geht's an ein freudiges Schmatzen. Die Hunde schleichen heran und erhalten Abfälle zugeworfen, die sie gierig verschlingen. Schon umkreisen Eisfüchse die Stätte. Die werden mit Steinwürfen vertrieben. Lange und ausgiebig wird geschmaust. Die Eskimo können unheimliche Mengen verzehren.

Was nur möglich ist, wird verwertet: Fell, Sehnen, Därme, Knochen: das sind alles Rohmaterialien zu Waffen und Geräten. Speck und Fleisch muß gut geschützt werden vor den schlauen Eisfüchsen, die des Nachts das Lager umschleichen. Dazu bindet der Eskimo Holz zu Stangen zusammen. Oben in der Gabel ist das Fleisch vor den gefräßigen Räubern geschützt.

Je nach der Gegend, wo die Eskimo leben, jagen sie Eisbären, Walrosse und Rentiere, außer den Vögeln, Fischen und Robben, die zum täglichen Fang gehören; früher gab es auch Wale.

Die Eskimoväter weihen die Knaben in die Lebensweise der Tiere und in die Geheimnisse der Jagd ein. Damit muß früh begonnen werden, soll die erforderliche Geschicklichkeit ihnen zur zweiten Natur werden. Nach den Vögeln zu werfen mit einem kleinen Wurfholz und mit der Lanze zu zielen, gehört schon zum Spiel der kleinen Knaben; ebenso das Fischen – das einzige, woran sich auch die Frauen gelegentlich beteiligen. Mit dem zehnten Lebensjahr mündet das Spiel in ernstes Üben ein. Der Knabe lernt am Eisloch Seehunden aufzulauern und sie zu fangen, und mit zunehmendem Alter lernt er die andern Jagdkünste. Mit der Lebensweise der verschiedenen Arten muß er so vertraut werden, daß er ohne Überlegung in jedem Augenblick sich richtig verhält und wirksam handelt.

Unglaublich ist die Sinnenschärfe der Eskimo. Die Waffen handhaben sie so sicher und vollendet, daß es wie ein leichtes Spiel aussieht.

Vom sechsten Jahr an werden die Knaben an das Kajakfahren gewöhnt. Sie erlernen Paddeln und sich Aufrichten im Wellengang, zunächst mit dem Vater im selben Boot. Mit dem zwölften Jahr bekommt jeder Junge seinen eigenen Kajak und kann sich in der Gefolgschaft der täglichen Ausfahrten die Meisterschaft erwerben. – Zu den ständigen Anleitungen gehört auch die Dressur der Hunde. Im Sommer läßt man sie frei streunen mit Ausnahme derjenigen, die im letzten Winter geworfen wurden und nun ans Schlittenziehen gewöhnt werden müssen. Diese hält man in einer Grube und holt sie anfänglich nur heraus, um sie an Gespann, Schlitten und Last zu gewöhnen. Eine wilde Meute, deren Zähmung immer wieder beim ursprünglichen Naturzustand beginnen muß.

Wo der Eskimo geht oder fährt, hält er Ausschau nach Treibholz. Hat er solches gesichtet, dann braucht er es nur über die Flutmarke heraufzuziehen, und kann sicher sein, daß es von niemandem weggenommen wird, selbst wenn es ein Jahr oder länger dort läge. Mit sicherem Auge wählt der Eskimovater aus seiner Sammlung kleinerer und größerer Stücke diejenigen aus, die er zum Gerüst eines Kajaks verwerten kann. Mit Sehnen und getrockneten Därmen bindet er die Stücke zusammen und formt ein zierliches Gerüst von fünf Meter Länge, das vollkommen ausgewichtet und so elastisch ist, daß der Kajak auch im stärksten Wellengang nicht bricht. Arbeit der Frauen ist es nun, die

Seehundsfelle mit Knochennadeln und Sehnen so zusammenzunähen, daß kein Wasser eindringen kann und es beim Überziehen keinerlei Falten gibt. Das Beziehen geschieht mit vereinten Kräften, solange die Felle noch feucht sind. Wenn sie trocknen, spannen sie sich wie ein Trommelfell.

Selbst die Hilfsmittel zum Anfertigen von Geräten, Waffen und Kleidern müssen von den Eskimo selber hergestellt oder zubereitet werden: das Gerben der Felle, das Zubereiten der Därme und Sehnen zu Fäden – was ausschließlich Frauenarbeit ist – und das Schleifen der Knochen zu Nadeln, Pfeilen und Harpunenspitzen mit scharfen Spitzen und feinen Widerhaken. Jedes einzelne Werkzeug ist ein kleines handwerkliches und technisches Kunstwerk für sich. Die Auswahl unter den beschränkten Materialien, die dem Eskimo zur Verfügung stehen, zeugt von großer Verstandeskraft, feinem Beobachtungsvermögen und erstaunlicher Erfindungsgabe, aber zugleich auch von Schönheitssinn.

Die Waffen, die Werkzeuge dienen vollkommen ihrem Zwecke und haben gleichzeitig schöne Formen, so wie auch die Waffen der Steinzeitmenschen in ihrer einfachen Beschränkung von vollendeter Schönheit sind. Auch die Kleider und Schuhe, welche die Frauen anfertigen, entbehren nicht des Schmuckes: die Fellkleider werden mit kleinen farbigen Pelzstücken verbrämt. Alles ist echt, ungekünstelt und wahr und stimmt mit der lauteren Gemütsart der Eskimo überein.

Etwa sechs bis acht Wochen genießen die Eskimo das freie Leben im Zelt, dann endet der Sommer. Die Sonne verschwindet mehr und mehr unter den Horizont. Es erfolgt der Aufbruch nach Süden. Ehe die Winterstürme vollends hereinbrechen, gilt es, an windgeschützter Stelle das feste Winterhaus wieder aufzubauen und die Vorräte einzuheimsen. Die Winterwohnung ist je nach der Gegend, die der Eskimo bewohnt, ganz aus Schnee, oder sie wird aus Steinen aufgeschichtet und mit Erde bedeckt. Zum Bau des Iglu schneiden die Männer mit langen Knochenmessern aus dem Schnee verschieden große Blöcke aus, die sich nach innen verjüngen und außen etwas gewölbt sind. In einem Kreis von ungefähr sieben Metern Durchmesser werden nun die Blöcke so gesetzt, daß der Ring mit dem kleinsten begonnen und mit dem größten geschlossen wird. Die zweite Reihe darüber beginnt mit dem größten Block, der auf den kleinsten der unteren Reihe zu liegen kommt. So wächst die Mauer spiralenartig nach oben und wölbt sich langsam. Schnee und Frost binden die Blöcke. Ist die Wölbung geschlossen, werden die Fenster- und Türöffnung ausgeschnitten. Eine fünf Zentimeter dicke, durchscheinende Eisplatte fügen sie in die Fensteröffnung ein, und vor die Türe wird ein niedriger, abgewinkelter Gang angebaut. Zur Lüftung und zum Abzug des Rauches schneiden sie aus der Decke einen Schneeblock aus. Diesen einfachen, aber kunstvollen Bau vollenden die Eskimo im Laufe eines Tages.

Ein solcher Iglu bietet mehreren Familien Raum. Der Platz einer jeden wird durch Schneewände abgegliedert. In der Mitte ist ein freier Raum für alle. Sie müssen sich eng zusammendrängen, denn sie haben nicht viel Platz in ihrer Behausung. Genügt der Iglu nicht, werden zwei, drei kleinere angebaut, die durch die Türöffnung mit dem Hauptraum verbunden sind. Das Winterhaus wird anfangs am Tag noch verlassen. Sorgsam werden die Vorräte eingeheimst, vor allem Fleisch und Speck; dann die Geräte eingeräumt und das spärliche Reisig sowie die Felle, die als Lager dienen. Draußen dunkelt es, Schneestürme toben, und die Familien werden mehr und mehr ans Haus gebannt.

Aber so lange es irgend möglich ist, gehen die Männer auf die Jagd und den Fischfang, um nicht vorzeitig die Vorräte angreifen zu müssen. Bereits sind die Meerbuchten von dicken Eisschichten zugedeckt. Da gilt es, allmorgendlich die Eislöcher aufzuhacken, die über Nacht zugefroren sind. Diese Eislöcher sind die Stellen, um die sich die Robben tummelnd sammeln, um Luft zu schnappen. Ruhig wartet der Eskimo, bis eine Robbe auftaucht – schwupp, ist sie mit dem kurzen Speer aufgespießt und wird herausgezogen.

Schließlich bricht die lange Nacht herein. Die Hunde, wohlgenährt, kugeln sich im windgeschützten Winkel neben der Hütte zusammen und lassen sich einschneien. Unter der schützenden Hülle des Schnees verschlafen sie die lange Winterzeit.

Der Eskimovater schließt mit bereitgelegten Eisblöcken den Eingang der Eishütte zu, und nun hausen die Eskimo den ganzen langen Winter in engem Raum zusammengedrängt. Tranlampen aus Speckstein oder Schädelschalen von Tieren mit Dochten, die die Kinder im Sommer aus Moos gedreht hatten, brennen Tag und Nacht, spenden Licht und Wärme. Einen Feuerherd kennen die Eskimo nicht; was sie genießen, essen sie roh oder wärmen es notdürftig über dem Tranlicht.

Man glaubt es kaum, aber es ist so warm in diesen Hütten, daß die Eskimo fast unbekleidet darin hausen. Der Eskimo hat allerdings eine ganz andere Wärmeempfindung als wir. Er hat »kälteres« Blut und eine auffallend kühle Haut. Eine mäßige Wärme bringt ihn schon zum Schwitzen.

So wenig und leicht sie schlafen in den Zeiten der Mitternachtssonne, so tief und ausgiebig ist der Schlaf, wenn die Sonne ferngerückt ist. In den Zeiten, wo sie wach sind, essen sie. Die Eskimo kennen keinen Rhythmus der Mahlzeiten; sie essen, wenn sie Hunger haben. Dann arbeiten sie an ihren Kleidern und Waffen. Da gibt es auszubessern, nachzufeilen, zu erneuern. Stunden vergehen im Schleifen der Nähnadeln, der Knochenpfeilspitzen und Harpunen mit den Widerhaken. Dann wieder sitzen sie um die große Tranlampe in der Mitte und erzählen. Was sich ereignet, wird bei ihnen zum Lied. Und so singen sie Lieder aus der alten Zeit, Lieder von den Jagderlebnissen des vergangenen Sommers und begleiten sie mit dramatischen Gebärden. Oder auch über komische Ereignisse, die sich zugetragen haben. Sie lachen gern und sind witzig. Wahrhaftig, der Ungeschickte braucht für den Spott nicht zu sorgen. Aber die Eskimo haben die Eigenschaft, daß sie nie über Abwesende sich lustig machen. Es ist ein heiteres Völklein, überzeugt, daß die Europäer nur halb so glücklich seien wie sie. Ihre Seele ist ein Abbild des Meeres: ernst und düster wie im Sturm, leichtsinnig, heiter wie die spiegelnden Wellen im Sonnenschein. Sie sind von Natur ruhig, gelassen, friedliebend und verträglich. Schimpfworte, Streit um die Beute kennen sie nicht; selbst die Kinder streiten und raufen nicht miteinander. Als Eskimo zankende Matrosen sahen, äußerten sie: Die halten einander nicht für Menschen. Gastfreundlich sind sie und bereit, mit den Mitmenschen alles zu teilen, was sie besitzen. Gegenseitig sich zu helfen, ist das Grundgesetz ihres Lebens.

Draußen mag ein Schneesturm heulen oder erhabene Ruhe herrschen, es mag ein zauberisches Schauspiel sich ereignen von rötlich zuckenden Blitzen, von ruhig strahlendem Schein bläulicher und grünlicher Nordlichter, es mag ein rotgoldener Strahlenkranz aus dem Zenit nach allen Seiten sich verbreiten, ein ewig wechselndes Schauspiel – von all diesem merken die Eskimo nichts. Geborgen sind sie in ihren Hütten und leben friedlich, heiter, in sanfter Liebe zueinander der Neugeburt der Sonne entgegen.

*

Heute hat sich im Leben der Eskimo durch die häufigere Berührung mit Europäern und Amerikanern manches geändert. Sie benutzen nicht mehr ausschließlich ihre Steinzeitwaffen, sondern auch metallene Harpunenspitzen, Messer und Nadeln, die sie gegen Felle eintauschen. Die Folge davon ist, daß ihre Kunstkraft überall schwindet. Auf der Westküste Grönlands sind sie schon seit langem seßhaft geworden.

Aber dennoch, die meisten geben ihre Lebensweise nicht auf. Einzelne Eskimo, nach dem Süden verpflanzt, wo ihnen alles zur Verfügung stand, was uns so wertvoll scheint, starben vor Heimweh nach den Angehörigen und dem freien Leben. Kranke, von Expeditionen in Lazarette mitgenommen, entflohen und liefen tagelang zurück.

Aber ob sie wollen oder nicht, auch die Eskimo werden mehr und mehr von unserem Maschinenzeitalter berührt. Heute sind bis weit in den Norden hinauf Flugzeugbasen errichtet. Flugzeuge donnern über Meere und Eiswüsten hin. Aus diesen Gegenden ziehen die Robben aus, weil sie den Lärm nicht ertragen. Hunger und Not der dort lebenden Eskimo ist die Folge, und sie sind genötigt, den Robben nachzuziehen, die ihnen das Leben ermöglichen.

Der Mythos vom Ursprung alles Lebens

Die Menschen denken nicht gern. Sie arbeiten nur ungern mit dem, was schwer zu fassen ist. Und darin liegt vielleicht der Grund, daß wir noch so wenig wissen vom Himmel und von der Erde, vom Ursprung der Menschen und der Tiere.

Vielleicht und vielleicht auch nicht.

Denn es ist schwierig zu verstehen, wie wir selbst wurden und wohin wir einmal kommen, wenn wir nicht mehr leben. Dunkel liegt über allem Anfang und allem Ende. Wie könnte man mehr wissen über das Gewaltigste, das uns umgibt und uns aufrecht erhält, über all das, was wir Luft, Himmel und Meer nennen, und was wir als Menschen aller Wohnplätze und als Tiere, Vögel und Fische aller Länder, Meere und Binnenseen bezeichnen?

Nein, niemand kann mit Sicherheit etwas wissen über den Anfang alles Lebens.

Aber wer Augen und Ohren öffnet und sich erinnert, was die Alten erzählten, der hat doch das eine oder andere Wissen, das die Leere unserer Gedanken ausfüllen kann. Darum lauschen wir immer gerne dem, der Kunde bringt von der Erfahrung toter Geschlechter. Und alle die alten Mythen, die wir von unseren Vorvätern erhielten, sind die Reden der Toten. Wir sprechen mit allen, die einst vor langer Zeit weise waren. Und wir, die wir scheinbar nur so wenig wissen, lauschen ihnen gerne. Meine Großmutter konnte überraschende Dinge berichten von uralten Begebenheiten, und von ihr habe ich alles, was ich jetzt erzählen werde.

*

Der Himmel entstand vor der Erde. Aber er war nicht älter; denn zu der Zeit, als dieser wurde, war auch die Erde schon im Begriff sich zu formen und eine feste Kruste zu bekommen, noch ehe sie zu Land wurde. Und hier war auch das erste lebende Wesen, von dem wir Kunde haben.

Und dieses Wesen nennen wir Tulungersaq oder Vater Rabe, denn er gestaltete alles Leben, sowohl auf der Erde wie in den Menschen, und er wurde der Ursprung von allem.

Er war kein gewöhnlicher Vogel, sondern eine heilige Lebenskraft, die der Anfang war von allem, was zu jener Welt wurde, in der wir nun leben. Doch auch er begann in Gestalt eines Menschen, und er tastete im Dunkeln, und seine Taten waren zufällige, bis ihm offenbar wurde, wer er war und was er sollte.

Er saß zusammengekauert in der Finsternis, als er plötzlich zum Bewußtsein kam und sich selbst entdeckte. Er wußte nicht, wo er war, er wußte auch nicht, wie er geworden war. Aber er atmete und besaß Leben. Er lebte.

Alles um ihn herum war Finsternis, und er konnte nichts sehen. Mit den Händen tastete er sich voran. Seine Finger strichen über Lehm überall, wohin er tastete. Die Erde war Lehm, alles rings um ihn war toter Lehm.

Er ließ die Finger über sich selbst hingleiten, fand sein Angesicht und fühlte, daß er Nase, Augen und Mund, Arme, Beine und Leib hatte. Er war ein Mensch – ein Mann.

Über der Stirn fühlte er einen kleinen, harten Knoten. Wozu dieser da war, wußte er nicht.

Er versank in Gedanken. Nun begriff er, daß er ein freies Wesen war – etwas Selbständiges, das nicht verwachsen war mit all dem, was ihn umgab. Dann kroch er über den Lehm, langsam und vorsichtig. Er wollte feststellen, wo er war. Plötzlich fühlten seine Hände einen leeren Raum vor sich, einen Abgrund, und er durfte nicht weitergehen.

Da brach er einen Klumpen Ton ab und warf ihn hinunter in die Tiefe. Er lauschte, weil er hören wollte, wann dieser den Grund erreichte. Doch er hörte nichts. Er rückte weiter vom Abgrund fort und fand einen harten Gegenstand, den er im Lehm vergrub. Er wußte nicht, warum er das tat; aber er tat es, und dann saß er wieder stillversunken da und dachte nach, was wohl in all der dichten Finsternis, die ihn umgab, sein könne.

Da hörte er plötzlich ein Sausen in der Luft, und ein kleines, leichtes Wesen setzte sich auf seine Hand. Mit der anderen Hand fühlte er darüber hin und bemerkte, daß es Schnabel und Flügel hatte und warme, weiche Federn am Körper, aber winzige, nackte Füße. Es war ein kleiner Sperling. Und plötzlich wurde ihm klar, daß dieser vor ihm dagewesen, daß er in der Dunkelheit über ihn hingeflogen und um ihn herumgehüpft war, und daß er ihn nicht bemerkt hatte, bevor er sich auf ihn niederließ.

Der Mensch hatte gerne Gesellschaft; er wurde kühner und kroch furchtloser über den Boden hin und näherte sich der Stelle, wo er zuvor etwas vergraben hatte. Dieses hatte nun Wurzeln geschlagen und war lebend geworden. Ein Strauch war aus der Erde entsprossen, die nicht länger unfruchtbar war. Der nackte Lehm hatte Büsche bekommen; es wuchs Gras darauf.

Aber der Mensch fühlte sich einsam, und er formte aus Lehm eine Gestalt, die ihm gleich war. Und dann saß er wieder zusammengekauert da und wartete. Kaum war der neue Mensch lebendig geworden, wühlte dieser mit den Armen in der Erde; er hatte keine Ruhe. Rastlos und unablässig schaufelte dieses Wesen die Erde rings um sich auf. Und der Mensch entdeckte, daß das neue Geschöpf einen anderen Sinn hatte als er selbst, einen hitzigen und heftigen Sinn. Das gefiel ihm nicht, und er nahm es, schleppte es mit sich fort und warf es in den Abgrund. Dieses Geschöpf, sagt man, wurde ein böser Geist. Von ihm stammen alle bösen Geister.

Dann kroch der Mensch wieder zu dem Baum, den er gepflanzt hatte, und siehe: es waren noch andere hinzugekommen. Baum stand neben Baum! Sie waren zu einem Walde mit üppigem Boden geworden. Pflanzen, viele kleine Pflanzen waren aus der Erde hervorgesproßt. Er ließ seine Hand über alle hingleiten, er fühlte ihre Form und erkannte ihren Duft, aber er vermochte nichts zu sehen.

Nun bekam er Lust, die Erde kennenzulernen, wo er sich selbst gefunden hatte. Er kroch umher mit dem kleinen Sperling, der über seinem Haupte flatterte. Er konnte ihn nicht sehen, aber immer hörte er seinen Flügelschlag. Zuweilen setzte sich dieser auf sein Haupt oder hüpfte nieder auf seine Hand. Der Mensch aber kroch weiter, denn in der Finsternis wagte er nicht zu gehen. Da fand er Wasser ringsum, und er entdeckte, daß er auf einer Insel war.

Nun wollte er auch wissen, was drunten im Abgrund war, und er bat den kleinen Sperling, hinunter zu fliegen und ihn zu untersuchen. Dieser flog fort und blieb sehr lange aus, und als er endlich wiederkehrte, erzählte er, daß er tief drunten in des Abgrunds Land gewesen sei – in einem neuen Lande, das gerade begonnen hatte, eine feste Kruste zu bilden.

Der Mensch beschloß, selbst in das Land des Abgrundes hinabzusteigen. Er bat den kleinen Vogel, sich auf sein Knie zu setzen, und er tastete über ihn hin, um herauszufinden, wie er beschaffen war und wie er es anfing, sich schwebend auf seinen Flügeln zu halten. Darauf tastete er sich weiter bis zum Walde und brach Zweige ab, die gleich Flügeln waren, und diese heftete er an seine Schultern. Und als er mit den Zweigen schlug, wurden sie plötzlich zu richtigen Flügeln, Federn wuchsen aus seinem Körper und bedeckten seinen Leib. Der Knochen an seiner Stirn stieß vor und wurde zum Schnabel. Der Mensch merkte nun, daß er fliegen konnte wie der kleine Sperling. Dann hoben sich beide empor und senkten sich nieder zum Lande des Abgrundes. Aber in demselben Augenblick, als der Mann flog, rief er: »Qaoq – qaoq!« Er war zu einem großen, schwarzen Vogel geworden. Er nannte sich selbst »Rabe«.

Das Land, aus dem sie kamen, nannte er »Himmel«, und es war so weit vom Himmel bis zum Lande des Abgrundes, daß er sehr erschöpft dort unten ankam.

Hier war alles öde und kahl. Und der Rabe bepflanzte das Land des Abgrundes in gleicher Weise wie das Land im Himmel. Er flog von Ort zu Ort mit dem Sperling, und bald war alles mit Wald bedeckt. Ein Baum stand neben dem andern, und viele Kräuter und Blumen wuchsen zwischen den Bäumen. Dieses neue Land nannte der Rabe »Erde«.

Als die Erde nun lebend und fruchtbar geworden war, erschuf der Rabe die Menschen. Einige erzählen, daß er sie aus Lehm bildete, in gleicher Weise, wie er oben im Himmel eine Gestalt nach seiner eigenen geformt hatte. Doch andere behaupten, daß die Erschaffung des Menschen einem Zufall zu verdanken sei, der noch seltsamer ist, als wenn die Menschen wirklich mit Willen und Vorsatz erschaffen wären.

Vater Rabe ging umher und pflanzte Kräuter und Blumen. Da entdeckte er plötzlich einige Pflanzen mit Schoten, die er nie zuvor gesehen hatte. Er ging hin, um sie anzuschauen. Da öffnete sich die Schote, und ein Mensch hüpfte hervor, wohlgestaltet und völlig ausgewachsen. Der Rabe war so verwirrt, daß er seinen Schnabel zurückschlug und selbst wieder zum Menschen wurde. Dann ging er lachend zu dem Neugeborenen und fragte: »Wer bist du, und woher kommst du?«

»Ich komme aus der Schote da«, sagte der Mann und zeigte das Loch, durch das er herausgekommen war. »Ich war es leid, dort zu liegen, und darum trat ich mit den Füßen ein Loch und sprang heraus!«

Da lachte Vater Rabe herzlich, und er erwiderte: »Ei, ei, ei! Du bist ein merkwürdiges Geschöpf. Deinesgleichen habe ich nie gesehen!« Und der Rabe lachte wieder und fügte hinzu: »Ich habe zwar selbst die Schotenpflanze gesetzt, doch ich ahnte nicht, daß so etwas herauskommen würde! Aber die Erde, auf der wir gehen, ist noch nicht fertig. Kannst du nicht spüren, wie sie schwankt? Wir wollen uns dort auf die Höhe begeben. Dort ist ihre Rinde fest und hart.« Erst jetzt entdeckte der Mann, daß er auf schwankendem Boden ging und eilte fort mit Vater Rabe.

So entstand der erste Mensch, und Vater Rabe erschuf seitdem viele Menschen, Männer und Frauen. Aber man erzählt, daß außer den vier ersten alle Menschen aus Lehm erschaffen wurden. Doch jene vier, die aus einer Schotenpflanze kamen, wurden die Vorfahren für die stärksten Geschlechter der Erde.

Der Mensch war erschaffen. Aber man sagt, daß im Anfang kein großer Unterschied zwischen Menschen und Tieren bestand. Die Tiere konnten zu Menschen und die Menschen zu Tieren werden. Und die Menschen gingen auf den Händen, vielmehr sie krochen auf allen vieren umher. Erst später lernten sie, aufrecht auf Füßen und Beinen zu gehen.

Das erste, was Vater Rabe den Menschen zu essen gab, waren Beeren, die zwischen all dem Gesträuch wuchsen, das er gepflanzt hatte. Doch das, was an Pflanzen gesammelt oder an Wurzeln ausgegraben werden konnte, reichte nicht aus. Deshalb mußte andere Nahrung beschafft werden, und zu dieser wurden die Tiere. Und der Rabe formte sie aus Lehm gleich den Menschen, und er schuf allerlei Tiere auf der Erde, in der Luft und im Meere. Er zeigte sie den Menschen und sagte, daß sie fortan davon leben sollten. Das sollte ihre Nahrung sein, wenn sie gelernt hätten, sie zu jagen. Doch das war nicht leicht. Es war dunkel auf der Erde, die Augen konnten nichts sehen. Wollte man gehen, mußte man sich mit den Händen vorantasten oder sich nach dem richten, was die Ohren hören konnten. Alles war Schall.

Die Menschen hörten die Rentiere, die mit tiefen Kehltönen husteten, Wölfe, die heulten, Landbären, die brummten, Füchse, die bellten: »Kak-kak-kak-kak!« Im Meere schnaubten die Seehunde, Walrosse zischten und Walfische pusteten. Die Vögel schrien und sangen, und die Insekten summten. Man hörte das Sausen des Windes im Walde, das Zischeln und Raunen des Blattes, und die Brandung brach sich an den Küsten.

Man war umringt von Leben, das nur durch Töne vernommen werden konnte; aber nichts war zu sehen, überall tastete man sich in der Finsternis voran. Es war nicht leicht zu leben.

Da rief der Rabe den kleinen Sperling zu sich und sagte: »Du warst schon, ehe ich mich auf der Erde sitzend fand. Du weißt vielleicht mehr als ich. Fliege nun in die Welt hinaus und suche etwas, das die Erde erleuchten kann, so daß die Menschen einander sehen können und auch die Lande rings um ihre Wohnplätze und die Tiere, die sie jagen sollen.«

Und der kleine Sperling flog fort und blieb in der Dunkelheit. Und so lange blieb er aus, daß der Rabe zuletzt glaubte, er käme nie mehr zurück. Tage und Nächte konnte man nicht zählen, alles war eins. Es gab keine Zeit, und der Rabe wußte nicht, wie lange der Sperling fort gewesen war. Doch plötzlich hörte er seinen Flügelschlag und merkte, wie er auf ihn herniederschoß und sich auf seine Hand setzte. Im Schnabel trug er zwei Stücke Glimmer in Blätter eingewickelt, ein Stück, das hell und eines, das dunkel war. Diese gab er dem Raben. Und der Rabe brach ein kleines Stück von dem hellen Glimmer und warf es in die Luft. Sofort flutete ein gewaltiges Licht über die Erde und blendete alles Lebende. So stark war das Licht, daß es lange dauerte, bevor der Rabe selbst sehen konnte. Zum ersten Male sahen die Menschen über das Land, in dem sie lebten. Sie sahen die Wälder, die Tiere auf der Erde und im Meere und die Vögel in der Luft, und sie freuten sich über all die Schönheiten, die sie umgaben. Das Leben wurde neu und groß für sie alle. Aber das Licht war zu stark, es blendete. Da brach der Rabe ein Stück von dem schwarzen Glimmerstein und warf es in die Luft. Sofort wurde das Licht gedämpft, die Menschen konnten sehen, ohne daß ihre Augen schmerzten, und mit dem schwarzen Glimmer kam die Nacht und schenkte ihnen Ruhe. Der Tag begann mit der Nacht zu wechseln.

Nun kamen alle Freuden zu den Menschen. Der Rabe lehrte sie, Hütten zu bauen, die Schutz gegen Wind und Wetter gaben, und er lehrte sie, Kajaks und Frauenboote und allerlei Fanggeräte herzustellen, so daß sie auf das Meer hinausfahren und seine Fangtiere jagen konnten. Aber der Menschen wurden viele, und auch die Tiere vermehrten sich, und ihre Insel schien zu klein zu werden. Aber das Meer war groß. Da stieg eines Tages aus dem Meere eine schwarze und gewaltige Masse empor, die draußen vor der Insel der Menschen liegenblieb, – ein ungeheuerliches Ungetüm, das keinem anderen Tiere ähnlich war. Man ruderte hinaus zu ihm mit Frauenboot und Kajak und versuchte, es zu harpunieren. Aber alle Harpunen prallten an seinen Seiten ab, ohne daß das Ungeheuer etwas davon merkte. Der Rabe sah den hoffnungslosen Kampf und sagte zu dem kleinen Sperling: »Komm mit und halte dich schwebend über dem Ungeheuer! Ich will es vom Kajak aus jagen.« Dann ruderte er hinaus, und während sich der Sperling schwebend in der Luft hielt, warf er seine Harpune und tötete es. Die Menschen jubelten und schleppten das Tier heim zu ihrem Wohnplatz und zerlegten es. Sie zerschnitten es in kleine Stücke und warfen sie nach allen Richtungen ins Meer, und siehe: Inseln wuchsen aus dem Meere auf. Immer mehr Land stieß hervor und wurde zu einer großen und mächtigen Küste. So entstand das große Festland, und es gab Platz auf der Erde für die Menschen und für alle Tiere.

Und als die Erde so geworden war, wie sie sein sollte, versammelte der Rabe alle Menschen und sprach so zu ihnen: »Ich bin euer Vater, mir schuldet ihr euer Land und euer Leben, und mich dürft ihr nie vergessen.« Und dann hob er sich von der Erde empor und flog hinauf zum Himmel, wo es noch dunkel war. Hier warf er den Rest des hellen Glimmers aus, und wie ein gewaltiges Feuer brach das Licht hervor über die Erde, und Himmel und Erde waren erschaffen. So wurden die Erde und die Menschen und die Fangtiere, aber vor all diesen war der Rabe, und vor ihm war der kleine Sperling.

Erzählt von Apàkak vom Noatak-Fluß, Alaska.

Die Seele des Wals und das brennende Herz

Es war einmal ein dummer und gespreizter Rabe, der zum Meere flog, weit, weit hinaus.

Er flog und blieb am Fliegen, weiter und immer weiter, und als er müde wurde, begann er nach Land auszuspähen; aber es war kein Land da. Zuletzt war er so müde, daß er sich nur noch schwebend etwas über der Wasseroberfläche halten konnte. Und als plötzlich ein großer Wal dicht vor ihm auftauchte, wurde er so verwirrt, daß er diesem gerade in den Schlund hineinflog.

Einen Augenblick blieb es dunkel um ihn herum, es sauste und plätscherte, und als er schon glaubte, sterben zu müssen, taumelte er geradewegs in ein Haus hinein, in ein schönes Haus, wo es hell und warm war. Auf der Schlafbank saß eine junge Frau und machte sich an einer brennenden Lampe zu tun. Sie erhob sich und ging freundlich auf den Raben zu und sagte:

»Du bist mir als Gast willkommen, wenn du mir nur einen einzigen Wunsch zu erfüllen gelobst: du darfst niemals meine Lampe anrühren.«

Der Rabe war glücklich, daß er sein Leben gerettet hatte, und versicherte ihr, daß er die Lampe niemals anrühren würde. Und dann setzte er sich auf die Schlafbank und wunderte sich, wie fein und rein es in dem kleinen Hause war. Es war ein Haus aus Walfischknochen, gebaut wie die Wohnungen der Menschen, und alles darin war so eingerichtet wie bei den Menschen. Aber eine seltsame Unruhe war in der jungen Frau; sie saß niemals längere Zeit still; in kurzen Zwischenräumen erhob sie sich von der Schlafbank und schlüpfte zur Tür hinaus. Es dauerte nur einen Augenblick, dann kam sie wieder herein; aber gleich danach war sie wieder fort.

»Was macht dich so unruhig?« fragte der Rabe.

»Das Leben«, antwortete die junge Frau, »das Leben und mein Atemzug.«

Aber diese Antwort verstand er gar nicht.

Der Rabe, der nun zur Ruhe gekommen war und seine Angst vergessen hatte, fing an, neugierig zu werden.

»Was kann das sein, daß ich die Lampe gar nicht anrühren darf?« dachte er; und jedesmal, wenn die Frau hinausschlüpfte und er allein blieb, bekam er immer größere Lust, sein Versprechen zu brechen und hinzugehen, um die Lampe nur ein ganz klein wenig zu betasten. Zuletzt konnte er seine Neugier nicht länger zügeln, und als die Frau wieder zur Tür hinausschlüpfte, sprang er hin und berührte den Docht der Lampe. Im selben Augenblick taumelte die Frau kopfüber zur Tür hinein, fiel auf den Fußboden und blieb da liegen, während die Lampe erlosch.

Zu spät bereute der Rabe, was er getan hatte; er schwankte umher in schwarzer Finsternis, und das schöne, helle Haus war nicht mehr da. Er war nahe daran, zu ersticken. Er irrte zwischen Speck und Blut umher, und so heiß wurde es, daß seine Federn abfielen. Halberstickt taumelte er im Bauch des Wales umher, und nun erst begriff er, was geschehen war.

Die junge Frau war die Seele der Walin, und sie schlüpfte zur Tür hinaus in die frische Luft, jedesmal, wenn die Walin Atem schöpfen mußte, und ihr Herz war eine Lampe mit großer und ruhiger Flamme.

Der Rabe hatte aus bloßer Neugier das Herz der jungen Frau berührt, und darum war sie gestorben. Er wußte nicht, daß das Feine und Schöne auch zerbrechlich, vergänglich und leicht zu vernichten ist, denn er selbst war dumm und von zähem Leben; und nun kämpfte er um sein

Leben in Finsternis und Blut. Alles, was zuvor schön und rein, war nun häßlich und übelriechend geworden.

Endlich glückte es ihm, auf dem gleichen Wege hinauszuschlüpfen, auf dem er hineingekommen war, und da saß er, ein halbnackter Rabe, beschmiert und besudelt, auf dem Rücken eines toten Wals.

Hier blieb er sitzen und lebte vom Aas, während ihn Wind und Wellen hin und her warfen. Seine Flügel waren zerbrochen; so konnte er nicht mehr fliegen.

Ein Sturm trieb ihn endlich ans Land, und die Menschen sahen den toten Wal und ruderten in ihren Frauenbooten hinaus, um Fleisch und Speck zu bergen. Als der Rabe sie sah, verwandelte er sich augenblicklich in einen Mann, in einen kleinen, häßlichen, dunkelhäutigen und zerzausten, struppigen Mann, der oben auf dem Wale stand.

Er sprach gar nicht davon, daß er aus lauter Neugier ein Herz angerührt und etwas Feines und Schönes zerstört hatte; er prahlte nur überheblich: »Ich bin es, der den Wal getötet hat! Ich bin es, der den Wal getötet hat!«

Und er wurde ein großer Mann unter den Menschen.

Erzählt von Panik vom Utukok-Fluß.

Von der Lebensweise der Rentiernomaden

(Lappen, Ostjaken, Samojeden, Tungusen und Tschuktschen)

Die Völker, die innerhalb des nördlichen Polarkreises, am äußersten Rand des europäisch-asiatischen Festlandes leben, sind vorwiegend Nomaden, das heißt Hirten, deren Lebensweise ganz von den Lebensgewohnheiten ihrer Rentierherden bestimmt wird.

Die Lappen wohnen im äußersten Norden Europas, in der Finnmark Norwegens und im nördlichen Finnland. Zum größten Teil sind sie ansässig geworden. So die Waldlappen. Diese besitzen in einem weiteren Umkreis mehrere Holzhäuser (Gammer) und ziehen mit ihren Herden von Haus zu Haus. Ein anderer Teil dieses Volkes durchwandert auch heute noch während des Sommers weite Strecken und hält an seiner Lebensweise zäh fest, trotzdem so etwas wie eine Autostraße mit regelmäßigem Omnibusverkehr durch ganz Lappland führt und die moderne Zivilisation mit Nähmaschine und Radio auch in diese stillen Hochgefilde Einzug hält.

Noch liegt Schnee in Massen auf Feldern und Seen, auf Dächern und Granitkuppen; Schnee lastet auf den windzerzausten, verkrüppelten Bäumen und drückt sie zu Boden. Die Flüsse rauschen unter dicken Eisschichten. Aber mittags tropft es von den Bäumen und den Dächern der braunroten Lappenhütten. Stürme künden nachts den nahenden Frühling. Donnernd kracht das Eis. Da brechen die Lappen aus ihren windgeschützten Winterplätzen auf.

Die einen packen ihren Hausrat samt Frau und Kind auf die Schlitten.

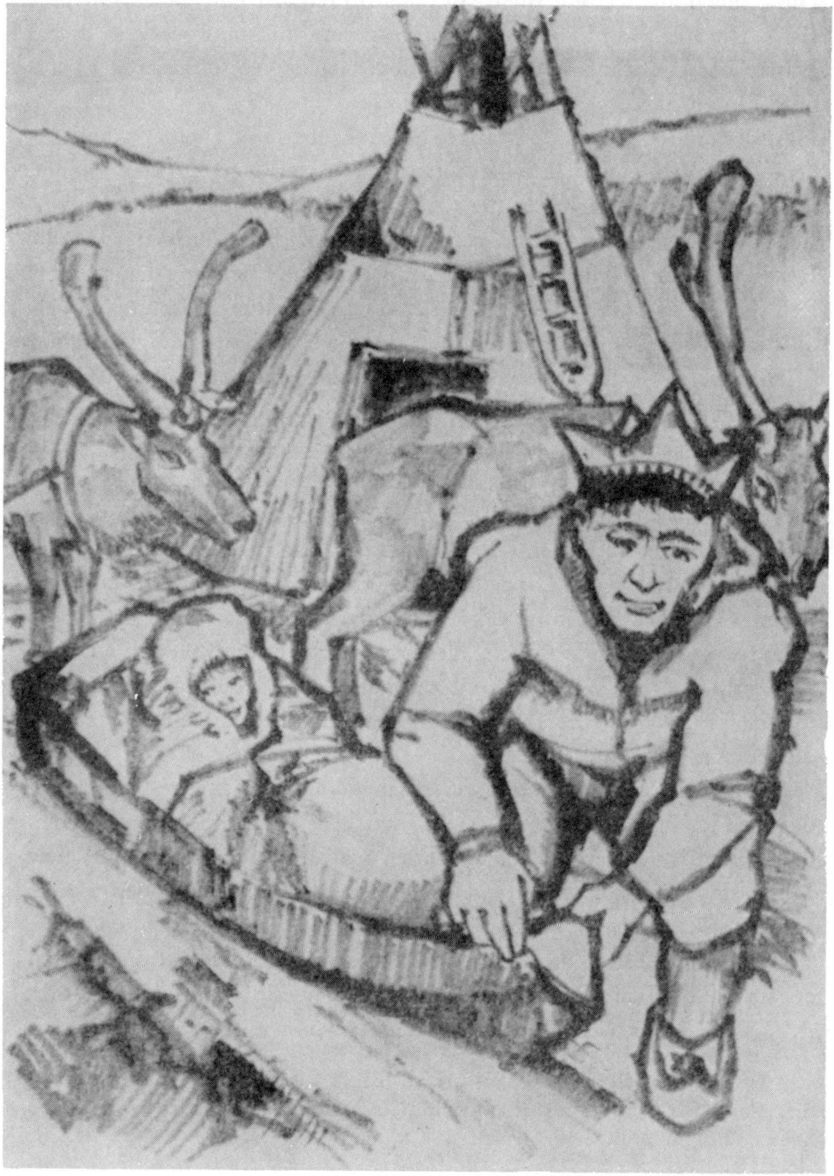

Diese sehen aus wie ein Boot, sind aus Birkenholz und haben nur eine Kufe. Die stärksten Ren werden vorgespannt, und nun geht's in flotter Fahrt über die Schneefelder dahin, dem Gebirge zu, die Herde voraus oder hinten nach.

Andere laden das Zeltgestänge, Felle, Truhen mit Kleidern, hellfarbene Birkenholzeimer, ja selbst die schaukelnde Wiege, ein kleines Boot, mit dem Jüngsten darin auf die starken Rentiere und ziehen in gemächlichen Tagesmärschen nordwärts ans Meer*. Dicht an dicht trippelt die Herde zu Hunderten. Ein armer Lappe, der nur siebzig oder hundert Ren sein eigen nennt! Jedes Tier ist am Ohr gezeichnet. Schon von weitem kann der Lappe seine Zeichen, kleine Einschnitte am Rand der Ohrmuschel, von denen der Nachbartiere unterscheiden. Solche Zeichen abzufragen und zu erraten, gehört zu den Unterhaltungsspielen der Lappen im Winter. – Wachsame Spitzhunde umkreisen die Herde und jagen Tiere, die zu weit ausbrechen, kläffend und beißend zurück.

Am Abend werden die Zelte aufgeschlagen. Durch geschickten Wurf des Lassos, der nahe dem Boden hinsaust oder auf das Geweih des Tieres zielt, fängt der Lappe eine Renkuh nach der andern. Die Ren lassen sich nicht vollständig zähmen, sondern behalten immer etwas von ihrer ursprünglichen Wildheit. Heftig widerstrebt die Renkuh, wenn er sie an einen Pfahl bindet, um sie zu melken. Die süße, sahnige Milch – eine Kuh gibt etwa eine Tasse voll –, Käse sowie getrocknetes Renfleisch dienen zur Nahrung.

Am andern Morgen gehts weiter, tagelang. Der Lappe folgt mehr der äsenden Herde, als daß er selbst den Weg bestimmt. Flüsse werden durchwatet; in fetteren Weidegründen macht man längeren Halt. Die Tiere, im Winter so mager geworden, daß man ihre Rippen zählen kann, genießen äsend und widerkäuend die würzigen Kräuter. Nach Wochen erreicht man das Meer. Die Ren steigen in die Flut und saufen geruhsam in langen Zügen das salzige Wasser. Einmal im Jahr, so sagt der Lappe, müssen sie Meerwasser trinken können. Hier in diesen aus-

* Das ist je nach Gegend verschieden. Es gibt auch Lappen, die im Frühling zuerst ins Gebirge ziehen und im Sommer ans Meer. Wiederum andere hausen auch im Winter nur in Zelten.

gedehnten Weidegründen läßt man die Tiere frei laufen. Manche schwimmen sogar auf die nahen Inseln hinüber. Sollten die Herden von verschiedenen Besitzern sich vermischen, was vor allem im Gebirge häufig vorkommt, so werden sie im Spätherbst oder frühen Winter in große Gehege oder auf Halbinseln getrieben. Da fängt jeder Besitzer mit Lassowürfen seine Tiere und zeichnet die Kälber. Das ist immer ein großer Festtag.

Die Lappenfamilie wohnt im Sommer in Zelten. Birkenstangen werden in die Erde gesteckt, oben durch einen geflochtenen Birkenring zusammengefaßt und das Ganze mit Renfellen oder Wolltüchern bedeckt. Diese Arbeit auf der Wanderschaft Abend für Abend zu verrichten, überläßt der Lappe seiner Frau. Die Schlafstelle wird mit Heidekraut oder Birkenreisern ausgepolstert und mit Renfellen bedeckt. Kleider und die wenigen Geräte kommen hinein, ein paar geschickt aufgestellte Steine dienen als Herd, und die Sommerwohnung – Jurte genannt – ist bereitet.

In dem Zauberbann der weißen Nächte, wo die Sonne am Abend nur sanft dem Horizont naht, um sogleich sich wieder zu erheben, da sucht man das Zelt nur zu kurzem Schlaf und bei Regenwetter auf. Dicht gedrängt liegen Mann, Frau, Kinder und Hunde beisammen.

Die Männer fischen, fahren mit leichten Booten auf Seehundjagd und besorgen das Vieh. Die Frauen haben das Zelt zu errichten, sie käsen, sie sorgen um die tägliche Nahrung, die Kleider, die Vorräte. Nur das Fleisch wird immer von den Männern gekocht und zubereitet.

Mitten im Zelt, über dem offenen Feuer von Wachholderzweigen, hängt der kleine Kessel, in dem die Milch erwärmt, gerührt und mit Lab gebrochen wird. In reinlichen Birkengefäßen seiht die Frau die Käsemasse und formt sie. Rauch qualmt beizend im Zelt und zieht durchs Gestänge ab. Dort oben hängt Fleisch zum Räuchern, hängen auch kleine Käse. Alle haben in der Mitte ein Loch, durch das sie an die Zeltstangen gesteckt werden.

Die Kinder suchen in der Tundra eifrig nach den süßen Moos- und Preißelbeeren, die besonders im Winter eine willkommene Zugabe zum Fleisch sind. Beeren, Wurzeln, Flechten und Algen, geklopfte Birken-

und Föhrenrinde – das ist ihr Brot –, die eisenhaltigen Blätter des Sauerampfers, in einer Suppe gekocht und, wenn ein Ren geschlachtet wird, der Inhalt des Rentiermagens, sind die einzigen Pflanzen, die gegessen werden. Neben Käse und Milch wird hauptsächlich Fleisch verzehrt; es wird gesalzen, gekocht, geräuchert oder an der Luft getrocknet.

Im Sommer sind die Mücken eine wahre Höllenplage in den Gegenden mit den vielen stehenden Gewässern. Tiere und Menschen sind umschwärmt von ganzen Mückenwolken, die mit ihnen ziehen, wenn sie wandern, mit ihnen stehen bleiben, wenn sie ruhen. Um diesen Mücken zu entfliehen, ziehen die Lappen ans kühle Meer oder ins Gebirge, wo sie weniger von ihnen geplagt werden.

Drei Dinge trägt der Lappe immer bei sich, sobald er nur stehen kann: die vierzipflige, bunte Kappe, den Dolch mit dem schön verzierten Birkenholzgriff, der bei den reizbaren Lappen im Rausch oder Zorn gefährlich schnell aufblitzt, und ein Fläschchen mit Mückenöl – einem stinkenden Holzteer – das, ins Gesicht, an Nacken und Hände gestrichen, für kurze Zeit Ruhe schafft.

Kurz ist der Sommer. Wenn die Nächte merklich dunkler werden, die Sonne tiefer unter den Horizont sinkt und weniger hoch sich erhebt, dann ist es Zeit, zurückzuwandern oder talwärts zu steigen von den weiten Hochebenen.

Die Ren sind fett geworden, ihre Felle glänzen. Wie ein wandernder Wald gabeln die Geweihe der Herde in der Luft. Die Leittiere sind beladen mit den Wintervorräten, dem Käse und Trockenfleisch und den Beeren in den Birkeneimern. Stolzerfüllt, auch über die große Zahl der Jungtiere, ziehen die Lappen den Winterwohnungen zu.

Das sind feste Blockhäuser, braunrot mit freundlich weißen Fensterrahmen, windgeschützt hinter runden Granitkuppen oder struppigem Wald. Da und dort, zum Beispiel bei den Ostjaken, ist an drei Seiten der Häuser Erde aufgehäuft zum Schutz gegen die Kälte.

Rasch steigt der Herbst zu Tal. In leuchtenden Farben glüht die Natur: in lichtem Gold die Birken, in sattem Ocker die kleinen Pappeln, feurig die Ebereschen. Heidekraut und die Blätter der Moosbeeren leuchten karminrot; dazwischen silbergrau, gelb und braun die Flechten und in den Mulden die grünen Moose; es ist, als ströme die Natur alle Kraft aus, ehe sie alles mit dem reinen Weiß zudeckt.

Wenn der erste Schnee gefallen ist und Frost die Erde erstarrt, ziehen die Männer wochenlang auf Schneeschuhen hinaus in die Wälder, stellen Fallen und jagen. Die Felle von Eichhorn, Zobel, Marder und Fuchs oder gar das zottig warme Bärenfell sind begehrt im Handel.

Schnee fällt ununterbrochen, bald ruhig durchs Geäst der Bäume rieselnd, bald sturmgepeitscht und wirbelnd, daß man nicht handweit sieht. Die Sonne erscheint nicht mehr oder nur für eine kurze Stunde. In trübem Dämmerdunkel schleichen die Stunden des Tages dahin. Nur in der Nacht bei klarem Himmel, da ist es schön. Da funkeln riesengroß die Sterne. Nordlichter zucken über den Himmel, und im Mondlicht glitzert der Schnee wie lauter Diamanten.

Wenn dann nach Neujahr der wochenlange beißende Frost einsetzt, verläßt ohne Not niemand mehr das Haus. Denn auch wohleingepackt in das zweifache Fellkleid, kann die Kälte tödlich wirken, wenn unvorsichtigerweise durch den Mund eingeatmet wird. Darum dürfen vor allem die Kinder in dieser Zeit das Haus nicht verlassen. Lange Stunden werden verschlafen auf den breiten Bänken, auf dem warmen Ofen, der den halben Raum ausfüllt.

Wenn Wölfe oder der Vielfraß den Herden nachstellen, müssen die Lappen des Nachts wachen, auch bei grimmiger Kälte. Sonst bedürfen die Ren keiner Hut. Sich selber überlassen, wohleingehüllt vom hellen, zottigen Winterpelz, treiben die Tiere langsam futtersuchend umher, fressen dürre Blätter, nagen an den Zweigen ab, was zu erreichen ist, und scharren mit den breiten Hufen nach dem dürren Gras, dem Moos und den Flechten unter dem Schnee. Nachts und bei Sturm stehen sie in den lichten Wäldern oder im Windschatten niedriger Hügel in Rudeln zusammen und wärmen sich aneinander.

*

Ähnlich leben auch die *Ostjaken* am Unterlauf des Ob, die im Sommer mit den Renherden ans Eismeer ziehen, Robben und Fische fangen und im Winter in den Wäldern, mehr im Landesinnern, den Eichhörnchen, Zobeln und Mardern nachstellen; die *Samojeden* in der baumlosen Tundra, die *Tungusen* in der Waldgegend der Lena und die *Tschuktschen* an der Küste sowohl, wie im Landesinnern.

Diese besitzen kleine Rentierherden, die andern, welche an der Eismeerküste wohnen, sind Fischer und Jäger. Die Küstentschuktschen leben wie die Eskimo: ihre Kleider aus Seehundsfell, Kajak, Paddel, Waffen, die niederen Erdhütten mit dem Gerüst aus Treibholz oder Walrippen haben dieselben Formen wie bei den Eskimo Grönlands oder des amerikanischen Kontinents. Sprache und Jagdsitten stimmen ebenso mit denen der anderen Eskimo überein. – Das ist eine der merkwürdigsten Erscheinungen: der Tschuktsche kann sich ohne weiteres mit dem Eskimo Grönlands oder Labradors verständigen. Die Eskimosprache zeigt über diese weiten Räume hin kaum Abweichungen; nur die Eskimo im Südwesten Alaskas sprechen eine Mundart, die den anderen unverständlich ist.

In den weiten welligen Tundragefilden Nordsibiriens, dort wo der Boden auch im Sommer nur an der Oberfläche auftaut, am waldlosen Unterlauf der gewaltigen Ströme oder im verkrüppelten, windzerzausten Tundrawald leben diese Völker als Hirten, Fischer und Jäger.

Bis in den Mai ist der Boden, sind die Flüsse, die Ströme gefroren. Wenn das Tauwetter einsetzt, lösen sich krachend Eisschollen los, treiben tosend stromabwärts, schieben und schichten sich übereinander und stauen das Wasser, so daß das Land auf weite Strecken überflutet wird. Dann sind die Menschen genötigt, auf Anhöhen auszuweichen.

Wie durch einen Zauberschlag bricht nach der Schneeschmelze der Frühling auf: die Birkenbüsche, Erlen- und Pappelsträucher entfalten sich lichtgrün, die sanften Bodenwellen der Tundra leuchten im Flor von blauen Vergißmeinnicht, gelben und rotvioletten Primeln, Veilchen, sternblütigen Polsterpflanzen und blutroten Alpenrosen. Die Tundra hat wenige Pflanzenarten; weite Strecken sind mit derselben Art wie übersät. Rasch verblüht die Pracht. Grün, Gelb und Braun wird vorherrschend. Kurz und heiß ist der Sommer; ja, heiß, 25 Grad Celsius sind die Regel; aber man mißt auch Temperaturen von 30, ja 40 Grad. Aus den Sümpfen und blauen Seen erheben sich Wolken von Mücken und stürzen sich in dichten Scharen auf ihre Opfer.

Nur wenige Wochen dauert der Polarsommer im äußersten Norden, dann setzt wieder Frost ein. Baumwuchs und Wald wird erst da möglich, wo das Mittel des wärmsten Monats nicht mehr unter 10 Grad sinkt und der Boden an der Oberfläche vier Monate eisfrei bleibt. Mitte September setzt allgemein die Kälte ein. Schnee fällt und liegt in den Wäldern in Massen. Auf den Ebenen bleibt nur eine dünne Schicht. Wind und Sturm verwehen den Schnee, häufen ihn in Mulden und an Hügeln zu hohen Wällen.

Lang und hart ist der Winter. Das Quecksilber gefriert zu Kügelchen, Eisenbeile werden spröde und springen beim Fällen wie Glas. Das frische Holz widerstrebt den Axthieben. Wie Schüsse krachts im Wald, wenn Bäume vor Kälte sich spalten. Donnerschläge ertönen vom berstenden Eis auf den Flüssen, dumpfes Dröhnen von der berstenden Erde.

Der ruhige, stehende wochenlange Frost – im Unterlauf der Lena wurden Temperaturen von minus 69 Grad gemessen – wird den Menschen nicht gefährlich, wenn sie einige Vorsicht beachten.

Nicht so die Schneestürme, selbst bei geringer Kälte, bei etwa minus 10 Grad. Wehe, wenn einer vom Sturm überrascht wird oder auch nur schnell in eine andere Hütte hinüber will. Der Wind bläst ihn fast um. Mühsam hält er sich und ringt nach Atem. Die ganze Luft ist von feinstem Schneestaub erfüllt, er dringt in Nase, Mund und Ohren. Der Mensch glaubt zu ersticken. Wirr wirbelt der blendende Schnee vor seinen Augen, daß ihm Sehen und Denken vergehen; ihm schwindelt. Kein Hilferuf durchdringt das Heulen. Wenige Schritte vor seiner Hütte sinkt er ermattet zu Boden und erfriert. – Selbst Tiere kommen in solchen Stürmen um, die oft erst nach mehreren Tagen nachlassen.

Rentier und Birke ermöglichen diesen Völkern, dort zu leben. Das Ren ist Zug- und Tragtier, es ernährt die Menschen und liefert ihnen das Leder zur Kleidung. Frauen und Männer kleiden sich, vor allem im Winter, mit Lederhosen und einer Art Mantel aus Rentierfell. Die Tungusen, Samojeden und Lappen tragen im Sommer hemdartige

Kleider aus Tuch, die sie mit einem Gürtel zusammenhalten. Aber die Stiefel sind immer aus Renfell. Sie haben weder Absätze, noch sind sie in rechts und links unterschieden. Jeden Tag wechselt man die beiden und polstert sie mit breitgeschlagenem Seegras, Heu oder mit Moos aus. Aus Renfell sind die Zeltdecken; mit den Sehnen wird genäht; Knochen und Geweih werden zu Werkzeugen und Waffen verarbeitet. Das Fleisch, gekocht, geräuchert oder luftgetrocknet, Milch, Blut und selbst der Inhalt des Magens dienen zur Nahrung.

Das helle Holz und die weiße Rinde der Birken geben den Schlitten, Griffen, Truhen und Eimern, Körbchen und Taschen ein lichtes Gepräge. Kleider sowohl wie Geräte sind reich und farbenfroh verziert.

Das große Ereignis des Sommers ist für sie, wenn auf dem Meere die Handelsschiffe auftauchen und tuten; dann rennt alles an den Strand. In der kurzen Zeit, wo das Eismeer offen ist, fahren Händler den Küsten entlang und landen an vielen Stellen. Eifrig wird erzählt, gehandelt und getauscht. Tuch zur leichten Sommerkleidung, Messerklingen, Kaffee, Branntwein und Tabak, Zucker und Salz sind die begehrtesten Güter, die gegen Pelze, Renfelle und -fleisch getauscht werden. Von diesen Händlern erfahren die Menschen dort oben die letzten Neuigkeiten des Jahres, von denen sie bis zum nächsten Sommer erfüllt sind.

Aber auch der Handel im Landesinneren ist rege. Zu bestimmten Zeiten und Orten sind große Jahrmärkte. Da fährt man zum Tauschen hin, ja manche ziehen mit Kind und Herden an diese Plätze und schlagen, so lange der Markt dauert, dort die Jurte auf.

Da trifft man sich! Man umarmt sich und reibt zum Gruß Nase an Nase; man macht sich Besuche von Jurte zu Jurte; man lädt die fremden Händler ein, spricht, trinkt, lacht und tanzt, handelt und händelt – überschäumendes Leben! Aber die Kommissare fehlen auch nicht, welche die Kopfsteuer einkassieren, ohne die keiner zum Handel zugelassen wird.

Begehrt sind Tee, der von China kommt, Tabak, Branntwein – in diesen Tagen wird er literweise getrunken – Zucker und Pulver. Dann Baumwollzeug, Nadeln, Geräte und Kessel. Alle diese Kostbarkeiten werden gegen Pelze von Zobel, Nerz, Hermelin, Fuchs und Eisfuchs, Eichhorn und Marder getauscht.

Auf den Märkten der Tungusen erschienen früher selbst Chinesen und kauften vor allem Moschus und Hirschgeweihe.

Eine Woche und länger dauern diese brausenden Feste, dann zerstreuen sich die Scharen und wandern an ihre Winterplätze. Da wirds still. Vielleicht sehen sie nun monatelang keinen fremden Menschen mehr. Kommt aber jemand in ihre Jurte, so wird er als Gastfreund geehrt, sei er fremd oder bekannt. Ein Ren wird geschlachtet. Der Gast wird, so lange es ihm zu bleiben gefällt, aufs beste bewirtet. Er sitzt am Ehrenplatz, und man räumt ihm abends den besten Schlafplatz ein.

Im Winter wird oft ein starkes Ren vor den Schlitten gespannt, und fort gehts in rascher Fahrt zum Besuch in eine Jurte von Bekannten, stundenweit. Ein Ren legt im Tag leicht zweihundert Kilometer zurück. Ein Besuch fordert den Gegenbesuch. So überwindet die Geselligkeit selbst weite Strecken und Einöden.

Eine heitere Gelassenheit ist die Grundstimmung dieser Hirtenvölker. Musik und Gesang sind dort zuhause und ertönen in froher Geselligkeit wie in der Einsamkeit. Oft geht die Arbeit in Gesang über. In freier Melodie und mit selbstgewählten Worten »singen« sie, was sie tun und erleben, was sie freut und bedrückt. Joigen wird dieses Singen genannt, das besonders bei den Ostjaken viel ertönt. Neben diesen spontan entstehenden Gesängen, auch Spott- und Neckliedern, besitzen diese Völker auch altüberlieferte Lieder, die sie treu im Gedächtnis bewahren und zu Zeiten stundenlang singen. Man denke etwa an die »Kalewala« der Finnen.

Sie haben auch Trommeln, mit denen sie vor allem zum Tanz aufspielen, und Saiteninstrumente. Insbesondere bei den Ostjaken sind diese reich und in schönen Formen ausgebildet. Eine Harfe sieht zum Beispiel wie ein Schwan aus.

Harmlos, offen, ehrlich und gutmütig, wenn auch leicht reizbar, sind diese Menschen. Mit Mut und Vorsicht gleicherweise begabt, meistern sie ihr hartes Leben.

Was die Polarvölker über Welt und Leben denken

Die Völker des Polarkreises sind noch ganz eins mit der Natur, die dort gewaltig und urkräftig wirkt, und eingebettet in den kosmischen Rhythmus des Jahreslaufes. Darum nur ist ihnen das Leben in diesen Gegenden möglich, vermögen sie die ungeheure Weite und Einsamkeit, Entbehrung, Hitze wie vor allem die Kälte zu ertragen, ja, sich glücklich zu fühlen.

Hinter allen Naturerscheinungen, in Wind und Sonne, in Blitz und Donner, in Pflanze und Tier spüren sie noch das Leben-Spendende, das Ewig-Dauernde wie auch die zerstörenden Mächte. Auf heiligen Hügeln und im Walde errichten sie Bilder aus Stein oder Holz, Gedächtnismale, die die Vorübergehenden an das Walten der Götter erinnern sollen.

Dem Himmelsgott, dem Sonnengeist, der für die Tungusen jeden Morgen neu in der aufgehenden Sonne erwacht, den Sternenwesen und Naturgewalten in Sturm und Donner opfern sie. Sie bringen ihnen Rentiere dar und Speise, auf daß das Geistige des Opfers zum Geist der Götter sich erhebe. Die Verehrung der Sonne wie des Feuers ist bei den Tschuktschen, Tungusen und Samojeden noch lebendig, obwohl viele sich taufen ließen. Treten Mond- oder Sonnenfinsternisse ein, fürchten sich die Menschen: ein Untier bedroht die Sonne und will sie verschlingen. Sie schlagen Lärm, damit die Sonne nicht erlösche.

Bei einigen Völkern Sibiriens hat sich noch der Bärenkult lebendig erhalten, der in alten Zeiten über ganz Europa verbreitet war. Der Bär in seinem eigenartigen Gehaben und Gebaren ist für sie ein verzaubertes göttliches Wesen; er ist der Herr aller Geister. Wird ein Bär getötet, so erweist man ihm und dem ganzen Bärengeschlecht in einem kultischen Tanz Verehrung. Durch Opfer wird das göttliche Wesen im Bären für die Tötung um Verzeihung gebeten; ja die Schuld wird magisch abgeleitet auf ein anderes Tier, beispielsweise auf eine Kröte. Sie sagen, die Kröte sei schuld.

Wenn in den dunklen Winternächten aus den unendlichen Räumen des Himmelsdomes die Sterne leuchtend auf die Erde niederscheinen, dann fühlen sich diese Völker dem Wirken der Sterne besonders nah. Jeder Mensch, so sagen die Tungusen, hat seinen guten Stern über sich, der ihn durchs ganze Leben geleitet. Ein Bildzeichen seiner Sternenkraft tragen sie als Amulett immer bei sich; aber auch sonst sucht man sich durch Amulette und Talismane die schützenden, stärkenden und heilenden Zauberkräfte guter Wesen und Dinge anzueignen.

Diesen Zauberkult verwalten und vermitteln besonders dazu befähigte Menschen, die Schamanen. Das sind die Priester-Ärzte dieser Völker. Ihnen erschließen sich die verborgenen Wirkungen, und sie können durch bestimmte Mittel Verbindung mit den göttlichen Mächten erlangen.

Der Schamane kann kraft seiner übernatürlichen Fähigkeiten Kranke heilen und Dämonen austreiben und weiß anzugeben, wo Verirrte sich befinden; er vermag Fische zu locken, daß sie die Netze füllen, und hat Gewalt über Sturm und Regen. Er ist Genosse der höheren und niederen Geister, die er sich dienstbar macht, und kann sich mit den Seelen der Verstorbenen verbinden.

Aber auch gewöhnliche Menschen, besonders Frauen, besitzen oft Zauberkräfte oder die Kraft des Weissagens. Gar leicht kommt es bei diesen Völkern vor, daß Frauen durch einen Schreck oder ähnliches ohnmächtig hinsinken. Was sie in diesem Zustand erfahren, befähigt manche, zu heilen oder etwas Zukünftiges vorauszusagen.

Der Schamane hat diese Fähigkeit des Hellfühlens in besonderem Maße. Was er durch seine Veranlagung als Naturgabe besitzt, vermag er durch bestimmte Mittel zu steigern oder bei seinem Schüler hervorzurufen. Durch den Genuß eines Schwammes gerät er in rauschartige Entrückung. Er weilt nun in einer andern Welt und schaut gewaltige Bilder. Wieder zu sich kommend, vermag er Kunde zu geben von dem, was er erlebt hat.

Bei kultischen Festen oder beim Tod eines Familiengliedes wird der Schamane durch den heiligen Tanz, durch Trommelrhythmen und Gesänge vor allem Volk entrückt. Seine Seele weitet sich in den Kosmos, macht eine weite Reise, steigt zu den Sternen auf, wie das Volk sagt, oder in die Tiefe des Meeres, und er vermag den Seelen, die ihren Leib verlassen haben, auf ihrem Weg in die andere Welt zu folgen. Seine Wortzauberkraft reicht hinüber bis in jene Reiche. Lauschend sitzt das Volk, wenn durch seinen Mund die Geister reden, oder wenn er von dem erzählt, was die Seele im Totenland erlebt: von den Schrecken und dem Abgrund, von der messerscharfen Brücke und dem beißenden Hund, der sie bewacht; von der furchtbaren Gefahr des zweiten Todes, des Seelentodes, der die Seele bedroht, wenn sie diese Brücke auf ihrem Läuterungswege überschreiten muß.

Der Leib der Verstorbenen wird auf einem Schlitten oder in einem Boot auf einer Anhöhe den Elementen ausgesetzt, begraben oder in das Meer versenkt. Bei manchen Völkern lebt die Vorstellung, daß die Seele nach dem Tode ihre Taten des irdischen Lebens vergelten müsse; sie glauben, daß die Verstorbenen den Lebenden nahe bleiben, am Erdgeschehen mitwirken, ja daß sie wiederkehren in einem neuen Leib.

Ähnlich empfinden auch die Eskimo. Auch für sie ist die ganze Natur von Geistern belebt. Jeder Berg, jeder Gletscher, jeder See, die Wale, Robben, Eisfüchse, ja unbelebte Dinge haben ihren Inua. Wenn der Kajakmann hinausfährt auf die Jagd und das Glück mit ihm ist, dann haben ihm die guten Geister, die »Ingurssuk« oder »Ingnerssuit« geholfen. Sie treiben ihm die Wale und Robben zu. Diese Ingnerssuit haben Flammengestalt; von ihnen geht ein solcher Glanz aus, daß der Kajakmann, ganz geblendet, sie nicht sehen kann; nur der Angakoq der Zauberer, vermag sie zu sehen. An der Küste, in der Brandung lauern ihm aber auch böse Ingurssuk auf, die Stürme erzeugen können, um ihn zu verderben und in den dunklen Abgrund zu zerren.

Folgendes erzählen die Eskimo Grönlands über das Entstehen dieser Ingnerssuit: Die erste Erde hatte weder Meer noch Gebirge, sondern war ganz ebenmäßig. Da nun dem höchsten Wesen das Tun der Menschen nicht gefiel, zerstörte es die Erde. Sie barst. Berge erhoben sich, Abgründe taten sich auf. Die ersten Menschen fielen in die Spalten und wurden Ingnerssuit. Wasser überströmte alles.

Als die Erde wieder erstand, war sie von einem Gletscher bedeckt.

Vom Himmel fielen zwei Menschen herab, von denen die Erde wieder bevölkert wurde. Jahr um Jahr nahm der Eisgletscher ab. An vielen Orten sieht man heute noch Zeichen aus der Zeit, wo das Meer über den Bergen stand.

Bei den Wogulen auf dem Festland wird überliefert, die Menschen seien in einer Wiege an einem Silberdraht vom Himmel gekommen. Völker, die Bäume kennen, sprechen vom Himmelsbaum (Weltesche Ygdrasil), an dem die Menschen der zweiten Schöpfung heruntergeklettert seien.

Über alle Geister herrscht das höchste Wesen, Tongarssuk, als Herr der Lichtwelt. Er wird bei einigen Eskimo auch für den Gebieter im Reich der Toten gehalten. Über den Regenbogen gelangt man in sein Reich.

In der Unterwelt herrscht als Herrin der Meere eine alte Frau, Sedna genannt. (Bei den Grönländern heißt sie Arnarknagssak). Wenn sie die Meertiere in der Tiefe zurückhält, haben die Eskimo kein Jagdglück. Dann muß der Angakoq hinuntersteigen in ihr Reich und sie um die Freigabe der Tiere bitten oder sie dazu zwingen.

Voller Gefahren ist der Weg zu ihr. Der Zauberer käme wohl nie zurück, wenn ihn nicht seine Schutzgeister (Tornaq) in der Gestalt von Bären begleiteten und ihm hülfen. Jeder Mensch hat einen Tornaq, der ihm zu Hilfe eilt, sobald er ihn anruft.

Von dem Schicksal der Menschenseele nach dem Tode erzählen die Eskimo auf den Aleuten folgendes:

Wenn der Mensch gestorben ist, hat die Seele auf ihrer Reise verschiedene Gefahren zu bestehen. Über die schmale Brücke gelangt sie in das »stillere Land«, wo die Seelen nach dem Tode weilen. Dort ist immer Sommer, frisches Wasser und Seehunde gibt es in Fülle. Sie muß aber nach einiger Zeit wieder auf die Erde zurück. Fünfmal wird so die Seele geboren und fünfmal stirbt sie. Nach dem fünften Tode braucht sie nicht mehr auf die Erde zurückzukommen. Sie ist nun ein Sternenmensch geworden und tritt als solcher in die unterste Region des Himmels ein. Sie verwandelt und läutert sich weiter und weiter und durchschreitet allmählich alle fünf Regionen des Himmels, bis sie zum Lichtmenschen geworden ist.

Aber auch die Erde bleibt nach der Vorstellung der Eskimo nicht ewig. Wie sie geschaffen wurde, so wird sie auch wieder vergehen. Davon wissen die Eskimo Grönlands zu sagen:

Wenn alle Menschen gestorben sein werden, zerschmettert das Höchste Wesen die Erde. Ein gewaltiger Sturm wird ausbrechen und Wasserfluten werden alles bedecken und den Erdenstaub reinigen. Dann wird der Sturm den Erdenstaub wieder zusammenfügen, und die Erde wird neu erstehen, ebenmäßig und schöner als zuvor. Und das Höchste Wesen droben wird die Menschen anhauchen, und sie werden wieder leben.

Die drei Störche

Es war einmal ein Mann, der wußte nicht, wo er geboren war. Wir Lamuten glauben indessen, daß wir von diesem Manne abstammen. Er hatte alles im Überfluß. Eines Tages kam ein weibliches Ungeheuer zu ihm und wollte seine Frau werden. Dies Ungeheuer sprach zu ihm:

»Du mußt mich zur Frau nehmen, sonst werde ich dich verschlingen.«

Er heiratete sie also, und sie lebten zusammen. Nach einiger Zeit aber wurde er betrübt und dachte bei sich: »Ist es recht, daß ein Mann wie ich, der so stark und reich ist, dies unreine Ungeheuer als Frau haben muß?«

Er kam an eine Wasserhöhle und setzte sich dort nieder. Drei Tage und drei Nächte lang weinte er in seinem Kummer bei der Wasserhöhle. Als er nun dort weinte, tauchte ein Mädchen aus dem Wasser hervor. Er sprach zu ihr: »Ich bin so allein. Setz dich an meine Seite und weine mit mir.«

Sie antwortete: »Wie könnte ich mich an deine Seite setzen? Deine Frau, das Ungeheuer, würde mich sicherlich umbringen.« Und der Mann unterhielt sich freundlich mit dem Mädchen. Dreimal kam sie aus der Wasserhöhle hervor und redete mit ihm.

Doch das Ungeheuer sprach zu ihm: »Was ist mit dir? Drei Nächte hintereinander hast du dich an der Wasserhöhle aufgehalten. Hast du da vielleicht eine andere Frau gefunden, mit der du die Nächte verbringst?«

Der Mann erwiderte: »Wo sollte ich wohl eine bessere Frau wie dich finden? Und warum sollte ich mich nach einer andern Frau umsehn?«

So blieb er denn des Nachts bei ihr.

Am frühen Morgen erhob sich die Frau und warf ihren Fingerhut auf den Mann, da wurde sein Schlaf tief und fest, wie wenn er tot wäre. Er schlief den Tag über bis Mitternacht. Das Ungeheuer nahm indessen seinen Bogen nebst Pfeilen und begab sich zur Wasserhöhle. Dort legte es sich in einem Versteck auf die Lauer und hielt den Bogen schußbereit. Als nun die Wasserfrau aus der Wasserhöhle hervorkam, schoß das Ungeheuer nach ihr und traf sie mitten ins Herz, worauf sie zu Boden fiel.

Das Ungeheuer kam nach Hause und nahm den Fingerhut vom Bette des Mannes fort. Sogleich wachte der Mann auf, blickte sich rings um und sagte: »Ach, wie lange habe ich geschlafen?« Er zog schnell seine Kleider an und lief zu der Wasserhöhle. Die war voller Blut. Als er das Blut sah, weinte er bitterlich. »Ach!« sagte er, »es ist meine Frau gewesen, welche dies Blut vergossen hat.« Mit diesen Worten stürzte er sich kopfüber in die Wasserhöhle.

Als er auf deren Grund kam, war es dort ähnlich wie auf der Erde. Er blickte sich um und bemerkte, daß alle Büsche anstatt der Blätter kleine Kupferglocken trugen, und die Steppen waren mit Zobelpelz anstatt des Mooses bedeckt. »Was für ein schöner Ort!« dachte der Mann und wanderte auf dem Wege weiter. Nach einer Weile kam er an einen Fluß; auf dem andern Ufer stand ein Zelt nach Art der Lamutenzelte, aus Silber gefertigt. Er begab sich dorthin und hörte Stimmen im Zelte. Er trat daher hinein.

Eine Frau lag auf einem Fellbette und ächzte vor Schmerz. Zwei starke Männer saßen neben ihr, zur Rechten und zur Linken. Die Männer sprangen auf und ergriffen den Eintretenden, wobei sie riefen: »Dieser Mann hat unsere Schwester umgebracht!«

Sie wollten ihn auf der Stelle töten, die Frau jedoch sagte: »Tötet ihn nicht! Er hat mir nichts zuleide getan. Seine Frau ist es gewesen.« Als er sie genauer betrachtete, sah er, daß ein Pfeil in ihrem Herzen stak, und daß sie aschgrau vor Schmerz war. Sie ächzte jammervoll und sprach: »Bringt ihn zu mir!« Dies taten sie, und er setzte sich an ihr Bett. Sie weinte, und er weinte mit ihr. Er wollte den Pfeil herausziehn, die Frau aber sagte: »Laß ihn in Ruhe! Ich würde bei der ersten Berührung sterben. Doch wenn du mich wieder zum Leben bringen willst, so wandere durch zwei Gegenden. In der dritten Gegend wirst du einen silbernen Hügel sehen, auf dem spielen drei Störchinnen. Du mußt nahe an sie herankriechen und eine von ihnen fangen. Dann mußt du sie zu mir herbringen.«

Der Mann ging davon, und nachdem er die zwei Gegenden durchwandert hatte, erblickte er den silbernen Hügel. Drei Störchinnen spielten auf dem Hügel und erfreuten sich an ihrem Storch-Spiel. Er versuchte sich ihnen kriechend zu nähern, doch nach einer Weile bemerkten ihn die Störche. Ganz verzweifelt fiel er zu Boden, und in seiner Verzweiflung verwandelte er sich in eine kleine Spitzmaus. Da hörte er die Störche untereinander reden, und sie sprachen ganz deutlich Lamutisch. Die Jüngste erhob sich auf ihren langen Beinen, reckte den Hals und fragte:

»Schwestern, wo ist der Mann geblieben? Und was kommt nun hergekrochen, so klein und mausartig?«

Die andere erwiderte: »Warum reckst du den Hals so aus? Da ist durchaus kein Mann, sonst hätten wir ihn schon eher als du bemerkt.«

Damit flogen sie auf und umkreisten den Hügel. Unterdessen hatte der Mann die Spitze des Hügels erreicht. Die Störche ließen sich wiederum nieder, doch die Jüngste sagte:

»Ach, ich habe einen Verdacht im Herzen. Dieser Mann ist irgendwo versteckt.«

Die beiden andern aber entgegneten: »Ach, Unsinn! Wir hätten ihn doch eher als du bemerkt.«

Die beiden älteren Störchinnen kamen auf den Hügel herab, die dritte kreiste noch in der Luft. Plötzlich verwandelte sich die Spitzmaus in einen Mann, der einen der Störche bei seinem langen Beine fing.

»Ah, ah, ah«, rief der Storch, »und wie geht es unserer Schwester zu Hause dort? Lebt sie noch oder ist sie tot?«

Er erzählte ihnen alles. Sie waren sehr bewegt und sprachen: »Geh wieder zurück, wir wollen dir folgen.«

Er begab sich auf den Rückweg, und die drei Störche folgten ihm in der Höhe unter vielem Schwatzen und Singen. Er kam zum Silberzelt und trat ein. Die Störche kreisten in der Höhe über dem Zelt, sangen ihre Beschwörungen und wollten den Pfeil herausziehen. Die älteste sprach zu der jüngsten:

»Versuch es und zieh den Pfeil heraus!«

»Du bist älter als ich, du bist auch geschickter als ich.«

»Nein, wir vermögen ihn nicht herauszuziehen. Versuch du es, ihn herauszubekommen!«

Da flog der jüngste Storch auf und stand für einen Augenblick genau über der Windöffnung des Silberzeltes. Dann fiel er wie ein Stein herab, und als er halbwegs unten war, schwang er sich wieder in die Höhe. Als die Leute im Zelte aufblickten, war der Pfeil in seinem Schnabel.

Die Kranke richtete sich auf und wischte ihre Schmerzenstränen ab. Darauf sagte sie:

»Wahrhaftig, eure jüngste Schwester ist eine Zauberin.«

Dann wandte sie sich an den Mann und lobte ihn: »Du hast ein treues Herz. Willst du mich zur Frau nehmen?«

Und er nahm sie zur Frau; sie schliefen in der Brautnacht in dem Silberzelt, und die drei Störchinnen kreisten die ganze Nacht hindurch über dem Zelte, bewachten sie und sangen Beschwörungen. Am Morgen sagten die Störche zu ihren beiden Brüdern: »Ihr müßt euren Schwager mit seiner Frau nach Hause gehen lassen.«

»Schön«, sagten die Brüder, »laßt sie hier noch einen Tag bleiben, dann wollen wir alles für ihre Abreise zurecht machen; ihr aber müßt erst einmal hinfliegen und sehn, ob alles in ihrem Hause in Ordnung ist.«

Die Störche flogen davon und kamen zu seinem Hause; am selben Abend noch kamen sie zurück. Der Mann fragte sie: »Wie sollen wir nach Hause gehn? Ich habe große Angst wegen meiner jungen Braut.«

Die Störche erwiderten: »Du brauchst keine Angst zu haben. Wir haben deine frühere Frau genommen und in die See geworfen. Dort hat sie sich in einen großen Seewurm verwandelt.«

Am folgenden Morgen machten sie sich auf die Fahrt; dabei warnte sie der jüngste Storch: »Schlaft ja nicht ein unterwegs!«

Darauf zogen sie davon, er voran, und seine junge Braut dicht hinter ihm, beide auf einem Rentierrücken. Auf der Hälfte des Weges wurde er vom Schlaf überwältigt. Er mochte tun, was er wollte, er konnte nicht wach bleiben, und schließlich fiel er vom Sattel wie ein Toter. Seine Frau versuchte ihn aufzuwecken und sagte:

»Haben unsere Schwestern uns nicht gewarnt, unterwegs zu schlafen?« Doch hörte er ihre Worte nicht.

Während sie noch mit ihm beschäftigt war, ihn schüttelte und aufrüttelte, kam ein großer Adler mit zwei Köpfen herbei und rief: »Ich habe um sie seit langen Jahren geworben.«

Der Adler ergriff sie an ihrem Haar und warf sie auf seinen Rücken, dann flog er davon und trug sie fort. Nach einer Weile erwachte der Mann, da war seine Frau nirgends zu sehen. Er weinte vor Betrübnis und blickte sich überall um. Keine Spur war auf dem Schnee zu entdecken, er sah nur ihre eigenen Spuren, die zu dem Orte führten, wo sie waren.

Nun kamen die drei Störche herbei. Der jüngste sprach: »Haben wir dir nicht gesagt, du solltest nicht einschlafen? Was sollen wir jetzt anfangen? Der riesige Adler ist das mächtigste aller Geschöpfe.«

Nun flogen sie fort, um den Adler zu verfolgen. Der junge Mann folgte ihnen zu Fuß. Nach einer Weile holten sie den Adler ein. Da sprachen die beiden älteren Störchinnen zu der jüngsten:

»Nun, Schwester, wir können nichts tun. Du allein mußt deine Geschicklichkeit und dein Glück versuchen. Alles, was wir tun können, ist dir bei deinen Bemühungen beizustehn.«

»Ich will es versuchen«, sagte die jüngste Störchin. Sie flog in die Höhe, so hoch, daß sie außer Sehweite kam. Dann stieß sie auf den Adler herab und entriß ihm die junge Frau. Der Adler flog weiter und hatte gar nichts gemerkt. Der jüngste Storch setzte die junge Frau auf seinen Rücken und brachte sie zu ihrem Gatten. Wiederum rüsteten sie sich zur Fahrt. Der jüngste Storch sagte:

»Jetzt müßt ihr nach Hause gehn. Kein Übel droht euch mehr; ihr werdet dort in Reichtum und Gesundheit leben. Jedes Jahr werdet ihr Kinder erhalten. Geht mit unsern guten Wünschen.«

Sie zogen weiter und kamen in ihr Land. Dort sahen sie, daß das silberne Lamutenzelt aus der Wasserhöhle jetzt an ihrem Wohnort stand. Sie gingen hinein und lebten fortan glücklich und in Frieden.

Aus Sibirien.

Die bösen Geister mit den eisernen Zähnen

Es waren einmal drei Brüder, die drei Schwestern geheiratet hatten. Der älteste war mit der ältesten Schwester verheiratet, der mittlere mit der mittleren, und der jüngste mit der jüngsten Schwester. Als es Herbst wurde, gingen sie ihre Fallen nachsehn. Ihre Frauen und Kinder blieben in der Ansiedlung allein.

Die älteste Schwester hatte drei Kinder, die mittlere Schwester hatte ein Kind und die jüngste gar keines.

Eines Tages kam die mittlere Schwester, die draußen gewesen war, nach Hause und sagte:

»Unsere Männer kehren heim.«

Die andere sagte: »Nein, das ist zu früh, du irrst dich.«

Sie lief wieder hinaus und kam sogleich wieder:

»Unsere Männer kehren heim.«

Da wurden die anderen ärgerlich.

»Halt den Mund! Niemand kommt. Es ist unrecht, solchen Unsinn zu reden.«

Sie aber wollte nicht gehorchen und wiederholte ihre Worte. Am Abend nach Sonnenuntergang hörten sie das Klappern von Schlitten und das Bellen von Hunden. Die Schlittenglocken klingelten lustig, und man hörte Stimmen und Gelächter. Ihre Männer kamen vom Walde zurück.

Da freuten sie sich sehr und beeilten sich, ihnen das Abendessen zurechtzumachen. Die älteste Schwester kochte ihnen Tee, die mittlere Schwester brachte eine Menge Fleisch herein und kochte das Essen, die jüngste Schwester hatte nichts Besonderes zu tun. Sie beobachtete die Männer vom Schlafzimmer aus durch einen Spalt in der Wand. Plötzlich bemerkte sie, daß die Zähne der Männer ganz schwarz waren. Sie war verwundert und sagte zu der mittleren Schwester:

»Ach, liebe Schwester, warum haben unsere Männer so schwarze Zähne?«

»Wie denn!« erwiderte die andre, »sie sind unsere Männer. Was sollen wir von ihren Zähnen reden? Vielleicht haben sie Brombeeren in den Wäldern gegessen.«

»Jetzt ist kaltes Wetter, da wachsen keine Brombeeren.«

»Vielleicht hast du ihnen verbranntes Fleisch gegeben.«

»Nein, du hast ihnen das Fleisch gegeben, doch das war saftig und nicht verbrannt.«

»Oder vielleicht ist es, weil sie eiserne Zähne haben.«

Jetzt waren die Zähne der Männer einen halben Fuß lang, sie kamen aus ihrem Munde hervor, spitz und glänzend wie Dolche. Die jüngste Schwester lief aus dem Hause.

»Fangt sie, fangt sie!« rief die mittlere Schwester, doch die jüngste war fort. Sie lief durch den dichten Wald immerfort wie ein erschrecktes Reh. Am Ende, als sie nicht mehr laufen konnte, hielt sie bei einer kleinen Lichtung an und entzündete ein Feuer. Sie fand einen Baumstumpf, der ihr an Gestalt und Größe ähnlich war. Sie fällte ihn und stellte ihn bei dem Feuer auf. Dann nahm sie ihre Kleider und wickelte sie um den Baumstumpf, auch setzte sie ihm ihre Mütze auf. Dann nahm sie eine Stange, stark wie ein Speerschaft, und brannte deren Spitze im Feuer, bis sie hart und scharf wurde. Mit diesem Holzspeere verbarg sie sich hinter einem Busche.

Da hörte man ein Geräusch im Walde, ein Zähneknirschen und Knacken von Zweigen, die absprangen und hinfielen. Es war der böse

Geist, der sie verfolgte. Er sprang nach dem Feuer hin und ergriff sogleich mit seinen furchtbaren Kiefern den Baumstumpf in der Mitte. Seine eisernen Zähne saßen im Holze fest, und er konnte sich nicht losmachen. Da sprang die Frau hinter dem Busch hervor und durchbohrte ihn von hinten mit ihrem Holzspeere. Da stak er wie ein Fisch am Bratspieß.

Sie trieb das andere Ende der Stange tief in die Erde und ließ ihn dort. Sie fürchtete sich heimzukehren und begab sich zu einer andern Ansiedlung in der Nähe.

Als sie dort ihre Geschichte erzählt hatte, nahmen die Männer ihre Speere und Äxte und begaben sich auf die Suche nach den Ungeheuern. Als sie an das Haus kamen, waren die bösen Geister fort. Auch die Frauen und Kinder waren fort. Sie suchten nach deren Gebeinen, da sie vermuteten, daß die Ungeheuer die Leute gefressen hätten, doch fanden sie nichts: Man weiß nicht, was sie mit ihren Gefangenen gemacht haben. Vielleicht haben sie die Frauen fortgeschleppt und geheiratet.

Als die wahren Gatten der Frauen nach einer Woche heimkamen, war ihr Haus leer.

Aus Sibirien.

Der Flug zum Monde

Ein mächtiger Angakoq, der einen Bären als Tornaq* besaß, beschloß einst, den Mond zu besuchen. Er setzte sich in den Hintergrund seiner Hütte, den Lampen, die ausgelöscht waren, den Rücken zukehrend; seine Hände waren zusammengebunden, und ein Strick lief ihm um Knie und Hals. So vorbereitet, rief er seinen Tornaq herbei, der ihn rasch durch die Lüfte trug und zum Monde brachte. Er sah, daß der Mond ein Haus war, sauber bedeckt mit weißen Rentierfellen, die der Mann im Monde in der Nähe zu trocknen pflegte. Zu jeder Seite des

* Angakoq = Zauberer; Tornaq = Schutzgeist

Eingangs bemerkte er ferner den Oberkörper eines riesigen Walrosses, das den Kühnen, der hier einzudringen wagte, in Stücke zu reißen drohte. Obgleich es also recht gefährlich war, an den wilden Tieren vorbeizukommen, gelang es dem Angakoq doch, unter dem Schutze seines Tornaq ins Haus einzutreten.

Im Türgange erblickte er den einzigen Hund des Mannes im Monde, der weiß und rot gefleckt war. Als er den Hauptraum betrat, wurde er eines kleinen Anbaues zu seiner Linken gewahr, in dem eine schöne Frau, die Sonne, vor ihrer Lampe saß. Sobald sie den Angakoq eintreten sah, blies sie ihr Feuer aus und verbarg sich hinter dem aufsteigenden Qualm. Der Mann im Monde kam freundlich auf den Angakoq zu, nachdem er sich von seinem Sitz auf der Schlafbank erhoben hatte, und hieß ihn willkommen. Hinter den Lampen waren hohe Haufen von Wildpret und Seehundsfleisch aufgestapelt, doch bot ihm der Mann im Monde vorerst noch nichts davon an, sagte vielmehr: »Mein Weib Ululiernang wird bald hereinkommen, und wir werden dann einen Tanz aufführen. Gibt acht, daß du nicht lachst, sonst schlitzt sie dir den Bauch mit ihrem Messer auf, nimmt dir die Eingeweide heraus und wirft sie meinem Hermelin vor, das draußen in jenem kleinen Haus dort lebt.«

Nicht lange danach trat eine Frau ein, die einen länglich-rechteckigen Kessel trug, in dem ihr Ulo, das Weibermesser, lag. Sie stellte ihn auf den Boden und beugte sich vornüber, wobei sie den Kessel wie einen Kreisel herumwirbelte. Dann begann sie zu tanzen. Als sie dem Angakoq ihren Rücken zuwandte, stellte es sich heraus, daß sie hinten hohl war. Man sah nur ihr Knochengerüst. Der Mann im Monde begann nun mitzutanzen; ihre Körper- und Gesichtsverrenkungen sahen so komisch aus, daß sich der Angakoq nur mit Mühe das Lachen verbeißen konnte. Aber gerade im richtigen Augenblick rief er sich die Warnung des Mannes im Monde ins Gedächtnis zurück und sprang aus dem Hause hinaus. Der Mann rief hinter ihm her: »Versieh dich mit deinem großen Eisbären-Tornaq!« So entkam er unverletzt.

Bei einem erneuten Besuch gelang es ihm, seiner Lachlust Herr zu werden, und er wurde, nachdem die Vorführung zu Ende war, gastfreundlich von dem Manne im Monde aufgenommen. Dieser zeigte ihm das ganze Haus und ließ ihn auch einen Blick in einen kleinen Anbau nahe dem Eingang tun. Da sah er große Herden von Rentieren, die dem Anschein nach über weite Ebenen schweiften. Der Mann im Monde gestattete ihm, sich ein Tier auszusuchen, das sogleich durch eine Öffnung auf die Erde hinabfiel. In einem anderen Gebäude sah er eine Unmenge von Seehunden, die in einem Ozean umherschwammen, und wieder durfte er sich einen von diesen herausgreifen. Schließlich entließ ihn der Mann im Monde, und sein Tornaq trug ihn mit derselben Schnelligkeit, mit der er zum Himmel aufgestiegen war, wieder zu seiner Hütte zurück.

Während seines Besuches beim Monde hatte sein Körper unbeweglich und unbeseelt dagelegen, nun aber erwachte er wieder zum Leben. Die Stricke, mit denen seine Hände gebunden waren, fielen zu Boden, obwohl sie zu festen Knoten geschürzt waren. Der Angakoq war völlig erschöpft; erst als die Lampen wieder angezündet waren, konnte er den aufmerksam lauschenden Männern von seinen Abenteuern beim Flug zum Monde berichten.

Aus dem Baffinland und Grönland.

Das Reich der Mitte

Bis in den Anfang des zwanzigsten Jahrhunderts hatten sich die Chinesen Sitten und Bräuche bewahrt, durch die sie ihren Ahnen und deren Lebensweise vor tausend Jahren näher standen als den Menschen, die gleichzeitig mit ihnen in andern Ländern lebten.

Altüberliefertes durch Jahrhunderte treu zu bewahren, kennzeichnet die Eigenart der chinesischen Kultur. So besitzt dieses Volk ein Arzneibuch, das durch 4000 Jahre hindurch von Generation zu Generation überliefert worden ist, und aus dem die Ärzte bis zur Gegenwart Wissen schöpfen. Eine besondere Heilpraktik daraus hat neuerdings sogar in Europa und Amerika Eingang gefunden. – Die Chinesinnen spinnen die Wolle mit Spindeln, die aussehen, als stammten sie aus der Steinzeit. Die Beile haben die Formen bewahrt, die sie in der Bronzezeit hatten, nur werden sie jetzt aus Eisen hergestellt.

Der Ursprung der chinesischen Kultur und die Begründung des alten Kaiserreiches reicht in die Zeit zurück, da am Nil und im Zweistromland auch die altägyptische und babylonische Kultur sich zu entfalten begann.

Im Zweistromland sind die einstigen Kanäle, die Quellen der Fruchtbarkeit des Landes, versandet, die Felder versteppt, die einst blühenden Riesenstädte sind mächtige Schuttberge, auf denen heute Schafe weiden. In Ägypten zeugen gewaltige Baudenkmäler von der Pracht dieser alten Zeiten; wohl ist das primitive Schöpfrad ältester Zeit da und dort noch im Gange, aber die Menschen, die heute in Ägypten leben, haben nichts mehr gemein mit der alt-ägyptischen Vergangenheit. In China aber reicht eine Kultur aus ältester Zeit an denselben Strömen und Kanälen, auf denselben fruchtbaren Feldern lebendig bis in unsere Zeit herein.

Was ist nun die Eigenart des chinesischen Volkes, welche Lebensauffassung, Sitten und Gebräuche bewahrten ihm bis in die Gegenwart diese Kraft?

Obwohl in den letzten Jahrzehnten in China alle Lebensverhältnisse in unvorstellbarem Ausmaß sich verändern, ist es wichtig, auf die Lebensformen hinzuschauen, die bis in das Jahr 1911, beim Bauerntum bis über die vierziger Jahre hinaus noch das soziale Gefüge gaben und zusammenhielten; Formen, besonders beim Bauern ist es deutlich zu sehen, die ganz in alten religiösen Empfindungen wurzelten.

Ohne diese Kenntnis – auch wenn das Dargestellte durch die Ereignisse überholt scheint – ist die Spannung und das Ausmaß der Lebensdramatik nicht verständlich, in der ein heutiger Chinese lebt.

Die alten Chinesen empfanden sich als Söhne des Himmels, die auf der Erde lebten im Reich der Mitte. Später verglomm diese Empfindung; man verehrte nur noch den Kaiser als Sohn des Himmels. Ihm gehörte die Erde, und er herrschte über sein Volk wie ein Vater über seine Familie. Er war Lebensvorbild, Hüter der Verehrung der Ahnen und der heiligen Überlieferungen, er gab die Gesetze und Verordnungen, nach denen die Menschen lebten.

Wie im Himmel, so auf Erden; wie in den Bahnen der Gestirne Harmonie herrscht, so sollten die Gesetze des Kaisers Ordnung schaffen unter den Menschen. So hatte ursprünglich jede Einzelheit im Leben der Chinesen Sinn, hatte Beziehung zum Himmlischen. Allmählich entstand so Brauch und Sitte, und schließlich, als das Wissen und Empfinden um diese himmlischen Entsprechungen ganz verdämmert war, blieb nur eine leere Förmlichkeit übrig. Aus Anhänglichkeit an das Gewordene wurde sie mit kindlicher Frömmigkeit befolgt bis in unsere Tage hinein und gab dem Volke inneren Halt in Leid und Freud. Wußte es sich doch durch diese Gebräuche im Einklang lebend mit dem, was seine Ahnen getan und ihnen heilig gewesen war, was den Frieden mit den guten und bösen Geistern gewährte, die Lebenskräfte des Volkes immer wieder erneuerte und die Fruchtbarkeit der Felder sicherstellte.

China, das Land der gelben Erde, ist unvorstellbar groß. Im Nordwesten enden die Ausläufer der Himalaja-Ketten und des Kwen-Lun; mehr gegen Süden und Osten, vom chinesischen Bergland getrennt, dehnen sich weite Schwemmlandebenen, die im üppigen Grün wellend zum Horizont anzusteigen scheinen. Sie sind durchzogen von gewaltigen, wasserreichen Strömen, von großen und kleinen Kanälen. In den Städten, in Dörfern und Höfen wimmelt es von Menschen, die sich wohl alle als Chinesen fühlen, aber, je nach der Landesgegend, so verschiedene Dialekte sprechen, daß sie sich untereinander nicht verständigen können. Wenn ein Reisender etwa im Februar von Peking südwärts nach Kanton fährt, so kann er erleben, daß im Norden eine dünne Schneedecke auf Feld und dunklen Kiefern liegt und Frost die Glieder erstarren läßt. Je weiter er aber nach Süden gelangt, um so mehr weicht des Winters Gewalt; die Frostkruste verschwindet, und jenseits des Tsin-ling-schan-Gebirges und seines Ausläufers wird er in zunehmendem Maße vom Zauber blühender Pfirsich- und Mandelbäume überrascht. In der Gegend von Kanton fächeln Palmen im sommerlichen Wind, reifen Granatäpfel, Apfelsinen und Bananen. So kann man in verhältnismäßig kurzer Zeit in ein und demselben Land alle Jahreszeiten erleben.

China wird von altersher in das Nord- und Südreich gegliedert. Die Grenze bildet das Tsin-ling-schan-Gebirge, ein letzter Ausläufer des Kwen-Lun-Massivs. Von diesen beiden Reichen kann etwa folgende Charakteristik gegeben werden, die man sich in den Übergangsgebieten und je nach der Lage, ob in Küstennähe oder im Landesinnern, im Tiefland oder im Gebirge, entsprechend abgewandelt denken muß:

Das Nordreich hat sehr heiße Sommer und kalte, trockene Winter mit Staubstürmen und solchem Frost, daß die Kanäle zufrieren.

Der Baumbestand ist ähnlich wie bei uns, obwohl Peking südlicher liegt als zum Beispiel Neapel. Buchen, Eichen, Ahorn, Linden, Tannen und Kiefern sind die charakteristischen Bäume. Wälder fehlen, das Nordreich macht einen kahlen Eindruck; nur um Dörfer und Höfe hat es Bäume. Der Maulbeerbaum, der die Grundlage zur Seidenraupenzucht bildet, ist auch in wärmeren Gebieten des Nordens verbreitet.

Auf den Feldern wird hauptsächlich Weizen, Hafer, Gerste und Mais angebaut sowie Sojabohnen und Linsen; in günstigen Lagen gedeiht auch Reis und Tee. In den sorgfältig bebauten Gärten blühen Rosen, wilde Glycinien, Pfingstrosen, Magnolien und Chrysanthemen. Kirschen-, Birnen- und Pflaumenbäume tragen saftige Früchte, und an geschützten Stellen reifen Pfirsiche und Aprikosen.

Die Schwalben ziehen wie bei uns im Herbst südwärts. Goldgelbe Pirole nisten in den Bäumen; Rotkehlchen, Zaunkönige und der buntschillernde Eisvogel sind dort ebenso heimisch wie die Elstern und Krähen. Und das Eichhörnchen kommt selbst den schlauen Chinesen zuvor bei der Ernte der Hasel- und Walnüsse.

Als Haustiere sind Schweine und Hühner am meisten verbreitet; dann werden Ziegen und Schafe gehalten, aber wenig Rinder und Pferde. Im Norden tragen zweihöckerige Kamele die Lasten von Peking nach der Mongolei; sonst ist der Esel das am meisten verwendete Lasttier in China.

Gleicht die Pflanzenwelt im Norden Chinas ungefähr der unserer Breiten, so wandelt sich der Charakter des Landes allmählich gegen Süden zu. Das Südreich, zum größten Teil in Tropennähe und bis in die Tropen reichend, zeichnet sich durch milde, regenreiche Winter und feucht-heiße Sommer aus. Im allgemeinen ist aber das Klima Südchinas im Winter rauher als der Breitenlage entspräche; es kann sogar vorkommen, daß in Kanton Schnee fällt. Immergrüne Pflanzen, Palmen, Eucalyptusbäume, der Gingkobaum, Trauerzypressen, Wachsbäume sowie die verschiedenen Gewürzpflanzen, riesengroße Bambusse, zu Wäldern vereinigt, geben der Landschaft den Charakter.

In den feucht-heißen Tälern und auf Terrassen bis hoch an die Hänge hinauf wird vorwiegend Reis gepflanzt. Der Süden ist die Reiskammer Chinas und der angrenzenden Gebiete (Tibet, Mongolei). Überall wächst auch der Teestrauch. Neuerdings wird auch viel Baumwolle angepflanzt.

China gilt als Blumenland. In den Gärten und Parks blühen Magnolien, Kamelien, Rhododendren und Oleander in reicher Farbenpracht, reifen Granatäpfel, Bananen, Ananas und Apfelsinen. Die Apfelsinen (China-Äpfel) und das Zuckerrohr scheinen in Südchina beheimatet gewesen zu sein und haben wohl von da aus weite Verbreitung gefunden. Groß ist der Reichtum an Gewürzen: Zimt, Pfeffer und Nelken waren – neben der Seide – früh begehrte Handelsgüter westlicher Kaufleute.

Die wilde Tierwelt ist in dem stark bevölkerten Land sehr zurückgedrängt. In den rauhen Gebirgsgegenden des Südens haben sich noch bis zum heutigen Tag Tiger, Bären, wilde Katzen und Hirscharten erhalten. Die Tropennähe kündet sich in den buntschillernden Farben der Vögel (Fasane) und Schmetterlinge an, in großen Reptilien und Riesensalamandern und in den Affen, die lärmend auf den Bäumen hausen.

*

Die Chinesen lieben die Abgeschlossenheit. Schon seit alter Zeit gab es im Norden des Landes eine große Mauer, die plündernde barbarische Völkerhorden abhalten sollte. Denn von der angrenzenden Mongolei und Mandschurei war China immer wieder eindringenden Völkerströmen ausgesetzt.

Im Beginn der Ming-Dynastie (1368 bis 1644 unserer Zeitrechnung) wurde diese Mauer wiederhergestellt, verlängert und teils verdoppelt und verdreifacht. Ein Mauerwerk von stellenweise 8 bis 11 Meter Höhe und 7 Meter Breite aus Granitblöcken so gefügt, daß kein Nagel in die Fugen geht, mit Türmen für die bewachenden Garnisonen, mit wenigen wohlbefestigten Toren, dann streckenweise nur aus Erdwällen bestehend: so zieht sich dieses Bauwerk über Berg und Tal, ja über Flüsse, 2700 km lang, dahin.

Im Südwesten ist China durch schwerzugängliche Gebirge geschützt und im Süden und Osten war von je das Meer mit seinen sandigen Küsten mehr abweisende Grenze als Verbindung zur Welt. Was für das ganze Land, das gilt für Stadt und Dorf: sie sind von schützenden Mauern umgeben. Die Tore wurden noch bis in die zwanziger Jahre unseres Jahrhunderts bei Sonnenuntergang verschlossen und versiegelt, und es bedurfte angesehener Bürger der Stadt als Zeugen, ehe ein Tor des Abends nochmals für späte Ankömmlinge geöffnet wurde.

Was um Land und Dorf sich findet, wiederholt sich bei jedem chinesichen Haus. Ob groß oder klein, von arm oder reich: fensterlose, hohe Mauern schließen Haus oder Familiensiedlung nach außen ab.

Durch ein einziges, wohlverschließbares und von einem Wächter behütetes Tor, das »Zu und von der Welt-Tor«, gelangt man ins Innere der Hofstatt. Selbst in den Städten überwacht in jeder Gasse ein Mann das Leben der Menschen und weiß über ihr Kommen und Gehen Bescheid. Alle Gebäude, öffentliche und private, sind um die inneren Höfe gruppiert und öffnen sich nach diesen hin. In solch einer Heimstatt lebt die chinesische Familie mit ihrer Dienerschaft zusammen.

Wie der Kaiser über das ganze Volk als über seine Kinder regierte, so hatte der Familienälteste den Vorsitz über die ganze Sippe. Er war ihr Ernährer und Beschützer, ihr Priester und Richter. Hatte er der Sitte nach unumschränkte Verfügungsgewalt, so wurde doch keine Entscheidung in Familiensachen unternommen ohne den Rat der ganzen Familie. Und hier galt nur Einmütigkeit; *eine* Stimme dagegen hinderte die Ausführung des Planes.

Eine chinesische Familie fühlt sich innigst verbunden mit allen Angehörigen, sie teilen Leid und Freud miteinander und leben in der Heimstatt zusammen, aber getrennt in Frauen- und Männerhäusern. Wenn auf dem Land eine Tochter heiratet, zieht sie in die Familie ihres Mannes. Die Söhne bleiben mit ihren Frauen meistens im Haus der Väter. So leben in solch einem Heim drei bis vier Generationen, gegen achtzig bis hundert Menschen zusammen. Kein schöneres Gefühl gibt es für den altgewordenen Chinesen, als eine große Schar von Kindern und Kindeskindern um sich zu haben. Und ein Fluch ist es, ohne Nachkommen zu sterben; denn da wird niemand sein, der das Grab ehrt. Nicht nur mit den Angehörigen verbindet das Band fürsorglicher Liebe, sie fühlen sich ebenso verbunden mit den Abgeschiedenen, mit jenen, die »die Blume des Lebens gepflückt haben«. Bis vor wenigen Jahren versammelte sich die Familie täglich, ehe alle Haus- und Feldarbeit begann, in der hohen Ahnenhalle. Darin sind über einem einfachen Altar mit der Lampe des ewigen Lebens Tafeln mit den goldenen Namen der Verstorbenen angebracht. In alten Familienhäusern reichen diese Tafeln in Jahrhunderte zurück. Der Familienälteste rief die Geister der Ahnen an, und alle Anwesenden verneigten sich ehrfürchtig. Nach dieser schlichten Feier, bei der an bestimmten Festtagen Rauchopfer dargebracht wurden, ging jeder an sein Tagewerk.

Die Ahnenhalle, die schon durch ihre Höhe über die anderen Gebäude herausragt, ist der Mittelpunkt des chinesischen Hauses. Bei allen Festen und wichtigen Familienangelegenheiten versammelt sich die Sippe hier zu kurzer Feier oder Beratung.

Wird ein Kind geboren, so trägt es der Vater feierlich durch alle Höfe der Heimstatt in die Ahnenhalle und bringt es knieend vor der Lampe des ewigen Lebens den Ahnen dar. Danach ist es aufgenommen in die Sippe. – Sollte eine Tochter oder ein Sohn heiraten, so wurden die Namen der Erwählten mit goldenen Lettern auf eine Karte gemalt und auf den Altar gelegt. Sorgfältig wurden die Zeichen beachtet und gedeutet, durch welche sich die Ahnen mahnend oder zustimmend kundtaten. Die Ehe des Paares war dann vollzogen und gesegnet, wenn es vor dem Altar der Ahnen niedergekniet war. Um diesen Segen zu erlangen, scheute man selbst vor weiten Reisen nicht zurück. Die Wahl des Gatten für Söhne und Töchter wurde bis vor kurzem nicht dem einzelnen überlassen. Als Familienangelegenheit war die Heirat zweier Kinder befreundeter Familien vielleicht schon bei deren gleichzeitiger Geburt beschlossen worden. Vielleicht wurden die Kinder schon in der Wiege nebeneinander gelegt und spielten im Kindesalter zusammen. Aber es konnte auch vorkommen, und das war häufig, daß Braut und Bräutigam sich vor der Hochzeit noch nie gesehen hatten. Da galt es dann, sich in die Verbindung fügen zu lernen. Zur Hingabe und Demut waren vor allem die Mädchen im Frauenhaus erzogen worden. Eine Heirat ist eine Entscheidung, von der Glück und Gedeihen der Sippe abhängt. Darum wählte auch der Rat der Familie die Paare aufs sorgfältigste aus und ließ seine Wahl durch die Götter bestätigen.

Der einzelne Chinese fühlt sich nicht so sehr als Persönlichkeit mit seinem Recht zu eigenster, freier Lebensgestaltung wie der Abendländer; er ist vor allem Glied der Sippe. Rechte, Pflichten und das Gedeihen der Sippe gehen allem voran. Ihr hat man sein Dasein zu danken; ihr Fortbestehen zu sichern, ist Dankespflicht. Daher die Dankbarkeit und fürsorgliche Liebe der Kinder gegenüber den Älteren; daher die seltsamen freiwilligen Opfer, wodurch alte Menschen in Zeiten der Not ihr Leben hingeben für die Jungen.

Leben und Tod haben für den Chinesen ganz anderen Sinn, andere Bedeutung als in unserem Denken und Erleben. Wie ein Blatt vom Baum sich löst, so empfindet er das Sterben. Nicht mit Trauer scheidet er, nicht bleiben die Angehörigen trauernd zurück. Sie kleiden sich in weiße Festgewänder und gedenken in ruhiger Heiterkeit an den, dessen Geschick sich erfüllte und der nun, vom Leibe befreit, als Geist unter den Ahnen weilt.

Durch alle Jahrhunderte sind die Chinesen vor allem Ackerbauern gewesen. Die Erträgnisse der Ernte machen noch heute Glück und Reichtum des Volkes aus.

Bis vor wenigen Jahrzehnten lebten die Bauern nach dem alten Bauernkalender, der sich nach dem Sonnenjahr richtete und sich lange neben der neueren bürgerlichen Zeitrechnung zu halten vermochte. Und im

Einklang mit dem Lauf der Jahreszeiten gestaltete sich in den verschiedenen Provinzen die Arbeit auf den Feldern. Noch vor kurzer Zeit bestimmte der Familienälteste einer Sippe, die vorwiegend Ackerbau pflegte, den Tag, an dem mit Pflügen begonnen wurde. Er zog – wie es der Kaiser in Peking getan hatte – die ersten drei Furchen und nach ihm die Söhne und Knechte des Hauses, nach wohlgesetzter Rangordnung. Dann wurde geeggt, gesät, gewalzt ohne Feiertag, bis alle Felder bestellt waren. Sorgfältig wurde die Saat für die Felder ausgewählt, so daß auf keinem die gleiche Frucht wie in den Vorjahren zu stehen kam. Dadurch behielt der Boden seine Fruchtbarkeit. Das Verzeichnis der Felder und Saaten wurde von einer Frau der Heimstatt verwaltet. War alles bestellt, so gab es Ruhetage für Mensch und Vieh.

Die Felder, die eine solche Familie bebaute, waren nicht ihr Eigentum. In China gab es von jeher keinen Grundbesitz. Alles Land gehörte dem Kaiser – später dem Volk – und von ihm erhielt es der einzelne zur Bebauung in Pacht. Solche Pachtverträge waren freilich Jahrhunderte alt und erbten sich von Generation zu Generation. Das Pachtrecht war verwirkt, wenn die Felder unbebaut gelassen wurden. Dann fielen sie der Allgemeinheit zu und wurden neu verteilt. Es gab in China bis vor wenigen Jahren alte Großbauernfamilien, die mehrere hundert Unterpächter hatten, die die Felder bestellten. Jeder Pächter mußte von der Hauptfrucht eine bestimmte Abgabe entrichten, die sich nach dem jährlich wechselnden Ernteglück richtete. So waren dem Prinzip nach alle in guten und schlechten Jahren gleichgestellt. Da ein Hof auf weitgehende Selbstversorgung eingestellt war, wurde alles angebaut, was zur Nahrung und Kleidung gebraucht wurde.

Aber auch heute noch herrscht auf den wohlbebauten Feldern nach der Glut des Sommers, bis im Spätherbst der Reif fällt, ein mannigfaltiges, fröhliches Ernten, Keltern und Einheimsen des Getreides, der Äpfel, Birnen, Trauben und der Gemüse. Die Männer haben mit der Ernte, die Frauen im Haus mit sorgfältigem Bewahren der Früchte für den Winter alle Hände voll zu tun. Ganze Ladungen werden auf Karren und Kähnen zu den Märkten der umliegenden Städte gefahren. Ein großes Erntedankfest vereinigt alle helfenden Hände nach all den

Mühen zu reichem Schmaus und lärmend heiterem Spiel. An diesem Tag gehen auch die Armen und Bettler nicht leer aus. Sie drängen sich an das »Tor des Erbarmens«, dem einzigen Fenster in die Außenwelt. Eine Hausfrau, welche weise ist, spendet reichlich den Bedürftigen der Umgebung, die mit vollen Händen und fröhlichem Herzen, Haus und Spender segnend, davonziehen.

Wodurch konnte sich in diesem Land die Fruchtbarkeit der Erde bis in unsere Zeit erhalten? China ist namentlich im Norden auf weite Strecken mit der gelben, außergewöhnlich fruchtbaren, lockeren Lößerde bedeckt. Nach der Schneeschmelze oder dem Sommerregen gibt es alljährliche Überschwemmungen, wo die Ströme ihre Schlammfluten über die Felder ergießen. Geht das Wasser zurück, bleibt eine feine Schicht Schlamm liegen und erneuert die Erde. Zu dieser natürlichen Belebung kommt die durch den unermüdlichen Fleiß des chinesischen Bauern. Aus den zahllosen Kanälen des Tieflandes, aus den einfachen, wohldurchdachten Wasserschöpfanlagen und Kanälen in höheren Lagen, wofür das Wasser weither aus den Flüssen abgezweigt wird, schöpfen die Bauern immerfort das belebende Element und ermöglichen eine dreifache Ernte.

Aber der Bauer ist auch fleißig bemüht, der Erde durch Kompost wieder etwas zurückzuerstatten. Zu diesem Kompost sammelt er alle pflanzlichen und tierischen Abfälle seines Hofes. Jedes Blättchen, jeder Halm wird mit peinlicher Genauigkeit aufgehoben; hat der Bauer Seidenraupen, so werden selbst ihre kleinen schwarzen Kügelchen zusammengebeselt und auf den Kompost gebracht. Auf dem tiefeingefahrenen Lößweg vor der Hofstatt gräbt er zwei breite, fußtiefe Gruben. Kommt nun ein Lastkarren daher, muß das Zugtier anhalten und eine größere Anstrengung machen, um den Karren weiterzuziehen – und das Ergebnis ist in der Regel, daß ein Junge des Hofes schnell einen Haufen Mist einsammeln kann. – So verbindet der Chinese Naturbeobachtung und Nützlichkeit mit scharfem Verstand. Ist nun der Kompost durch mehrmaliges Umlagern ganz zu Erde verrottet, wird er in Karren, in bergigen Gegenden in Tragkörben, auf die Felder gebracht, fein verstreut und umgepflügt oder eingehackt. Viel saurer Schweiß muß rinnen, aber die Erde lohnt ihm die Mühe mit guter Frucht.

Für den chinesischen Landbau sind Tee, Reis und die Kultur der Seidenraupe bezeichnend. Der Teestrauch ist im Norden und Süden verbreitet. Tee ist *das* Getränk der Chinesen. Seine Zubereitung ist in China und vor allem in Japan ein kultisches Zeremoniell. Sogar der chinesische Soldat trug bis in die Zeit des ersten Weltkrieges neben einem Regenschirm immer einen Teekessel bei sich; ohne diese Utensilien galt er in den Augen der Chinesen nicht als ernstzunehmender Krieger. In der Nähe von Dörfern und Brücken stehen längs der Flüsse und Kanäle Menschen, die heißes Wasser verkaufen, womit die Schiffsleute und Reisenden ihren Tee bereiten können. Stellenweise wird Tee jetzt für die Ausfuhr plantagenmäßig angebaut. Außer auf Schiffen, für den Westen bestimmt, gelangt viel Tee in Ballen auf dem Karawanenweg des Nordens in die Mongolei, trotz der modernen Eisenbahnlinien. Vom Teestrauch erntet man die verschiedensten Qualitäten, je nach dem Zeitpunkt, zu dem die Blätter gepflückt werden. Den köstlichsten Tee gibt es von den frisch entfalteten Blättern im Frühjahr (Februar). Das ist der sogenannte Spitzentee. Die Qualitäten werden weniger fein, je tiefer am Strauch und je später gegen den Sommer zu sie gewonnen werden.

Die Chinesen trinken den sogenannten Grüntee, dessen Blätter an der Sonne getrocknet werden. Für den Transport ins Ausland werden die Teeblätter mit Dampf bebrüht und dann getrocknet, geschnitten und verpackt und kommen als Schwarztee in den Handel.

In den sumpfigen Gegenden des Südens wird hauptsächlich Reis angebaut. Der Reisbauer, bedeckt mit dem flachen Reisstrohhut, pflügt die größeren Felder mit einem einfachen Holzpflug, der vom schwarzen Wasserbüffel gezogen wird. Kleinere Felder werden mit kurzstieligen Hacken gelockert. Zum Säen watet der Bauer barfuß in den abgegrenzten Feldern, in denen entweder von der Überschwemmung Wasser zurückgeblieben ist, oder in die er Wasser durch kleine Kanäle leitete. An den Berghängen haben die Chinesen Terrassen angelegt bis hoch hinauf. Jedes Fleckchen Erde, und wäre es nur so groß wie eine Serviette, wird ausgenützt und sorgfältig bebaut, sofern die Möglichkeit besteht, es zu bewässern. Wenn die grünen Spitzen über das Wasser hinausragen, werden die Pflänzchen in andere bewässerte Felder versetzt. In der Feuchte und Wärme schießt der Reis rasch hoch, das Wasser versiegt oder wird abgelassen, und in der Hitze des Sommers reifen die Ähren und neigen sich in der schweren Fülle zur Erde. Aus wolkenlosem, tiefblauem Himmel strahlt die Sonne, wenn die Ernte eingebracht wird. Die Ähren werden im frühen Winter gedroschen. Das Stroh wird fürs Vieh verwendet und zu mannigfaltigen Gegenständen, Hüten, Decken, Körben, Matten und so weiter verarbeitet.

Ein ganz besonderes Erzeugnis Chinas ist die Seide. Zur Kultur der Seidenraupe ist der Maulbeerbaum nötig, der in wärmeren Gegenden überall zu finden ist. Mit einem fast religiösen Zeremoniell hegen und pflegen die Chinesen die Seidenraupen, die das wunderbare Lichtgebilde des Seidenfadens spinnen. In der Nähe der Raupenhäuser wird jeder Lärm vermieden. Wer den Raupen naht, reinigt und wäscht sich erst. Ruhig und gelassen, damit ja kein Hauch menschlicher Ausdünstung die Tierchen störe, werden die Raupenhürden von den Wärterinnen mit Federn gereinigt. Früh am Morgen pflücken Kinder und Jungfrauen Maulbeerblätter, die den gefräßigen Raupen als Nahrung dienen. Kein Luftzug darf die empfindlichen Tiere stören. Es muß immer dieselbe Wärme und Feuchte im Raume herrschen. Die Pfleger sollen sich ihnen nur mit heiterem Gleichmut nahen. Wer bekümmert ist, darf nicht in die Nähe der Tierchen kommen. Die Chinesen sagen, daß die Seide sonst an Glanz verliere. Nachdem die ausgewachsenen Raupen in wundersamen, lemniskatenartigen Bewegungen sich in die feinen, perlenglänzenden Fäden eingesponnen haben, werden die weißen, gelben oder zart rosafarbenen Cocons gesammelt, bebrüht und behutsam entwickelt. – Ein solcher Faden kann bis 2000 Meter lang sein, aber nur 600 Meter sind für den Seidenfaden brauchbar. – Dieser wird dann gesponnen, gefärbt und verwoben. Die Chinesen sind geschickte Färber und Weber. Auf Handwebstühlen weben sie Seide, von der hauchfeinen, zart getönten bis zu den schweren farbenglänzenden, gold- und silberdurchwebten Brokaten, die in rauschenden Falten fallen. Seidenweberei ist eine altchinesische Kunst, die ehemals nur von Hand ausgeübt wurde. Längst waren die Seidenstoffe durch den Handel im Abendland bekannt und begehrt, ehe außerhalb Chinas (und Japans) das Geheimnis ihrer Herstellung bekannt und schließlich nachgemacht wurde. Eine Kaiserstochter soll das Geheimnis verraten und bei ihrer Verheiratung in ihren Haarpfeilen Seidenraupeneier ins Ausland gebracht haben.

Wie sehr aber die Seidenzucht und -weberei sich auch außerhalb Chinas verbreitete, die Erzeugnisse reichen nie an die Qualität echter chinesischer Handarbeit heran. Seide war in China von je ein Stoff, in den man sich im Sommer kleidet. Früher trugen nur die Armen auch sommers Baumwollkleidung. Der Wechsel von der seidenen Sommerkleidung zum dickwattierten Winterkleid aus Baumwolle war nicht der Willkür des einzelnen überlassen. Nach dem Jahresablauf bestimmte der Heimälteste den Tag, an dem die Winterkleider aus den Zedernholztruhen hervorgeholt und wann sie wiederum versorgt wurden. Und wenn sich das heute auch geändert hat, so hüllen sich Männer und Frauen noch jetzt in dickwattierte Jacken und Hosen, um sich gegen den beißenden Frost des Nordens zu schützen.

China wird von zwei Riesenströmen durchflossen, vom Jangtsekiang im Süden und im Norden vom Hwang-ho, dem Kummer Chinas. Von diesen Strömen und dem kleineren Si-kiang ganz südlich hängt Gedeih und Verderb ab; sie sind die Bringer der Fruchtbarkeit, aber auch unbeschreiblicher Not, wenn ihre Fluten die schützenden Dämme durchbrechen und sich in die tiefer liegenden Gegenden ergießen, Hütten und Dörfer mit schneller Gewalt fortreißen, ja ganze Stadtteile unter Wasser setzen. Dann ist für Hunderte, für Tausende keine Rettung mehr möglich. Mit stummer Ergebenheit wird hingenommen, wenn das Unglück hereinbricht, wenn die Gewalt des Stromes aller menschlicher Vorsicht und jahrhundertelanger Dammbaukunst spottet. Erst wenn die Wasserfluten zurückgehen, kann das geborstene Dammwerk wiederhergestellt werden. – Und wiederum, wenn zu wenig Regen fällt, wenn die alljährliche segensvolle Überflutung ausbleibt, die durch ein kunstvoll angelegtes Damm-Kanalsystem geregelt werden kann, dann ist Dürre die Folge; dann herrscht Mißernte in ganzen Provinzen, und die Menschen sterben vor Hunger.

Die Ströme Chinas, der große Kaiserkanal, der das Reich von Nord nach Süd durchquert sowie zahllose andere Kanäle sind zugleich die billigsten und einfachsten Verkehrswege. Ein buntes Gedränge von Flößen, von Djunken, von kleinen und großen Booten, schnellen und langsamen, vollgedrängt mit Menschen oder hochbeladen mit Waren. befahren diese Wasserstraßen. Selbst im Winter, wenn grimmiger Frost die Wasserwege Nordchinas dick mit Eis bedeckt, hört das fröhliche Leben nicht auf. Schlittenkufen werden an die Boote befestigt und Segel ausgespannt, und wenn die Kraft des Windes nicht genügt, staken Männer im Takt das Boot mit Stangen vorwärts oder legen sich streckenweise zum Ziehen in die Riemen.

Ein ganzes Volk wohnt und lebt auf den Schiffen. Es sind meist Menschen, deren Ahnen sich eines Verbrechens gegen die Göttlichkeit des Kaisers schuldig gemacht haben oder aus anderem Grund zur Strafe von der chinesischen Erde verbannt wurden. Sie retteten sich auf die Schiffe, und seither leben und sterben ihre Nachkommen auf dem Strom. Dies Volk, durch das Element des Wassers noch gewandter als die Landchinesen, einen eigenen Dialekt sprechend, verdient sich in diesen Lebensadern Chinas durch mannigfaltigste Tätigkeit Unterhalt, ja erlangt selbst Wohlstand.

An den Anlegeplätzen in Dörfern und Städten, welch ein Getümmel und Geschrei! Das freudige Rufen der Ankommenden und der Verwandten an Land mischt sich mit dem Gekreisch der Straßenhändler, die ihre Waren als die beste und billigste der Welt preisen, mit dem Ay-ye, ay-ye der Kuli, die Schiffe mit schweren Säcken laden oder mit ihren Lasten keuchend sich einen Weg durch die Menge bahnen. Wahrsager, Briefschreiber, Haarkünstler und Garköche haben sich niedergelassen und sind umringt von Soldaten und neugierigem Volk. Und gegen die Stadt zu ein Kommen und Gehen dichtgedrängter Menschenmassen: Wanderköche, Teeverkäufer, die ihre einfachen Holzkohlenherde an Stangen quer oder längs über den Schultern balancieren, Träger, die vornehme Leute in reichverzierten Sänften durch die Menge tragen, Kuli, in Lumpen gehüllt, laufen und ziehen schreiend ihre Kunden auf zweiräderigen Wagen, den Rikscha. Durch all das Gedränge zwängen sich außerdem die modernen Verkehrsmittel.

Vor den Häusern sitzen Handwerker und arbeiten, Kaufleute und Käufer feilschen um die Ware, gaffendes Volk, Bettler, Straßensänger, schreiende Kinder, beinmagere Katzen, so wuselt's und wogt's von Sonnenaufgang bis zum -untergang. Alle Güter der chinesischen Erde, alle Erzeugnisse der Handwerkskunst, dazu die Waren aus fremden Erdteilen werden in den Geschäftsstraßen chinesischer Hafenstädte in bunter Fülle angeboten. Die Chinesen gelten als die schlauesten und gerissensten Kaufleute der Welt. Sie halten Wort, selbst wenn sie darob in Konkurs geraten. Zielstrebig bei großer Gelassenheit wissen sie sich in Verträgen und im Kauf alle Vorzüge zu sichern, ohne eigentlich zu betrügen. Ein Chinese kann bettelarm in einer fremden Stadt landen: erst sieht man ihn als Hausierer; nach kurzer Zeit hat er einen blühenden Handel, und bald besitzt er ein Haus und erweckt den Neid der Eingeborenen, die es nicht soweit brachten.

Staunenswert ist die Geschicklichkeit und Kunst der chinesischen Handwerker. Immer widmet sich eine Sippe einem bestimmten Zweig. Werkzeug und Technik überträgt sich von Geschlecht zu Geschlecht. Mit feinster Fingerfertigkeit und ausharrendem Fleiß bearbeiten die einen zierliche Sächelchen aus Elfenbein. Zum Beispiel ein Spielkartenetui, ringsum beschnitzt: eine chinesische Landschaft mit zierlichen Tempelchen, mit Booten und Menschen, das Ganze umrankt von üppigem Laubwerk, das durch Vögel und Affen belebt ist. Eine andere Sippe formt Götterfiguren oder groteske Tiere in Jade, einem durchscheinenden grünlich-weißen Halbedelstein, oder aus Rosenquarz. Wieder andere arbeiten in Holz: kleine Schatullen aus duftendem Zedern- oder Rosenholz, mit eingelegten Blumen- oder Vogelornamenten aus farbigen Hölzern, mit Schublädchen und Geheimfächern. Dann die Bronze-, Leder- und Lackarbeiten, das hauchfeine, blaubemalte Porzellan, nicht zu reden von den Blumen- und Tierzüchtern. In jahrelanger Geduldsarbeit haben es Chinesen verstanden, Zwergformen von Zedern und Kiefern, von Lebensbäumen, Pflaumen- und Mandarinenbäumchen zu ziehen, welche blühen und Früchte tragen. Die Chinesen lieben es, in ihren Heimstätten kleine Landschaften zu gestalten mit zierlichen Nachahmungen von Tempeln, mit Baum- und Bambushainen, mit Kanälen und Brücken und Teichen, in denen Goldfische geruhsam schweben und bei jeder Bewegung ihre schleierartigen Schwänze und Flossen wundersam schillern lassen.

Als man in Europa noch auf Eselshaut (Pergament) schrieb, kannten die Chinesen schon längst das Papier. Sie stellten es aus Reisstroh oder gestampftem Baummark her. Auf fast durchscheinend weißes Papier druckten sie ein- oder mehrfarbige Holzschnitte, oder es malten Handwerker-Künstler mit wenigen Pinselstrichen stimmungsvolle Landschaften, Blumen oder Tiere: ein Gebirgstal nach einem Regenschauer, beschneite Kiefern, einen Bambushain im Mondschein, einen alten Fischer, der in seinem Boot eingeschlafen ist, oder zankende Hähne. Durch Jahrhunderte hat sich eine Darstellungs- und Charakterisierungskunst bis in die Gegenwart lebendig erhalten, die nicht nur erstaunt durch die vollkommene Sicherheit und den kühnen Schwung der Hand, sondern auch durch die Kunst des Weglassens, der Beschränkung auf das Wesentliche. Durch einige zart hingehauchte Linien kann ein Tuschemaler die unendliche Breite der Jangtsekiang-Mündung in schimmernder Morgenfrühe auf das blütenweiße Papier oder auf Seide hinzaubern.

Durch jahrzehntelanges hingebungsvolles Üben, wozu alle handwerklichen Verrichtungen wie das Reiben der Farben, das Spitzen und Klopfen der Bambusfedern gehören, bringt der Künstler seine Seele in eine solche Ruhe und Stimmung, daß die Linie einer Zeichnung lebendig aus seiner Hand fließt. Das Bild ist da; er ändert auch nicht das geringste daran. Das Handwerklich-Technische übt der Künstler immer wieder mit Andacht. Dadurch erlangt seine Seele die Stille, durch die die lebendig-atmende Natur zu sprechen beginnt. Aus diesem Erfühlen des inneren Lebens der Kreatur, das er auch in sich pulsen fühlt, aus dem Sich-eins-Fühlen mit dem All schafft er seine Bilder, gestaltet der Dichter seine Worte. Der Dichter-Weise sucht die Stille und Einsamkeit auf, um im Anschauen der Weiten der Landschaft aufzugehen, um in das geheimnisvoll-pochende Leben der Natur sich versenken zu können und es Wort werden zu lassen. Die Chinesen haben eine starke Neigung zur zeichnenden Kunst wie zur Dichtung.

Es gehört zur guten Tradition, daß die Familie an den Winterabenden im Bibliothekszimmer sich um das Holzkohlenbecken zusammenfindet und Erzählungen oder Vorlesungen lauscht. Einer holt aus kostbarer Truhe altehrwürdige Rollen hervor und liest aus Werken der Dichter; oder der Älteste erzählt Geschichten aus der alten Zeit, die er mit Lehren des göttlichen Konfutse vermischt, ein anderes Mal hören sie Märchen oder Gespenstergeschichten.

Eine besondere Vorliebe haben die Chinesen auch für das Theater. Meist gehen sie mit Freunden hin, sitzen stundenlang dort und genießen in dem vollgedrängten Raum verschiedene Darbietungen. Da sieht man Szenen aus den Mythen oder der Kaisergeschichte. Alle Rollen werden von Männern dargestellt, die in Masken und kostbare Gewänder gehüllt sind und meisterhaft spielen. Dann gibt es Schattenspiele. Reichverzierte flache Figürchen, deren Glieder an feinen Stäbchen bewegt werden, agieren zu rezitiertem Text hinter einem Bildschirm, der von hinten beleuchtet ist. Eine unbeschreibliche Wirkung geht von diesen schwerelosen Bewegungen reinster Schönheit aus, die alt und jung in ihren Zauberbann fesselt. Heftig, ja stürmisch geben die Zuschauer ihrer Begeisterung Ausdruck. Nun tritt vielleicht ein Mann auf, der mit verblüffender Geschicklichkeit Eier oder Teller auf einer Stange, auf Nase, Kopf und Armen balanciert. Oder eine Gruppe von Akrobaten zeigt ihre Künste: Hohe Sprünge, schlangenhaft geschmeidige Bewegungen, Gleichgewichts- und Kraftproben zu zweit oder in Gruppen. Jede einzelne ihrer Bewegungen ist bis in die Fingerspitzen geführt und beherrscht, und das Ganze sieht doch leicht und selbstverständlich aus. Diese Künste werden durch Musik von Trommeln, Gong und Glockenspiel wirkungsvoll untermalt.

Zwischen den einzelnen Vorführungen essen die Chinesen. Sie sitzen an kleinen Tischchen und lassen sich von Kellnern, die das ihre leisten an praktischer Balancierkunst, ein köstliches Gericht nach dem andern auftischen. Laut schmatzend – das gehört zum guten Ton in China – genießt man. Man lacht und schwatzt mit den Freunden, trinkt dazwischen Reiswein und fährt nach der nächsten Darbietung mit Essen fort.

Die Chinesen sind ein geselliges Volk, das mit starken Gebärden redet. Außer den vielen Dialekten der Volkssprache hat man in China, je nach dem Grad der Bildung, verschiedene Sprachen, die vor allem geschrieben werden. Es ist ein langes und schweres Studium, sich die Beherrschung der klassischen Schriftsprache zu erwerben; ein Studium, durch das sich der Mensch nicht nur Kenntnisse und reichere Begriffe erwirbt, durch das er sich eine höhere Kultur aneignet, gebildet und in seinem Wesen verwandelt wird. Der Sinn der Schule wird ganz allgemein in China nicht darin gesehen, zu lernen, wie man seinen Lebensunterhalt verdient, sondern wie der Mensch gut wird. Die klassische Sprache wird vom Volk der Straße nicht verstanden, obwohl sie auch chinesisch ist; sie ist dem Latein vergleichbar. Es ist die Sprache der Gelehrten des höchsten Grades, aus dem sich der Kaiser ehemals die Berater und hohen Beamten erwählte, denen er die Regierung der achtzehn Provinzen anvertraute. In diesen Beamtenadel konnte sich jeder erheben, der die nötige Intelligenz und Willenskraft zum Studium besaß.

Die chinesische Sprache kennt nicht eine Grammatik in unserem Sinne. Sie hat keine Abwandlung des Zeitwortes. Sie ist zeitlos. Ob von einem gegenwärtigen Ereignis gesprochen wird oder von etwas, was in alter Zeit sich zugetragen hat, ist grammatikalisch nicht unterschieden und für den Anfänger schwer zu unterscheiden. Er kann es nur aus der Kenntnis der Geschichte oder aus dem Zusammenhang des ganzen Gespräches allmählich unterscheiden lernen. Was für das Zeitwort gilt, gilt auch für die übrigen Wortarten, die keinerlei Formverwandlungen kennen. Der Sinn der Sprache, auch der vielen gleichlautenden Worte, die, etwas anders betont, etwas völlig anderes bedeuten – die Silbe tschi zum Beispiel kann Finger, wissen, wollen oder aufrecht bedeuten – der Sinn der Sprache erschließt sich vor allem dem musikalischen Hören und scharfen, verstandesmäßigen Unterscheiden. Die Sprache erinnert an eine Entwicklungsstufe, die das Kind kurze Zeit durchschreitet, wenn es sprechen lernt; unverwandelt wird Begriff neben Begriff gesetzt.

So lautet ein Gedicht, wörtlich übertragen:

Schwören, Hunnen vertreiben, keine Selbstschonung
Fünftausend Mann, Stickerei, Zobel, liegen, Staubwüste

Ach, Wuting Ufer, Gebeine
Noch sein Frühlingszimmer darin Menschen träumen.

Sinngemäß nachgedichtet lautet das Gedicht:

Sie schwuren, die Hunnen zu vertreiben von der Heimaterde
oder zu sterben.
Fünftausend mit Tressen und Zobel geschmückte Ritter
liegen schon tot in der Staubwüste.
Ach, ihre Gebeine bleichen am Wutingstrom.
Noch kommen und gehen sie heim wie lebende Menschen,
in den Träumen der Geliebten.

Übertragen von Ku Hung Ming.

Es ist eine Sprache, die vielleicht so charakterisiert werden könnte: die reine Wahrnehmung der Welt, von der menschlichen Seele staunend erlebt, wird Laut. Das verstehende Denken muß erst hinzugefügt werden. Man möchte fast sagen, in diesem Vorgang des Sprachewerdens dessen, was die menschliche Seele erlebt, hat sich ein Abglanz erhalten von dem, wie Adam im Paradies gesprochen haben mag, als er den Dingen Namen gab.

Auch die chinesische Schreibkunst vermittelt Nachklänge aus der ältesten Zeit der Menschheitsentwicklung. Die chinesische Schrift ist ursprünglich reine Bilderschrift. Sie hat sich nicht zur Lautschrift entwickelt, sondern zeigt, je nach dem, ob die klassische Schriftsprache oder das Geschäftschinesisch geschrieben wird, verschiedene Grade der Übergänge von der Bilderschrift zur Silbenschrift. (Gegenwärtig soll in China der Versuch gemacht werden, über alle bisherigen Entwicklungsschritte hinauseilend, die lateinische Buchstabenschrift einzuführen.) Für jede Silbe hat die chinesische Schrift ein Zeichen, das mehr oder weniger bildhaften Charakter bewahrt hat. Diese Silbenzeichen werden mit Tusche und feinem Pinsel in der Richtung von rechts oben nach unten hingeschrieben. Die Zeichen stellen für den Leser eine Art Partitur dar, die gedeutet werden muß. Und dieser Vorgang ist es, der das Schreiben und Lesen zu einer Kunst macht, die selbst von den Chinesen mühsam erlernt sein will. Es gibt etwa 600 reine Bildzeichen und eine ebensolche Anzahl von Kombinationen etwa folgender Art: Hund und zweimal Mund = bellen; zehnmal Mund = altertümlich; Geld und teilen = arm; zwei Frauen = Zank; Frau und Besen = Hausfrau; Mann und Stock = Vater. Durch weitere Kombinationen können auch unanschauliche Begriffe und Worte umschrieben werden: das Zeichen der Sonne über dem Horizont = Morgen; Frau unter einem Dach = Friede; Hand über dem Auge = sehen; Licht neben dem Zeichen Herzen bedeutet erröten. Die Gesamtzahl der Zeichen beträgt etwa 45 000; ein Gelehrter der klassischen Bildung beherrscht 10 000 bis 12 000 Zeichen. Ein gewöhnlich gebildeter Chinese kommt mit der Kenntnis von 4000 bis 6000 Zeichen durch, aber selbst wer weniger Zeichen gelernt hat, kann den allgemeinen Sinn des Geschriebenen entziffern; es entgehen ihm aber die feineren Nuancen. Daran kann man sehen, wie groß der Abstand der chinesischen zur westlichen Kultur war. Die Berührung des chinesischen Volkes mit der modernen westlichen Zivilisation und ihrer so ganz anders gearteten Sprache und Begriffsbildung rief daher eine gewaltige innere Revolution hervor, in der sich China noch mitten drin befindet. Es ist ebenso erstaunlich wie bezeichnend für die Lebenskraft dieses Volkes, daß es dieses Einleben in eine Kultur, die der seinigen um Jahrhunderte voraus ist, das Aneignen, Umschmelzen und Ausgleichen, mit jugendlicher Kraft zu vollziehen in der Lage ist.

Diesen gewaltigen Umbruch auf allen Lebensgebieten können wir als Zeitgenossen mitverfolgen.

*

Die erste genauere Kunde über Land und Leute in China, über den unbeschreiblichen Goldreichtum und das Vorkommen von Gewürzen brachte Marco Polo nach Europa. Er war um 1271 mit seinem Vater und seinem Onkel auf dem alten Seidenweg nach China gekommen und hatte sich das Vertrauen des Kaisers erwerben können. In seinem Auftrag reiste er als Verwalter durch das Land. Nach zwei Jahrzehnten (1291) kehrten die drei reichbeladen mit Edelsteinen – die sie in die Säume der Kleider eingenäht hatten – in ihre Vaterstadt Venedig zurück. Marco Polo verfaßte einen Reisebericht, der im Mittelalter viel gelesen wurde. Das Land Kathai (China) zu erreichen und die davorgelegene Insel Zipangu (Japan), von deren sagenhaftem Goldreichtum Marco Polo nur gehört hatte, war ja Kolumbus erstes Reiseziel auf seinem westlichen Weg nach Indien.

Nachdem Vasco da Gama die Umsegelung Afrikas gelungen war (1498), stand erst Vorderindien mit seinen Schätzen, dann Java, Sumatra und die Nachbarinseln im Brennpunkt der Handelsinteressen der Europäer.

Der Versuch, in China Fuß zu fassen und dieses Gebiet dem Handel zu erschließen, begann erst im ausgehenden 18. und beginnenden 19. Jahrhundert. Den ersten englischen Händlern, die mit Grüßen des Königs von England und reichen Geschenken vor dem Kaiser erschienen, wurde nach langjährigen umständlichen Verhandlungen ein Hafen, Kanton, geöffnet. Sie durften die Güter tauschen, mußten aber vor Sonnenuntergang wieder aufs Meer hinausfahren. Später durften sie landen und am Hafen eine feste Niederlassung beziehen. Sogleich aber wurden hohe Schranken errichtet, um sie vor der Berührung mit dem Volk auszuschließen. Für die Europäer, welche die kaiserliche Handelserlaubnis erhalten hatten, mußten reiche chinesische Kaufleute mit Leben und Besitz gutstehen dafür, daß die fremden Kaufleute nur in friedlicher Absicht gekommen seien und kein verderblicher Einfluß auf das Volk zu befürchten sei. Schließlich wurde den Fremden erlaubt, ihre Abschrankung zu verlassen und zu bestimmten Stunden sich in einem öffentlichen Garten zu ergehen. Aber zu dieser Zeit durfte außer den die Weißen begleitenden Garanten kein Chinese sich zeigen.

Als nun aber die Europäer bemerkten, daß hinter diesen Beschränkungen und Verboten keine ernst zu nehmende Militärmacht stand, fuhren sie mit Kanonenbooten auf und forderten von den Chinesen mit Gewalt die Öffnung aller Häfen und den freien Handel. China mußte nachgeben. Und nun drangen die Weißen ein und schreckten vor keinem Mittel zurück. Tiefe Verachtung empfanden die Chinesen gegenüber der Kultur der Weißen, die sich ihnen zunächst nur von der rohen, barbarischen und selbstsüchtigen Seite zeigte.

Im chinesischen Volk machten sich zwei Strömungen geltend, die wechselweise das Handeln bestimmten: die einen Ratgeber der Kaiser rieten, alle Fremden zu vertreiben, was zu ebenso verzweifelten wie aussichtslosen Aufständen führte – worauf die siegreichen Eindringlinge nur um so festeren Fuß faßten. Die andere Partei machte geltend: Wir müssen junge Leute nach dem Westen schicken, damit sie dort gebildet und den Europäern ebenbürtig werden. Dann erst, wenn wir ihre äußeren Mittel besitzen, wenn wir auch Kanonen herstellen können, ist daran zu denken, die Eindringlinge zu vertreiben und der inneren Überlegenheit unserer altehrwürdigen Kultur die ihr gebührende Geltung zu verschaffen. So ging es auf und ab.

Folgende Einzelheit ist bezeichnend: eine europäische Gesellschaft hatte sich das Recht erworben, die erste Eisenbahn zu bauen. Als sie fertig erstellt war, kauften die Chinesen die Bahn der Gesellschaft ab. Sowie der letzte Heller bezahlt war, zerstörten sie sie vollständig.

Der junge Kaiser Kuang-Hzu stellte sich 1898 an die Spitze der Reformbewegung, nachdem China ganz in die Interessengebiete fremder Mächte aufgeteilt worden war. Seine Mutter aber, die Kaiserinwitwe Tzu-Hi, unterstützt von der konservativen Partei, setzte den jungen Eiferer ab. Als ein letzter Versuch, durch einen Aufstand die Fremden loszuwerden, mißlang, stellte sich die Kaiserinwitwe mit bewunderungswürdigem Mut an die Spitze der Anpassungsbewegung und förderte eine gemäßigte Reform. Nach ihrem Tode, 1908, nahmen die Reformen einen geradezu stürmischen Verlauf und gipfelten 1911 in der Revolution, die das Kaiserhaus abschaffte und China zur Republik erklärte. Der junge Kaiser bekam eine Rente und lebte in seinen Palästen bis 1924; dann wurde ihm auch die Rente entzogen, und er mußte das Land verlassen.

Längst hatten die Neuerer in China ihre Zöpfe abgeschnitten, und die modernen Frauen verzichteten auf die Sitte, die Füße durch Einbinden zu verstümmeln. Was erst einzelne Frauen sich erkühnt hatten, gegen die alte Sippenordnung aufzutreten und frei ihren Mann zu wählen, das wurde jetzt allgemein erlaubt.

So warfen die Chinesen mit bewunderungswürdigem Mut viele ihrer alten Bräuche selber über Bord; die jungen Menschen besuchten ausländische Universitäten, man lernte Maschinen bedienen und herstellen und suchte in Jahrzehnten aufzuholen und sich anzueignen, was das Abendland in jahrhundertelanger Entwicklung hervorgebracht hatte.

Wenn man auch nach dem ersten Überborden in manchem wieder zu den altbewährten Lebensformen zurückkehrte, so hatte dieser Umschwung ungeheure Wirren, nicht endenwollende blutige Bürgerkriege, Not und Elend im Gefolge.

Eine zweite, ungeheure Sturmwelle fegte nach dem zweiten Weltkrieg durch das chinesische Volk. Sein Lebensgefüge wurde bis in die Wurzel erschüttert. Dies geschah weniger durch die imposante Industrialisierung, die Ausbeute der Bodenschätze und den rapiden Aufschwung des technischen Verkehrs als durch den Schlag, der nach einer großzügigen Landreform dem Bauerntum versetzt wurde. Der Bauer wurde als Glied in den rationalisierten Produktionsplan eingespannt; die im religiösen Lebensgefühl wurzelnden Grundlagen seiner Ackerbaukultur wurden mißachtet.

Während des chinesischen Bürgerkrieges von 1939 bis zum Jahr 1949 waren Millionen und Millionen Chinesen vom Norden nach dem Süden, vom Süden nach dem Norden auf der Flucht. Dadurch wurden die Familien auseinandergerissen, die Bindungen der Sippe weitgehend zerstört, das Volk aus seinem religiösen Grund entwurzelt.

Aber die Kräfte des Beharrens wirken mächtig in China, und es wird die Zukunft wohl noch manche Veränderungen bringen, wenn das erwachende China zur Besinnung auf sich selbst kommen kann.

Auch heute noch, trotz Autos und Straßenbahn in den modernen Vierteln der Chinesenstädte, trotz Eisenbahn, Flugverkehr und Funk, trotz Kraftwerken und mächtig geförderten Industrien, ist es für den Europäer, wenn er chinesischen Boden betritt, als würde er, von einem Zauberstab berührt, in eine andere Welt und Zeit versetzt.

Aus den Weisheitslehren des Konfutse (551–479 vor Christus)

Wahrheit ist der Weg des Himmels,
das Streben nach Wahrhaftigkeit der Weg des Menschen.

Der Wahrhaftige trifft ohne Anstrengung die richtige Mitte, erfaßt ohne nachzudenken, und folgt dem Weg der Mitte mit Leichtigkeit. Vertieft er sich nur einmal aufrichtig in diesen Weg, so hat er den Gewinn, als hätte er es hundertmal getan; bemüht sich einer zehnmal um diesen Weg, so erntet er tausendfältige Frucht. Der Tor wird zum Weisen und der Schwache stark.

Das vom Himmel Verliehene heißt die Natur des Menschen, das Sich-entfalten-lassen dieser Natur nennt man den Weg.

Von diesem Weg darf man auch nicht einen Augenblick abweichen, denn könnte er verlassen werden, wäre er eben nicht der richtige Weg.

Deshalb ist ein edler Mensch besonders sorgfältig bei allen Dingen, die er nicht sieht, und äußerst behutsam bei denen, die er nicht hört. Nichts ist sichtbarer als das Verborgene, und nichts wirklicher als das, was durch die Sinne nicht wahrgenommen werden kann. Deshalb achtet der Edle auf sich, auf seine geheimen Gedanken, wenn er allein ist.

Solange Freude, Zorn, Trauer und Lust noch nicht erregt worden sind, spricht man vom Gleichgewicht. Sind sie aber erregt und in das rechte Maß geleitet, spricht man von Harmonie. Das Gleichgewicht ist die große Wurzel der Welt, und die Harmonie ist das die Welt durchdringende Prinzip. Herrschen Gleichgewicht und Harmonie, nehmen Himmel und Erde ihre richtige Stellung ein, gedeihen alle Dinge.

Den Angelpunkt zu finden, der unser sittliches Wesen mit der allgemeinen Ordnung und Harmonie vereint, das ist in Wahrheit das höchste menschliche Ziel.

Das Erfassen der Wirklichkeit um den Menschen, sein eigentliches Menschsein, heißt Lernen. Dieses Menschsein in uns ist Himmelsadel, ein Edelstein, der vom Menschen selbst geschliffen werden muß, damit er seinen ihm vom Himmel zugedachten Wert erhalte. Das ist der Wille des Himmels. Das Schleifen verleiht dem Edelstein seinen durchsichtigen Glanz und seine anziehende Form. Die Durchsichtigkeit gleicht der Wahrhaftigkeit und der Liebe die anziehende Form. Das Lernen führt zur Erkenntnis und so zum Wissen um das wahre Menschsein und damit zur Wahrhaftigkeit. Wahrhaftigkeit und Liebe fordert ein ewiges Arbeiten an sich selbst: ein ununterbrochenes Schleifen bis zum vollendeten Schliff der Persönlichkeit.

Das Lernen ist ein Schleifstein der Persönlichkeit.

Ein Mensch gleicht einem Tier, wenn er nicht lernt, auch wenn er sich glücklich fühlt.

Der Zweck des Lernens liegt darin, ein edler Mensch zu werden.

Ein Pferd mag noch so schnelle Füße haben, solange es nicht vor den Wagen gespannt wird, wird es kein gutes Zugtier. Ein Mensch mag noch so schöne Anlagen haben, solange er den Weg nicht erlernt, wird er kein Edler.

Wille ist der Lehrer des Wissens, und das Talent ist sein Schüler. Der Lernende sorge sich nicht darüber, ob das Talent ausreicht, er mache sich darüber Gedanken, daß der Wille durchhält. Es haben schon viele Millionen Menschen das Lernen begonnen, aber nur wenige haben es vollendet.

Erschöpfst du dein Herz bis auf den Grund, so erkennst du sein innerstes Wesen. Erkennst du sein innerstes Wesen, so siehst du in ihm das Erbgut des Himmels. Bejahst du dieses Herz und pflegst du sein Wesen, so dienst du damit dem Himmel. Ungeachtet, ob dir ein kurzes oder ein langes Leben beschieden ist: bildest du dein eignes Ich, und siehst du dem Willen des Himmels entgegen, so verwirklichst du in dir den Willen des Himmels.

Alles Gute liegt in unserm Herzen. Gehst du in dich und bist du dir gegenüber wahrhaft, so empfindest du keine größere Freude als dies. Bist du groß in der Nachsicht und handelst du danach, kommst du der Menschenliebe am nächsten.

Dsi Gung fragte den Meister: »Gibt es ein Leitwort, nach dem man das ganze Leben hindurch handeln muß?« Der Meister erwiderte: »Ja, das gibt es: das Mitgefühl mit den Menschen. Tue den andern nicht, was du nicht willst, daß man dir tut.«

Was ist Menschenliebe?

Sich selbst besiegen und sich der Sittlichkeit zuwenden, darin liegt das Wesen der Menschenliebe. Würden die Menschen in der Welt auch nur einen Tag sich selbst besiegen und die Menschenliebe üben, so würde die Welt sich von selbst der Menschenliebe zuwenden. Die Übung der Menschenliebe hängt von dir selbst ab – oder etwa von deinem Nächsten?

Yen Yüan bat den Meister um Erklärung der Einzelheiten: »Betrachte nicht, was sich nicht schickt, höre nicht, was sich nicht schickt, sprich nicht, was sich nicht schickt, und tue nicht, was sich nicht schickt.«

Das kosmische Grundgesetz des Menschen ist die Liebe: Die kindliche Liebe ist die Grundlage aller Tugenden, von der alles Wissen ausgeht.

Unter allen Lebewesen des Himmels und der Erde ist der Mensch das Vornehmste, und unter allen Handlungen des Menschen gibt es nichts Herrlicheres als die Liebe.

Kindesliebe und Geschwisterliebe, dies sind die Wurzeln der Menschenliebe.

Was die Menschen können, ohne es gelernt zu haben, ist ihr angeborenes Können. Was die Menschen wissen, ohne zu überlegen, ist ihr angeborenes Wissen. Jedes lächelnde Kind auf den Armen versteht es, seine Eltern zu lieben, und wenn es größer geworden ist, seine älteren Geschwister zu achten. Es geht um nichts anderes, als daß sich diese Liebe über die ganze Welt erstreckt.

Junger Mensch! Übe im Hause die Kindesliebe, draußen die Bruderliebe mit Ehrfurcht und Wahrhaftigkeit. Erstrecke deine Liebe weit über die Menschen und mache dich mit der Wahrhaftigkeit vertraut. Übst du dich hierin, und hast du dann noch überschüssige Kraft, so lerne die schönen Künste.

Die Liebe siegt über die Lieblosigkeit, wie das Wasser über das Feuer siegt. Die Menschen von heute üben die Liebe, gleich, als wollten sie mit einem Becher Wasser einen in Brand geratenen Reisigwagen löschen. Wird der Brand nicht gelöscht, so behaupten sie, Wasser lösche kein Feuer. Hierin liegt das Ungeheuerliche, daß sie die Partei der Lieblosigkeit ergreifen, und daß damit die wahre Liebe zugrunde geht.

*

Ein edler Mensch verschönert durch seine Bildung sein eigenes Ich. Der gewöhnliche Mensch opfert sein Wissen auf dem Präsentierteller.

Ein edler Mensch betrachtet die Welt als sein Wirkungsfeld, sie will er im Guten beeinflussen. Der Gemeine konzentriert sich nur auf das Wohlergehen seines eigenen Ichs, die Welt um ihn interessiert ihn nicht.

Schaue ich aus einem Brunnen zu den Sternen hinauf, so erblicke ich nur wenig. Blicke ich von einem Hügel zu den Sternen hinauf, so sehe ich, wie sie aufsteigen und untergehen. Der Glanz ist derselbe, nur die Umstände erzeugen den Unterschied. Ein selbstsüchtiges Herz ist im Brunnen und ein weitherziges auf dem Hügel. Trägt die Selbstsucht das Herz, so sieht es nur wenig. Trägt Großzügigkeit das Herz, so sieht es viel.

Ein edler Mensch schämt sich nicht, zu lernen und zu fragen. Fragen und Forschen sind die Wurzel des Wissens; Denken und Nachsinnen der Weg.

Dsi Gung fragte den Meister nach dem Wesen eines edlen Menschen. Der Meister: »Setze das, was du zu sagen gedenkst, erst in die Tat um, und dann richte dich in deinen Worten danach.«

Der Edle stellt seine Anforderungen an sich selbst, der Gemeine an andere.

Der edle Mensch ist duldsam gegen die Ansichten der anderen; aber er schließt sich ihnen nicht ganz an. Der gewöhnliche Mensch ist ganz der Meinung der andern, aber er ist nicht duldsam.

Der Edle verurteilt den Menschen nicht mit Worten, sondern durch seine Taten. Verurteilt er etwas als unrichtig, so macht er es richtig; verdammt er das Böse, so durch die gute Tat.

Die Fehler eines jeden Menschen sind in dem Verhältnis zu seinem Nebenmenschen begründet. In diesen Fehlern erkennt man den Grad seiner Menschenliebe.

Der edle Mensch ist vornehm ohne Rang, reich ohne Schätze; er findet Glauben, ohne zu reden; er hat Würde, ohne zu zürnen; er besitzt Ruhm, auch wenn er in Not ist; er ist voller Freude, auch wenn er in Not ist; er ist voller Freude, auch wenn er allein ist.

Der Edle schätzt seine eigene Kraft und erwartet nichts vom Himmel. Deshalb schreitet er Tag für Tag voran. Der Gemeine vernachlässigt das, was in ihm ist, und hängt sich an die Hilfe des Himmels. Deshalb schreitet er Tag für Tag zurück. Besser als den Himmel zu preisen, verwirkliche in dir den Willen des Himmels und vervollkommne dich. Besser als die günstige Zeit zu ersehnen und sie abzuwarten, handle der Zeit gemäß und benütze sie sofort.

Der Mensch behauptet sich im Leben nur durch sein Pflichtgefühl; sonst entgeht er nur durch zufällige Glückstreffer dem Unheil.

Pflichtgefühl als Grundlage, Schicklichkeit im Handeln, Bescheidenheit im Benehmen, Gewissenhaftigkeit in der Durchführung: das ist wahrhaft ein edler Mensch.

Das Gute verfolgen, als könnte man es nicht erreichen; das Schlechte empfinden, als tauchte man seine Hand in ein heißes Wasser: das zeichnet den Edlen aus.

Ehrfurcht ohne schickliches Maß erzeugt Leid; Besonnenheit ohne schickliches Maß wird zur Furchtsamkeit; Mut ohne schickliches Maß artet in Unbotmäßigkeit aus; Gradheit ohne schickliches Maß ist nichts anderes als Grobheit.

*

Wem der Himmel eine große Aufgabe zugedacht hat, dessen Herz und Willen zermürbt er erst einmal durch Leid. Seine Nerven und Knochen belegt er mit Mühsal, sein Fleisch läßt er hungern und stößt ihn hinab in Bedrängnis und Armut. Er verwirrt seine Pläne und vernichtet sie. So macht er seinen Geist sehend, stärkt sein Wesen in Geduld und bereichert ihn in dem, was er selbst nicht vermag. Er muß erst in tiefe Bedrängnis geraten und ratlos nicht mehr aus und ein wissen, um sich dann wieder zu erheben. Die Wahrheit muß sich ihm offenbaren in dem, was er sieht; sie muß in ihm ertönen, in dem, was er hört, sonst versteht er sie nicht.

Ein Volk, das im Innern nicht über mächtige Geschlechter und kraftvolle Charaktere verfügt und draußen nicht von feindlichen Völkern bedrängt ist, wird in sich zugrundegehen.

Hieraus erkennen wir, daß das Leben in Trauer und Schmerzen geboren wird und in Behaglichkeit und Lust stirbt.

*

Durch ihre urspüngliche Natur stehen sich die Menschen nahe, durch die Gewohnheit entfernen sie sich wieder.

Hungert auch ein einziger Bürger, so sage ich: »Ich bin es, der hungert.« Friert auch nur ein einziger Bürger, so sage ich: »Ich bin es, der friert.« Sündigt auch nur ein einziger Bürger, so sage ich: «Ich habe ihm den Fallstrick gelegt.«

Zuneigung und Haß des Volkes wird zur öffentlichen Meinung, die sich nicht enthalten kann, grundlosen Gerüchten Glauben zu schenken. Ob wahr oder unwahr, dieses Urteil überschreitet das Unterscheidungsvermögen der Menge. Sie trifft das Gute mit ihrem Spott oder verherrlicht in gutem Glauben das Schlechte. Ein edler Mensch haßt das Geschwätz der Menge. In seinem Urteil, ob für oder wider, folgt er nicht dem Urteil der Menge; in jedem einzelnen Fall geht er der Sache auf den Grund.

Was alle hassen, das muß man prüfen!
Was alle lieben, das muß man prüfen!

Wer ein Volk durch die Macht des Gesetzes regiert, unterdrückt nur die äußeren Erscheinungen der Bosheit, und wer es durch die Strafen im Zaume hält, maßregelt nur die äußere Gesetzesübertretung, in Wirklichkeit reagiert das Volk nur ob der Peitsche des Gesetzes, nicht aber ob der Macht seines Gewissens. Auf diese Weise schreckt man zwar das Volk vom Bösen ab, aber die Neigung zum Bösen erstirbt nicht in seinem Herzen. Wer das Volk durch die Kraft seiner tugendhaften Persönlichkeit leitet, bildet im Volke die Stimme des Gewissens, und wer es durch die gute Sitte umformt, veredelt des Volkes Lebensart. Im tiefsten Grunde läßt sich ein Volk nur durch sein Gewissen leiten, nicht aber durch das Gesetz. In diesem Falle lebt im Volke die Empfindung der Scham, und selbst, wenn die Gelegenheit lockt, wird es dem Bösen widerstehen. Die Erlasse des Gesetzes und der Strafen zeigen zwar eine gewisse spürbare Wirksamkeit, aber ihre moralische Wirkung ist nichtig und zeugt nicht im geringsten von einer Staatsweisheit. Der Einfluß der Tugend und Schicklichkeit offenbart sich zwar erst mit der Zeit, ihre Wirkung ist jedoch von Dauer und überlebt ihren Träger. In der Erkenntnis, daß hierin die Blüte und der Verfall der Sitte und das Auf und Ab des Staatswohls begründet liegt, legten die alten Könige den Schwerpunkt der Staatskunst in die Vollendung ihrer eigenen Persönlichkeit und in die Schicklichkeit und nicht in die Erweiterung der Gesetze und Strafen.

Geht der Menschheit das göttliche Wesen verloren, so gehen auch dessen Segnungen verloren: Menschenliebe, Weisheit, Wahrhaftigkeit, Pflichtgefühl und Schicklichkeit. Was dann kommt, ist Anarchie.

*

Ein Gedicht wird aus der Seele des Dichters geboren. Es lobt und es tadelt. Seine Worte stehen uns nahe, und wir verstehen sie leicht. Vernehmen wir seine Worte immer und immer wieder, so erwärmen sie unser Gemüt und wecken die Stimme des Gewissens: So werden wir durch die Lieder zum Guten geführt. Die Schicklichkeit in der schönen Form festigt das eigene Ich und sichert unserm Benehmen das richtige Maß. So wird sie zur heiligen Form. Unser Leben muß genormt sein. Unter dem Einfluß der Schicklichkeit des Maßes und der Mitte steht das Herz am richtigen Fleck und die Tat am richtigen Ort. Die Ereignisse der Außenwelt vermögen das Herz nicht beunruhigend zu beeinflussen. In diesem Sinne festigt die Schicklichkeit den Menschen. Vermag die Musik im Innern des Menschen die seelische Harmonie zu erzeugen, so bildet sie seinen Charakter, ebnet den Weg für die Tugend und erweckt den Rhythmus eines harmonischen Handelns. Die Musik führt in die Schönheit des Weges der Wahrheit ein und vollendet ihn.

Gedichte

Preis geistiger Gemeinschaft

Das Leben führt den ernsten Mann auf bunt verschlungnem Pfade,
Oft wird gehemmt des Laufes Kraft, dann wieder gehts gerade.
Hier mag sich ein beredter Sinn in Worten frei ergießen,
Dort muß des Wissens schwere Last in Schweigen sich verschließen.
Doch wo zwei Menschen einig sind in ihrem innern Herzen,
Da brechen sie die Stärke selbst von Eisen oder Erzen.
Und wo zwei Menschen sich im innern Herzen ganz verstehen,
Sind ihre Worte süß und stark wie Duft von Orchideen.

Kungfutse / Wilhelm

Nutzen des Nichts

Dreißig Speichen treffen sich in der Nabe:
Da, wo sie nicht sind, ist der Nutzen der Nabe.
Knete Ton und bilde daraus Gefäße:
Da, wo er nicht ist, liegt der Gefäße Gebrauch.
Brich in die Wände Fenster und Tür dem Hause:
Durch das Nichts darin wird es ein brauchbares Haus.
Also: daß etwas da ist, bedeutet Gewinn
Aber das Nichts daran macht ihn nutzbar.

Laotse / Gundert

Mond – Wasser – Wind

Der Mond steigt aufwärts, ein verliebter Träumer,
Um auszuruhen in dem Blau der Nacht.
Ein feiner Windhauch küßt den blanken Spiegel
Des Teiches, der melodisch sich bewegt.

O holder Klang, wenn sich zwei Dinge einen,
Die um sich zu vereinen sind geschaffen.
Ach, was sich zu vereinen ist geschaffen,
Vereint sich selten auf der dunkeln Erde!

Sao-Han / Bethge

Frühling

Die Erde trank den Schnee.
Wie erste Pflaumenblüte durch die Lüfte rudert!
Die Trauerweiden prunken golden.
Falter, die Flügel violett gepudert,
Tauchen samtene Köpfe in die Blütendolden.
Wie eine Insel steht der Kahn im Teich. Der Fischer läßt
Sein Netz behutsam in den dünnen Silberspiegel springen.
Der klirrt, zerbrochen. Er gedenkt der Schwalbe fern im Nest;
Bald wird er ihr das Futter bringen.

Li-Tai-pe / Klabund

Sommer

Die Blumen blühn, und in den bunten Zweigen
Wiegt sich der gelben Sänger muntrer Chor.
Es grünt das Gras. An glatten Spiegels Ufer
Fliegt leis der weiße Reiher durch das Rohr.
Ein milder Hauch weht durch den klaren Himmel,
Und alle Menschen sind einander gut.
Im Abendschein erklingen Flötentöne,
Und mancher Kahn zieht heimwärts durch die Flut.

Sü-Yüan-Giä / Wilhelm

Herbstabend im Gebirge

Im stillen Bergtal hat es frisch geregnet.
Die Abendluft ist herbstlich kühl und rein.

Der lichte Mond scheint durch die Kiefernzweige.
Der klare Quell fließt über das Gestein.

Der Bambus raschelt unter Mädchentritten.
Der Lotos schwankt von einem Fischerkahn.
Im Augenblick ist Frühlingsduft zu Ende.
Nun fängt für dich die lange Ruhe an.

Wang We / Wilhelm

Der Silberreiher

Im Herbst kreist einsam überm grauen Weiher
Von Schnee bereift, ein alter Silberreiher.
Ich stehe einsam an des Weihers Rand
Die Hand am Blick, und äuge stumm ins Land.

Li-Tai-pe / Klabund

Winter

Nun ist verrauscht der Vögel scheuer Flug auf allen Fluren.
Verweht von Schnee auf allen Wegen sind der Menschen Spuren.
Ein alter Mann allein, in seinem Kahn, mit dichtem Schilfbehang und weitem Hut,
Sitzt einsam noch und angelt in der verschneiten Flut.

Liu Dsung-Yüan / Debon

Die Dichter

Horcht, wie der Windhauch durch die Bäume flüstert!
Der junge Mond ist schon zur Ruh gegangen,
Die Luft ist frisch vom holden Tau des Abends,
Nun stimmt die Saiten, – rein sei euer Lied!

Die Bäche rinnen leise durch das Dunkel,
Die Blumen küssend, die am Ufer blühen;

Der Silberglanz der Sterne dehnt sich schweigend
Zu unsern Häupten wie ein Baldachin.

Die Dichter, wie berauscht, sehn in den Abend:
Zu bunten Ketten fügen sich die Reime –
O daß die Fackeln nicht erlöschen mögen,
Bevor die Verse prangen schwarz auf weiß!

Gestützt auf ihre breiten Schwerter, schreiben
Die Dichter ihre Rhythmen stammelnd nieder;
Die goldnen Becher leeren sich und werden
Gefüllt bis in die tiefe Mitternacht.

Dann endlich tönt das Abschiedslied. Ein jeder
Singt, was er bildete, mit holdem Klang, –
Drauf steigt man in die Kähne, rauscht von dannen,
Und selig vor Erinnerung schlägt das Herz!

Tschu-Fu / Bethge

Mondnacht auf dem Meer

Der volle Mond steigt aus dem Meer herauf,
Das Wasser liegt so still wie eine Wiese
Aus Silber da. O wundervolle Nacht!
In einem Boote liegen junge Freunde
Beisammen, trinken Wein aus dünnen Schalen
Und blicken zu den zarten Wolken auf,
Die über dem Gebirg, vom Mond beglänzt,
Hinwandeln wie ein Reigen. Einige
Der Knaben flüstern: dieses sei die Schar
Der schönen weißen Gattinnen des Kaisers,
Doch einer, wohl ein Dichter, spricht: O Freunde,
Es sind die Schwäne aus der andern Welt...

Li-Oey / Bethge

Die Treppe im Mondlicht

Gefügt aus Jade steigt die Treppe auf,
Mit Tau benetzt, darin der Vollmond schimmert, –
Auf allen Stufen liegt der holde Glanz.
Die Kaiserin in schleppendem Gewande
Schreitet die Stufen aufwärts, und der Tau
Näßt funkelnd des Gewandes edeln Saum.
Sie schreitet bis zum Pavillon, in dem
Das Mondlicht webt. Geblendet bleibt sie auf
Der Schwelle stehen. Ihre Hand zieht sacht
Den Perlenvorhang nieder – und es sinken
Die lieblichen Kristalle, rieselnd wie
Ein Wasserfall, durch den die Sonne scheint ...
Da lauscht die Kaiserin dem Rieseln nach
Und blickt voll Schwermut lange in den Mond,
Den herbstlichen, der durch die Perlen flimmert.
Und blickt voll Schwermut lange in den Mond ...

Li- Tai-pe / Bethge

Die Chrysanthemen

In später Pracht erblühn die Chrysanthemen.
Ich pflücke sie vom Perlentau benetzt.
Um ihre Reinheit in mich aufzunehmen,
Hab einsam ich zum Wein mich hingesetzt.
Die Sonne sinkt. Die Tiere gehn zum Schlummer.
Die Vögel sammeln sich im stillen Wald. –
Fern liegt die Welt mit ihrer Unrast Kummer.
Das Leben fand ich, wo der Wahn verhallt.

Tau-Tjiän / Wilhelm

Krieger

Wir halten die flachen Schilde und tragen das lederne Wams.
Knirschend berühren sich Wagenachsen, klingend kreuzen sich kurze
Schwerter.
Standarten verdunkeln die Sonne, Feinde wogen wie Wolken.
Dicht fallen Pfeile, die Kämpfenden drängen voran.
Überrannt sind unsere Reihen, überlaufen die Linien,
Das Leitpferd zur Linken ist tot, das zur Rechten verwundet.
Die gefallenen Rosse hemmen die Räder, unser Wagen sitzt fest.
Wir ergreifen die Schlegel aus Jade und schlagen die dröhnenden
Trommeln.
Der Himmel hat ihren Fall verhängt, die erhabenen Mächte sind zornig.
Tot sind alle die Streiter, sie liegen auf offenem Feld.
Sie zogen aus und kehrten nicht heim, sie gingen und kommen nicht
wieder.
Flach und öde dehnt sich das Tiefland, weit ist der Weg bis nach Haus.
Die langen Schwerter liegen den Toten zur Seite, unter dem Arme die
Bogen.
Obwohl man das Haupt ihnen abschlug, blieb doch ihr Geist ungebeugt.
Die so tapfer gefochten, sind auch im Tode noch Krieger.
Standhaft und fest bis zum Ende, erlitten sie keine Entehrung.
Im Kampf erlagen die Leiber, doch die Kraft ihrer Seelen wirkt fort –
Anführer unter den Geistern, Helden unter den Toten.

Tschu-Gesänge 200 n. Chr. / Waley-Meister

Bilder aus dem Leben der Japaner

Einklang

Tiefblau brandet das Meer an die Küste, weiße Wogenkämme schaukeln und gischten. Am Ufer ein Saum von Kiefern. Das saftige Grün kontrastiert mit dem Karminrot der Stämme. Dazwischen dunkle Holzhäuser mit geschweiften Dächern, als wollten sie in zierlichen Schalen mehr dem Himmel und der Sonne sich öffnen als schützend die Menschen bergen. Eine feine Wolkenbank in der Ferne. Der Blick wird gebannt: über den Wolken, schwerelos schwebend, in strahlender Ruhe der zarte Umriß eines schneebedeckten Berges. Oder täuscht sich das Auge, ist's nur eine Wolke? Es ist der Fudschijama, Japans heiliger Berg, der, einem Traumbild gleich, über Niederung und Dunst erhaben, dem fremden Ankömmling sich enthüllt.

Es ist Frühling. Über Nacht sind die schwellenden Knospen der Kirschenblüten aufgebrochen. In zartem Rosa und reinem Weiß prangen die Bäume. Darüber strahlendes Himmelsblau. Wo immer die Kirschbäume erblüht sind, ziehen die Japaner hinaus und feiern das Kirschblütenfest. Wie es von den Bäumen strahlt, so strahlt es aus den Herzen der Menschen. Ein fröhliches Schwatzen und Zwitschern, kindlich unbeschwertes Kichern, ein trippelndes Kommen und Gehen unter den Alleen der Blütenbäume. Wie die Natur, so tragen die Menschen heute ihr Festgewand. Frauen und Kinder, ja selbst die Männer haben frohe Farben gewählt, die mit diesem Frühlingstag zusammenklingen. Die hellblauen, rosafarbigen, gelblichen, schwarzen Schärpen der Frauen und

Mädchen sind auf dem Rücken zu mächtigen Schleifen gebunden. Im tiefschwarzen Haar stecken die charakteristischen großen Schmucknadeln und farbigen Bänder. In zierlichen Bewegungen, leicht trippelnd, schieben die Mädchen und Frauen sich vorwärts, Blüten gleich oder Schmetterlingen. Die Bäume werden bestaunt, bewundert, ja an die Zweige werden Gedichte gehängt, in denen die Schönheit der Kirschblüte besungen wird. Auf den Wiesen spielen die Kinder mit farbigen Federbällen. Alles lächelt, alles ist glücklich.

Japan ist ein Sonnenland, wo die Blumen in prangender Fülle leuchten und die Menschen mit lächelndem Herzen auf ihre Schönheit antworten.

Ergriffen staunen sie, wenn im frühen Frühling die Pflaumenblüte auf schneebedecktem Zweige sich entfaltet. Sie wird ihnen zum Sinnbild der Liebe.

Wie anders ist ihre Festesstimmung, wenn die Glut des Sommers abgeklungen und die Chrysanthemen blühen, wenn im milden Gold des Herbstes große Falter die Blüten umschweben, angelockt vom schweren Duft.

Und wenn im fünften Monat des Jahres der Mond rund und voll ist und im schönsten Glanze leuchtet, dann gehen sie hinaus an die Küste des Meeres, in die Berge, auf die Felder und warten, bis er groß und bernsteinfarbig, still über den Horizont sich erhebt, und stehen voll Bewunderung.

Im dichten Gedränge einer Stadt. Ein Kuli, sehnig zäh, dürftig gekleidet, bedeckt mit einem flachen Reisstrohhut, läuft in der Deichsel seiner zweirädrigen Rikscha. Sein Antlitz ist gespannt. Er ist offensichtlich bemüht, seinen Kunden, einen wohlgenährten Herrn, der bequem im Sitz die Zeitung liest, zufriedenzustellen und so rasch wie möglich zu befördern. Er trieft von Schweiß. Aus einer Seitenstraße biegt in schnellem Trab ein anderer Kuli ein. Zu spät bemerken sie sich, jeder sucht auszuweichen, aber ein Zusammenstoßen der Räder ist unvermeidlich. Was tun nun die beiden? Lächelnd verbeugen sie sich, jeder bittet den andern um Verzeihung und gibt sich selbst die Schuld. Darauf stellen sie sich an die Deichsel und rennen weiter.

Mit Ergebenheit tragen die Kulis ihr Schicksal, das hartes Dienen und Armut über sie verhängte. Ihr entbehrungsreiches Leben fassen sie entweder als Buße für Sünden eines vorhergegangenen Lebens auf oder als Vorbereitung für eine höhere Stufe in einem kommenden. Dieser Glaube gibt all den Tausenden, die die niedere Arbeit leisten, mit einer Handvoll Reis sich begnügen und kaum ein Obdach kennen, Hoffnung und Kraft. Jedem kommt das zu, was ihm gehört. Daher wird es keinem Japaner einfallen, zum Beispiel an einer steilen Stelle aus der Rikscha auszusteigen, wie es Europäer aus Mitleid tun; er würde dadurch den Kuli ja nur an seinem Aufstieg hindern.

Das Land

Japan, Nippon, das Land der aufgehenden Sonne, besteht aus lauter Inseln. Da sind größere wie Hondo, Yesso, Schikoku und Kiuschiu und unzählige kleine und kleinste, alles Überreste eines einstigen großen Landzusammenhanges. Stürmisch ist das Meer um die Inseln und erschwerte lange Zeit die Zufahrt fremder Schiffe.

Die Inseln sind stark bewaldet, gebirgig, gegliedert durch kurze, rasch fließende Flüsse, die sich zum Teil tiefe Täler eingefressen haben. Ganz Japan ist vulkanisch-unsicherer Grund. Man zählt 177 Kraterberge; davon sind um die 50 gegenwärtig tätig. Der höchste, der Fudschijama, erhebt sich 3778 Meter über das Meer. Gefährlicher als die Lavaausbrüche sind die häufigen Erdbeben und die Springfluten, die oft verheerende Wirkungen haben. Ein unheimliches Gefühl ist es für den Fremden, wenn der Boden, den er bis dahin als den festen Grund ansah, unter ihm schwankt. Aber er lernt bald, es gelassen zu nehmen wie die Japaner und zu unterscheiden, wann ein Beben belanglos, und wann es ratsam ist, das Haus zu verlassen. In gewissen Gegenden sind täglich feinere oder stärkere Wellen zu spüren; andernorts kann der Boden lange Zeit ruhig sein und plötzlich so erschüttert werden, daß die Häuser ins Wanken kommen, ja daß ganze Stadtteile zusammenfallen wie Kartenhäuser. Das Unheimliche, Überraschungsreiche, das im Boden dieses Sonnenlandes rumort, spiegelt sich auch in der Seele des Japaners: hinter seinem Lächeln spüren wir eine unberechenbare Tiefe, ja Abgründigkeit, die uns oft leise erschauern läßt.

Das Klima Japans entspricht nicht ganz dem, was man nach der Insellage vermuten würde: die Nordwestküste hat sehr kalte Winter, Schnee fällt in Massen und liegt vom Dezember bis in den April, während die Südostküste durch eine warme Meeresströmung milde Regenwinter hat. Der Sommer ist fast tropisch heiß und regenreich.

Der vulkanische Boden, die Wärme und gute Berieselung bewirken eine außergewöhnliche Fruchtbarkeit. Wälder mit Bäumen vieler Art, teils mit immergrünem Laub, mit Kiefern und Zedern vor allem, bedecken die Berghänge bis weit hinauf und berühren stellenweise das Meeresufer. Grüne Wiesenflächen dagegen gibt es nicht viele; die Viehzucht ist gering. Aber die Hauptinseln sind mit kleinen und großen Feldern gartenartig bepflanzt. Terrassenbauten mit Bewässerungsgräben ermöglichen bis in hohe Lagen den Anbau von Reis. Dort gedeiht auch der Teestrauch vortrefflich. Das Meer ist fischreich und bietet Tausenden Arbeit und Verdienst. Aber das Leben des Fischers ist ein ständiger Kampf gegen das stürmische Meer.

Das Haus. Essen, Schlafen und Kleidung des Japaners

Die altjapanische Bauart der Häuser ist ganz dem schwankenden Grund angepaßt; sie dehnt sich mehr in der Fläche aus als in die Höhe. Es sind leichte Holzhäuser mit Strohdächern, ohne Fundament, selten mit oberem Stockwerk. Sie geben den meisten Erschütterungen elastisch nach. Das Haus besteht mit Ausnahme der Küche und Wirtschaftsräume aus einem großen Raum, der durch leicht verstellbare Wände aus Papier verschieden unterteilt wird. Dadurch kann sich der Japaner nach den Bedürfnissen des Lebens einrichten. Alle Räume haben solche Proportionen, die dem Menschen entsprechen, in denen er sich wohlfühlt. Ihnen liegt als Maß das Verhältnis der Bodenmatte (Tami) zugrunde, welches 1:2 beträgt; ein Raum ist entweder zwei, drei oder mehr Tami groß.

An Stelle von Fensterscheiben hat man ölgetränktes Papier. Im Sommer werden Gitterrahmen eingesetzt, durch welche die kühlende Luft leicht eindringt, aber auch das Blühen und Duften der Gärten. Zur Winterszeit wird das ganze Haus mit einer zweiten Bretterwand verschalt; die Fenster schließt man nach Sonnenuntergang durch Läden.

Durch ein Tor mit geschweiftem Dach tritt man von der Straße in den Garten, der durch Bambus abgeschlossen ist, und nähert sich dem Haus auf einem Steinplattenweg. In leichter Bewegung führt er zur Haustüre. Lächelnd, mit tiefen Verbeugungen, wird der Gast, wird der heimkehrende Vater von Frau und Kindern empfangen. In einem Vorraum zieht man die Schuhe aus. Die Japaner tragen je nach der Witterung höhere oder niederere Holzschuhe. Im Haus trägt man nur die Tabi, weiße Socken mit verstärkter Sohle. Der Vater tauscht das moderne Straßengewand mit dem leichten, farbigen Kimono mit den weiten Ärmeln, in dem man sich unbehindert und wohl fühlt. Aus der Vorhalle gelangt man durch eine leichte Schiebetüre in den Hauptraum, in dem sich der vergoldete Hausaltar befindet. Kaum stehen Möbel da: weder Tische noch Stühle oder Betten kennt man im japanischen Haus. Eine kleine lackierte Truhe, eine Vase mit dem für den Tag und die Jahreszeit passenden Blumenschmuck, in einer Nische ein schmales Rollbild mit feiner Tuschmalerei, einige flache Kissen bilden vielleicht den einzigen Hausrat des Raumes. Alle Möbel und Geräte sind klein und zierlich. In der Außenwand ist eine Fenstertüre, durch die man in den Garten gelangt. Durch die Papierfenster flutet das Licht angenehm mild und gleichmäßig in den Raum. Der schwarzglänzende Boden ist mit weißen Reisstrohmatten bedeckt, Wände und Decke haben den warmen natürlichen Holzton.

Mit graziöser Bewegung setzt man sich auf die Matten oder flachen Seidenkissen. Nur für Alte und fremde Gäste steht ein höheres, hockerähnliches Kissen bereit.

Auf dem Boden sitzend unterhält man sich, wird geschrieben (dazu bedient man sich eines niederen Pultes), wird genäht und gegessen. Wenn auch der Japaner auf der Straße moderne Kleider trägt und im Geschäft in europäischer Weise sitzt, so macht er einen großen Unterschied zwischen dem Geschäftsleben und dem in seinem Haus: da pflegt er die japanische Tradition.

Zum Essen trägt man kleine spiegelglänzende Lacktischchen herein, auf denen sich je nach der Speise verschieden geformte Lack- und Porzellanschalen befinden. Die Dienerschaft verbeugt sich tief, aber selbst die Frau oder Tochter des Hauses wird sich verneigen, wenn sie die Tabletts vor die Eßgesellschaft hinstellt*. Die Speisen sind fein zugeschnitten und werden mit den Eßstäbchen zum Munde geführt. Hauptgericht ist Reis, der immer auf Holzkohlenfeuer gekocht wird. Der Morgenreis, Mittagreis und Abendreis wird verschieden zubereitet und mit verschiedenen, teils scharfwürzigen Zugaben genossen. Dazu kommt Fisch. Durch Jahrhunderte aß man außer Fisch kein Fleisch. Erst in neuerer Zeit ist das Fleischessen aufgekommen. Das Verzehren von Fleisch geschlachteter Tiere rief in der ersten Zeit Entsetzen hervor, so daß man den Familienaltar verschloß, wenn jemand im Haus Fleisch aß.

Die Bewegungen der Japaner sind ruhig, gelassen, die Unterhaltung fließt in musikalischem, angenehmem Ton. Lautes Sprechen verletzt japanische Ohren. Eine heitere Ruhe und Harmonie geht von den Menschen aus, aber auch vom Raum. Nichts, was das Auge störte, kein auffälliges Zuviel, kein langweiliges Zuwenig. Alles ist mit einem Gefühl für seine Wirkung, mit einem Empfinden für das Zusammenstimmen eingerichtet, auch bei bescheidenen Verhältnissen.

Zum Schlafen legen sich die Japaner auf den Boden. Ein langes, flaches Kissen wird abends aus einem Wandschrank hervorgeholt und ausgerollt – das ist das Bett. Im Sommer genügt eine leichte Decke zum Zudecken, im Winter schützt eine dickwattierte Decke mit Ärmeln gegen die Kälte. Den Kopf, das heißt den Nacken, legt man auf ein hartes Kissen von Seegras, die Frauen legen ihn zum Schutz ihrer kunstvollen Frisur gar auf ein hölzernes Nackengestell. So gibt sich der Japaner dem Schlafe hin.

* Selbst in einem Lager, wo 500 Mädchen beisammen sind, erhält jedes sein eigenes Tablett mit 5—6 Schalen.

Das Totenfest

Alljährlich, gegen Ende August, wenn die Abende merklich dunkeln, feiern die Japaner das Fest der Toten. Überall werden die Häuser gereinigt und vorbereitet zum Empfang der abgeschiedenen Seelen. Gegen Abend ruht alle Arbeit. Wenn es dunkelt, sammelt sich die Familie. Schweigend, in neue Gewänder gehüllt, schreiten sie durch den Garten, entzünden weiße Lampions und erwarten die Ahnen am offenen Tor. Weiße Lampions brennen überall an den Toren und auch auf den Gräbern, sonst sind Stadt und Dorf an diesem Abend in Dunkel gehüllt. Gongschläge ertönen. Alle verneigen sich tief und schreiten schweigend, den Weg in der Mitte für die Toten frei lassend, langsam zum Haus zurück. Am Altar, der mit Blumen, heiligen Zweigen und weißen Lotosblüten geschmückt ist, auf dem Weihrauch duftet und Kerzen ein mildes Licht verbreiten, wird den Verstorbenen das Speiseopfer dargebracht. – Vier Tage weilen die Seelen der Abgeschiedenen im Haus. In heiterer Ruhe und zartem Ahnen lauschen die Zurückgebliebenen in die Stille, in der die Seelen der Toten gegenwärtig sind. Es ist eine frohe Zeit, wo alle Arbeit ruht, kein Tier getötet wird, wo gefeiert und überall fröhlich getanzt wird und milde Barmherzigkeit gegen Bettler und Bedürftige waltet.

Wenn im Morgengrauen des vierten Tages der milde Schein des Altarlämpchens verblaßt, dann nehmen die Toten Abschied. Sie werden hinausgeleitet zum Fluß oder an die See. Die Rohrmatte, die vor dem Altar lag, wird zu einer Barke geformt, auf der man ihnen Speisen für die Reise mitgibt. Beim Aufgang der Sonne wird die Barke auf dem Fluß ausgesetzt. Als gutes Zeichen gilt es, wenn die Vögel des Himmels kommen und die Speise verschlingen.

Erfüllt von Frieden, Trost und stärkender Hilfe kehren die Menschen ins Haus und zur Arbeit zurück.

Aber die Verbindung mit den Abgeschiedenen reißt nie ab. Tag um Tag gedenkt die Familie ihrer am Hausaltar, auf dem Täfelchen mit ihren Namen stehen, durch hundert Jahre hindurch. Dann gehen sie ein in den großen Chor der Ahnen. Für die einsamen, sippenlosen Seelen, die ohne liebendes Gedenken der Verwandten darben müßten, vollzieht der Priester im Tempel Opfer und tägliche Andacht.

Die Japaner kennen keine Furcht vor dem Tode. Das Tor des Todes zu durchschreiten, die große Reise anzutreten, hat nichts düsteres für sie. Stirbt ein Familienglied, so kleiden sich alle Verwandten in weiße Gewänder.

Im Leibe lebend, dämmert ihnen nie das Bewußtsein ab, daß die menschliche Seele ein göttliches Wesen ist. Für sie ist nichts wirklicher auf Erden als die unsichtbaren Kräfte, die Geister, welche Luft, Wasser und Erde bevölkern. Die auf der Erde Lebenden empfinden sich als die Erdgötter. Im Sterben legt man den Leib ab, so wie man ein altes Kleid ablegt; die Seele wird frei, wird, was sie eigentlich ist, ein göttliches Wesen. Darum das seltsame Lächeln auf dem Antlitz des Japaners, das Schweigen und Lauschen in seiner Haltung, die Ruhe in seinen Bewegungen, das Zusammenklingen seines Wesens mit der Welt. Sie sind Ausdruck der Gewißheit, daß die Menschenseele göttlichen Ursprungs und unsterblich ist.

Übungen zum Erleben der großen Einheit

Aber die Bedürfnisse des alltäglichen Lebens reißen den Menschen mit Gewalt immer wieder aus diesem Einsfühlen, aus der Übereinstimmung mit der Welt heraus. Hast und Nichtigkeiten des Vergänglichen trüben den Spiegel seiner Seele, Lärm zerreißt die Ruhe, im Unwesentlichen erstickt das Wesen.

Die Japaner kennen daher seit alters verschiedene Übungen, um der Seele die Harmonie zu verschaffen, wenn auch nur für kurze Zeit. Solche Übungen sind dem Kuli bekannt wie dem Gebildeten und werden, wenn auch in verschiedenem Maße und in verschiedener Art, gepflegt. Dies ist dem Japaner solch ein Bedürfnis der Seele, wie es das Essen und Trinken für den Leib ist.

Wo und wann das Leben es ihm erlaubt, verschafft er sich Augenblicke, wo er den Einklang sucht, sei es im Betrachten einer aufblühenden Blume, wo er seine Seele ganz der Schönheit hingibt, sei es im stillen Staunen, wenn die sinkende Sonne ins Meer taucht, oder im Lauschen auf das Tropfenspiel eines Wasserfalles oder auf das Zwitschern eines Vogels. Die kleinen und großen Schönheiten der Natur bieten sich jedem dar, wenn die Seele sich ihnen nur erschließt. Die Japaner haben Sinn für diese Naturschönheiten. Sie lieben es, im Garten für stille Betrachtung eine kleine Welt zu schaffen, das Abbild eines Ganzen, sei es ein Bächlein mit Bambus und rundbogigen Brücken, mit Teich und Lotos und Karpfen, oder eine kleine Gebirgslandschaft mit Zwergbäumen und einem Wasserfall. Auch in der Kunst, in der Tuschmalerei wie im farbigen Holzschnitt, ist es ein lebenlanges Bemühen der Künstler, im Abbild die Harmonie der Natur wiederzugeben. Und die vom Künstler gestaltete Schau des Wesentlichen überträgt sich auf den Betrachter und erhebt seine Seele.

Ein anderes Mittel ist die Übung der Stille. Täglich zieht sich der Japaner kurze Zeit zurück – das gilt selbst für die Kinder – und versucht, ganz ruhig zu werden, eine Zeitlang vollkommen bewegungslos zu sitzen, auch innerlich still zu werden, die Freuden, die Wünsche, die Sorgen zum Schweigen zu bringen. Dies übt er, bis es ihm gelingt, durch längere Zeit hindurch in vollkommenster Ruhe und Gelöstheit zu verweilen und mit seiner Seele in der Betrachtung erhabener Gedanken zu ruhen. Gestärkt geht er aus solcher Übung an die Erfüllung seiner täglichen Pflichten.

In Japan ist sogar das Teetrinken zu einem Kult der Harmonie und der Versenkung in das Wesentliche gemacht worden. Die Japaner haben in ihren Gärten ein kleines Teehaus, oder wenn dies nicht möglich ist, wird ein Raum im Wohnhaus besonders dafür hergerichtet. Auf einen solchen Teeraum wird viel Mühe und Kunst verwendet, obwohl er so schlicht wirkt wie eine Mönchszelle. Wichtig ist, daß er gute Maßverhältnisse hat; seine Grundfläche ist ein Quadrat. Zur Bekleidung der Wände und der Decke werden schöne Hölzer ausgesucht. Das wenige Mobiliar, die kostbarsten Dinge aus altem Familienbesitz, wird so ausgewählt, daß jeder einzelne Gegenstand in Farbe und Form einmalig ist und doch mit allem übereinstimmt.

Die kleine Teegesellschaft von fünf Personen (das ist die Zahl der klassischen Form) ergeht sich zuerst im Garten und nähert sich langsam dem Teehaus. Auf dem Weg dahin wachsen besonders schöne Pflanzen und Sträucher, eine kunstvolle Laterne ist aufgestellt, lauter Dinge, die das Auge mit Wohlgefallen erfüllen und die Seele in Stimmung versetzen. Durch eine niedere Pforte tritt die Gesellschaft ein und läßt sich auf den weißen Matten nieder. Der Teekessel mit dem Kohlenbecken wird hereingetragen, in die Mitte des Raumes gestellt, und nun werden die Schalen mit grünem Tee gefüllt und jedem Gast gereicht. Alles geschieht mit ehrfurchtsvollen Gebärden und mit umständlicher Förmlichkeit.

Leise summt das siedende Wasser; kleine Metallstücke im Kessel erzeugen Töne wie Waldesrauschen oder Meeresbrandung. Die Seele, die auf diese Töne lauscht, wird von den Flügeln der Phantasie beschwingt und gelöst, heißt doch Teehaus auf japanisch sukiya, d. i. »Ort der Phantasie«. Und nun kann sich ein Gespräch entfalten, das von edlen Gedanken und vom Schönen handelt. Das Gespräch soll so verlaufen, daß die Gedanken geregelt sind, einer aus dem andern folgt; kein Wort soll die Einheit stören, keine Gebärde die Harmonie auflösen. Ehrfurcht, Stille, Reinheit und Harmonie sind die Leitworte eines gepflegten Teekultes. – Menschen, die zuwenig Feingefühl haben für die Umwelt, nennt man in Japan: »Menschen ohne Tee in sich«; solche, die, in Gefühlen schwelgend, sich den andern aufdrängen: »Menschen mit zuviel Tee in sich«. Diese Ausdrücke bezeugen, wie das Teetrinken dem Japaner zu einem Mittel wird, die innere Ruhe und das Gleichgewicht zu erlangen.

Dazu verhelfen auch die Übungen des Bogenschießens, dem sich die Männer vorwiegend widmen und die Kunst des Blumeneinstellens, welche die Frauen erlernen. Beim Bogenschießen kommt es weniger darauf an, daß der Schütze ins Ziel trifft, als vielmehr auf die Art, wie er den Schuß abgibt. Diese Kunst wird bei alterfahrenen Meistern des Bogenschießens gelernt. Es braucht jahrelange Übung, sie in der klassischen Form auszuführen. Der Schütze muß lernen, den Pfeil nicht willkürlich, nach Belieben abzuschießen. Der Sinn der Übung liegt vielmehr darin, völlig frei zu werden von Wunsch und Wollen, zu schießen. Der Schütze muß ganz selbstlos werden, so daß der Pfeil vom Bogen schnellt, wie der reife Apfel vom Baum fällt, wie die Schneelast vom Kiefernzweig sich löst. Die Kunst, mit Absicht absichtslos zu werden, ist es, die die Japaner mit Hilfe des Bogenschießens lernen. Sie ist für den Japaner einer der zahlreichen Wege, die Erfüllung seines Strebens nach Harmonie, nach Übereinstimmung mit der Welt zu erlangen.

Und wenn er auch nicht die Meisterschaft erreicht, durch das Üben wandelt er sich als Mensch, erwirbt er sich innere Kraft, Ruhe und Gelassenheit, ein feines Hinhören auf die Dinge, ein Abstimmen seines Tuns auf das, was die Welt will, das sich bis in sein Verhalten im alltäglichen Leben auswirkt.

Selbstbeherrschung

In der Fähigkeit der Selbstbeherrschung zeichnet sich der Japaner durch eine erstaunliche Kraft aus. Wie es ihm auch zu Mute sein mag, nie wird er durch seine Stimmung seinen Mitmenschen zu nahe treten. Die Rücksicht auf die anderen Menschen verbietet ihm das. Diese Selbstbeherrschung wird vor allem von den Angehörigen der gebildeten Klassen verlangt. Das Volk kann weinen und aus vollem Halse lachen, wann und wie es ihm zu Mute ist.

Die sprichwörtliche japanische Höflichkeit, gewiß vielfach auch äußerliche Form, ist Ausdruck solcher Selbstbeherrschung. Beim Gruße verneigen sich die Japaner lächelnd voreinander, selbst Nahverwandte. Nur in ganz seltenen Augenblicken kommt es vor, daß die Mutter ihr Kind in die Arme schließt. – Nein zu sagen, fällt dem Japaner schwer, er umschreibt das »Nein« immer mit umständlichen Reden. Dafür ein Beispiel: Ein Dichter sandte einem japanischen Verlagshaus eine Erzählung mit der Bitte, sie zu drucken. Der Verleger wollte die Sache nicht annehmen und antwortete dem Dichter mit weitausholenden Worten: Unser Verlagshaus findet sich nach Kenntnisnahme Ihrer Erzählung nicht würdig genug, sie zu drucken.

Von Kind an lernt man in Japan die Beherrschung seiner Gefühle. Dies geht so weit, daß ein Japaner mit einem Lächeln den Tod seiner Mutter mitteilen kann. Diese Selbstbeherrschung darf nicht dahin gedeutet werden, als ob die Japaner gefühllos oder gleichgültig wären. Sie sind sogar außerordentlich feinfühlig und starker Empfindungen fähig, ja leidenschaftlich, aber es glutet wie bei ihren Vulkanbergen im tiefverborgenen Innern.

Das »Gesicht wahren« oder das »Gesicht nicht zu verlieren« ist dem Japaner – wie überhaupt dem östlichen Menschen – Ehrensache, sowohl im öffentlichen Leben wie selbst im Kreise der Familie. Eine Schmach, einem einzelnen oder dem Volk angetan, wird nie vergessen; sie ruft nach rächender Vergeltung, selbst nach langen Jahren.

Tief ist ihnen auch das Gefühl der Pflicht in die Seele eingeprägt. Keine noch so verlockenden Verhältnisse vermögen den gebildeten Japaner davon abzuhalten, nach der Erfüllung der Pflicht zu streben. Brennende Scham empfindet er ob einer unerfüllten Pflicht. Im Krieg drängten sich Soldaten geradezu vor zu Aufgaben, von denen es keine Rückkehr mehr gab. – Wenn in der alten Kaiserzeit hohe Beamte einen Fehler gemacht hatten, schieden sie freiwillig aus dem Leben, um die Ehre ihrer Sippe zu retten. Sie vollzogen das mit solcher Gelassenheit, als ob es das Selbstverständlichste der Welt wäre. So ist der Japaner gegen sich und andere unerbittlich streng in der Auffassung von Ehre, Pflicht und Recht; ja er kann zu unabdingbarer, mitleidloser Härte sich versteifen.

Familienleben

Die Japaner pflegen ein inniges Familienleben, das durch gegenseitige Rücksichtnahme und Höflichkeit gekennzeichnet ist. Der Mann begegnet seiner Frau mit derselben Höflichkeit und Ritterlichkeit, zu der er sich auch einer fremden Frau gegenüber verpflichtet fühlt. Und die Frau sucht dem Manne in stiller dienender Liebe das Leben zu Hause so angenehm wie möglich zu gestalten.

In der Erziehung wecken die Eltern in den Kindern früh tiefe Verehrung des Alters und pflegen in der Familie die Liebe zu Eltern und Geschwistern. Nie würden japanische Eltern harte Worte oder gar die Rute verwenden; durch Beispiel und sanftes Wort wirken sie auf das Herz der Kinder ein. Liebe der Kinder zu den Eltern ist der tragende Grund, auf dem der Zusammenhalt und das Wohl der Familie, der Sippe und des Volkes ruht. Alles wird den Kindern zuliebe getan, denn in ihnen ruht die Zukunft der Familie und des Staates. Und die Kinder fühlen sich wohl in der harmonisch-heiteren Atmosphäre, die ihnen die Eltern schaffen, ganz gleichgültig, welchem Stand sie angehören. Insbesondere sind die Väter fröhliche Spielgefährten der Kinder. Im Spiel vergibt sich der Vater nichts, wenn er aus seiner anerzogenen Reserviertheit heraustritt; da darf er springen, necken, scherzen und lachen.

Alle Glieder einer Familie fühlen sich eng verbunden, umschließen in zartem, liebendem Gedenken auch die Abgeschiedenen, tragen Freud und Leid miteinander. Für sie ist selbstverständliche Lebensstimmung, daß das eigene Wohl vom Wohl des andern abhängig ist. Darum wurden früher alle Entscheidungen, die die Sippe betrafen, im Rat der Familie getroffen. Die Sippe sorgt für die Verwaisten, die durch Krankheit behinderten, wie für die Greise. Noch vor 30 Jahren gab es in ganz Japan nur 25 Altersheime. Aber auch dann, wenn ein Familienglied im Geschäft Unglück gehabt hat oder durch eigenes Verschulden in Geldnot gekommen ist, steht die ganze Sippe helfend für es ein. Diese gegenseitige Hilfe kann aber auch über den Rahmen der Sippe hinaus wirksam werden. Als ein alter Tempel einer bestimmten religiösen Richtung niederbrannte, steuerten alle Menschen aus der ganzen Provinz bei, um den Wiederaufbau des Heiligtums möglich zu machen, ganz gleichgültig, welcher religiösen Richtung sie selber angehörten.

Geschichtliches

Japaner und Chinesen haben in ihrem Aussehen viele gemeinsame Züge, so daß es uns hier in Europa schwerfällt, sie voneinander zu unterscheiden. Aber auch in der Kultur und Lebensweise ähneln sie sich.

Und so gilt manches, was vom einen Volk erzählt wurde, in ähnlicher Weise auch vom andern. Die Japaner aber mit ihrem ausgesprochenen Sinn fürs Zierlich-Schöne finden die Chinesen bäurisch grob und schmutzig; die Chinesen wiederum sagen den Japanern nach, sie hätten nichts eigenes, sondern alles, Sprache und Schrift, das Holzdrucken und Tuschmalen, die Zucht der Seidenraupen sowohl wie die kleiner Pflanzen, kurz, alles Gute sei von ihnen abgeschaut und ihnen nachgeahmt. Sei dem wie es wolle. Es müssen in alten Zeiten starke kulturelle Beziehungen hinüber und herüber gegangen sein zwischen diesen beiden Brüdervölkern der großen mongolischen Völkerfamilie. Es ist eine auffallende Eigenschaft des japanischen Inselvolkes bis zum heutigen Tag, daß es schnell auffaßt und Fremdes leicht sich zu eigen macht, während das auf dem Festland lebende Chinesenvolk mehr in sich ruht und in seiner Eigenart und Abgeschlossenheit verharrt.

Von den Einflüssen aus dem Westen hielt sich Japan – begünstigt durch die schwer zugängliche Insellage – durch Jahrhunderte mit peinlicher Strenge fern. In der Mitte des 19. Jahrhunderts jedoch erzwangen sich die Amerikaner die Öffnung der wenigen japanischen Hafenstädte für den Handel, indem sie mit den Kanonen drohten. Seitdem dringt nun mehr und mehr die westlich-technische Zivilisation in das alte, hochgebildete Kulturvolk ein und verändert das Leben der Japaner allmählich und tiefgreifend. Nach den ersten 20 Jahren erfolgte bereits eine große Umwälzung im sozialen Leben der Japaner: der Kaiser, der, bis dahin den Menschen auf der Straße unsichtbar, als Sohn der Sonnen-Göttin in seinen Palästen regierte und göttliche Verehrung genoß, trat unter die Sterblichen. Die Herrschaft des alten Lehensadels, der Kaste der schwerttragenden Samurai wurde aufgehoben; sie wich einer Staatsverwaltung nach westlichem Vorbild.

Mit der erstaunlichsten Fähigkeit der Nachahmung eigneten sich die Japaner innerhalb kurzer Zeit die Errungenschaften der modernen Technik an, im Glauben, die alterprobten sittlichen Grundlagen, die ihrem Leben bis dahin in einzigartiger Weise Kraft und Halt gegeben hatten, sich bewahren zu können.

Moderne Sprachschulen wurden gegründet, in denen japanische Lehrer, die im Westen eine Ausbildung genossen hatten, kameradschaftlich mit ihren Schülern sprachen und verkehrten. Die Ehrfurcht vor dem Lehrer, die im alten Japan so groß war, daß der Schüler nicht auf den Schatten des Lehrers zu treten wagte, schwand dahin. Und so ist manches Alte heute im Schwinden. Japan bietet heute insbesondere in den Großstädten das Bild krassester Gegensätze: Neben den alten, von der Sonne geschwärzten Tempeln und Holzhäusern stehen moderne Betonbauten, neben den Rikscha, in denen der Kuli schweißtriefend stundenlang läuft, fahren moderne Straßenbahnen mit Fernsehanlagen; neben altehrwürdigen Buddha-Statuen, die lächelnd auf Lotosblüten thronen, prangen, in schreienden Farben gemalt, überlebensgroße Bilder amerikanischer Filmstars an den Hausfassaden. Lärm und Hast der Großstadt verdrängen die Ruhe und Stille.

Es ist merkwürdig: in dem Zeitpunkt, in dem der europäische Markt mit billigster Massenware aller Art aus japanischen Industrien überschwemmt wird, die alte Lebensordnung der Japaner sich mehr und mehr auflöst – in dem Zeitpunkt steigt im Westen die Achtung vor der altjapanischen Kultur und Kunst, bewundern viele Menschen des Westens die Malereien und farbigen Holzschnitte, greifen zu den Büchern der Weisheit, ja zu den Methoden japanischer Selbsterziehung.

Der westliche Mensch spürt, daß ihm etwas fehlt; das einseitige Element der technischen Zivilisation suchen viele zu ergänzen und auszugleichen durch die Weisheit, die aus der östlichen Kultur mehr und mehr bekannt wird.

Daß aber diese beiden Dinge sich nicht vereinen lassen, ja sich ausschließen, das zeigt gerade die Entwicklung Japans in der Gegenwart.

Wie eine Frau, die ihren armen Mann verließ, zur Frau des Regenten der Provinz Settsu wurde

Es war einmal ein armer Mann in der Residenzstadt, dessen Eltern längst von hinnen geschieden waren. Er hatte weder Kind noch Kegel und war ohne Dach und Fach. Er wohnte bei jemandem, dem er diente. Doch bot sich ihm da kein Aufstieg, und so suchte er immer wieder eine bessere Stelle. Er ging von einem Dienstherrn zum andern, doch sein Leben blieb dasselbe. Schließlich wurde er zum Müßiggänger und durfte nicht mehr im Hofdienst bleiben.

Seine Frau war jung und schön. Zudem hatte sie Sinn für feinen Geschmack und war so sanftmütig, daß sie ihrem armen Mann gehorsam war und mit der Not kämpfte. Eines Tages endlich klagte er so zu seiner Frau: »Bis heute habe ich an nichts anderes gedacht, als bis an meines Lebens Ende mit dir zusammen zu leben. Doch wird unsere Armut mit jedem Tag grenzenloser. Vielleicht liegt der Grund darin, daß eines von uns eine unpassende Heirat gemacht hat. So will ich unsere Verbindung, unmöglich wie sie ist, aufgeben. Jetzt wollen wir, du und ich, versuchen, jedes sein eigenes Glück zu machen.« Darauf gab ihm seine Frau diese Antwort: »Mir kommt das anders vor. Es dürfte eine Bestimmung aus einer früheren Existenz sein. Ich bin schon längst entschlossen, bis zum Hungertod nur mit dir zusammen zu leben; doch finde auch ich, daß wir es in der Welt nicht leicht haben, vorwärtszukommen. Ja, das könnte, wie du sagst, daher kommen, daß wir hier unter einem unglücklichen Stern zusammenleben. Wenn du es wirklich wünschest, füge ich mich ins Unabänderliche«. »Ja, das wäre besser«, meinte der Mann, und unter Abschiedstränen versprachen sie sich, jedes für sich allein sein Glück zu suchen.

Die Frau, noch mit Jugendlichkeit und Schönheit gesegnet, stand später bei einem Herrn in Diensten. Sie hatte etwas Edles an sich, und der Herr behandelte sie immer gütiger. Und dann, nach dem Tode seiner Frau, kümmerte der Herr sich um ihr Aussehen, er näherte sich ihr und nahm sie zu seiner Frau. So wurden alle häuslichen Angelegenheiten ihr überlassen. Bald darnach wurde der Herr zum Regenten der Provinz Settsu ernannt. So lächelte ihr jetzt das Glück: Frau Regent!

Was den Mann angeht, wurde das Leben auch nach der Trennung von seiner Frau für ihn nicht angenehmer. Endlich trieb seine Armut ihn aus der Stadt. Er wanderte von Ort zu Ort und kam endlich in die Provinz Settsu. Dort trat er als Landarbeiter bei einem Grundbesitzer in Dienst. Aber es war ihm eigentlich unmöglich, die grobe Arbeit beim Ackerbau oder beim Holzschlag zu verrichten, da er an solche Plackerei nicht gewöhnt war. So ließ sein Herr ihn nach der Bucht Naniwa gehen, um dort Schilfrohr zu mähen. Da war eben der Regent mit seiner Frau auf dem Wege nach seinem Amtsort. Der Regent und sein Gefolge gönnten sich Ruhe an der Bucht Naniwa und genossen da mit Freude die schöne Landschaft. Viele im Gefolge belustigten sich mit Trinken und Essen. Auch die Frau des Regenten, vom Ochsenwagen aus, erfreute sich der Naturschönheit. Da waren Gruppen von Männern, die Schilfrohr mähten. Sie entdeckte darunter einen, der schäbig aussah, doch etwas Vornehmes an sich hatte. Ihr schien, solch einen Mann habe sie schon einmal irgendwo gesehen. Oder sah sie falsch? Sie sah ihn nochmals an. Nein, das war bestimmt ihr früherer Ehemann. Wie elend sah der Mann aus, der schlammig im schmutzigen Wasser mähte! Wie verfiel er einem so traurigen Lose? War es die Strafe für Sünden aus einer früheren Existenz? Sie konnte sich der Tränen nicht erwehren. Aber sie ließ sich nichts anmerken und befahl jemandem wie beiläufig: »Der, der dort unter den Männern mäht, soll sogleich zu mir kommen.« Der Bote lief hin und übermittelte ihm: »Unsere Herrin ruft Euch.«

Der Mann stand eine Weile wie betäubt, weil ihm das so unerwartet kam. Stumm vor Staunen blickte er auf. »Weshalb so säumig? Vorwärts, kommt!« drängte ihn der Bote mit lauter Stimme, wie drohend. Da hörte der Mann zu mähen auf und steckte die Sichel in seinen Gürtel. Dann erschien er ehrerbietig vor dem Ochsenwagen, in dem die Frau saß.

Die Frau sah den Mann, von dem sie sich vor vielen Jahren schon getrennt hatte, durch den heruntergelassenen Bambusvorhang. Sein Kleid aus grobem Hanf war sehr beschmutzt und wurde schon schwärzlich. Der Ärmel riß ab, das Kleid war sehr kurz. Seine hohe spitze Mütze war zerquetscht. Sein Gesicht, Arme und Beine waren dreckig, und die Blutegel saugten sich an Unterschenkeln und Kniekehlen fest. Hier und da blutete es. Der bloße Anblick schüttelte einen. Dennoch schenkte sie ihm Essen und Trinken durch ihr Gefolge. Vor dem Ochsenwagen aß und trank der Mann maßlos, und sein Gesicht sah dabei abscheulich aus.

Aus der Rücksicht auf die Kammerfrauen, die in demselben Ochsenwagen saßen, sagte die Frau ihnen so taktvoll wie möglich: »Nur er allein unter all den Männern, die da Schilfrohr mähen, scheint mir von vornehmer Art. Ich muß mich seiner erbarmen. Ja, es jammert mich, ihn anzusehen«. Dann nahm sie ein Kleid heraus: »Er soll dieses Kleid anziehen.« Sie gab ihm das Kleid. Dabei aber steckte sie ein Stück Papier hinein, auf das sie ein Gedicht schrieb:

»Glück zu gewinnen
jedes für sich, das war der
Sinn unsres Abschieds.
Wie nur mähst du hier Schilfrohr?
Ach, was will das bedeuten?«

Der Mann wunderte sich sehr, warum die Frau im Ochsenwagen ihm das Kleid als Geschenk gab. Das darin zusammengefaltete Papier öffnete er und las das Gedicht. Erst da begriff er, daß diese Frau ohne Zweifel die Frau war, von der er sich geschieden hatte. Er aber schämte sich seines Mißgeschicks sehr. Da ersuchte er jemanden um Schreibzeug und schrieb ein Antwortgedicht auf:

»Seit wir uns trennten,
sank ich Stufe um Stufe.
Ach, wie bereu' ich,
daß ich damals von dir ging –
Leben fällt hier so schwer mir!«

Als die Frau das Gedicht las, versank sie in traurige Gedanken und erbarmte sich seiner herzlich. Doch blieb ihr nichts anderes übrig, als geduldig zu leiden. Der Mann aber wollte nun nicht mehr Schilfrohr mähen und rannte im stillen davon.

Die Frau hat dies damals niemandem erzählt. Reichtum und Armut in der Menschenwelt sind nur Verhängnis aus einer früheren Existenz. Das erkannten sie beide nicht und beklagten nur ihr eigenes Mißgeschick. Sie erzählte das alles erst in ihrem hohen Alter; dann ist es von Geschlecht zu Geschlecht überliefert worden bis auf unsere Tage.

Wie der Hofmann Hiromasa Minamato den Blinden besuchte

Es war einmal ein Hofmann, der hieß Hiromasa Minamato und war Prinz des Kaisers Daigo und Minister. Er war hoch gebildet und sehr begabt und war besonders eingeweiht in die Geheimnisse der Musik. Die Biwa* spielte er wundervoll, und ebenso schön blies er die Flöte.

Damals lebte ein Blinder, Semimaru genannt, ganz allein in einer Klause dicht an der Grenzwache von Ousaka. Der war einmal bei Atsuzane Diener gewesen, dem Prinzen des seligen Kaisers Uda. Prinz Atsuzane glänzte in den schönen Künsten. Semimaru, damals sein Diener, hörte ihn oft die Biwa spielen, und unter seinem Einfluß lernte er selbst immer besser das Biwaspiel.

Nun, der Hofmann Hiromasa liebte diese schöne Kunst über alles und wollte bis in den innersten Kern der Musik dringen. Er wußte vom Hörensagen, daß ein Blinder in einer armseligen Klause am Ousakaberg so wundervoll die Biwa spiele, und er verlangte herzlich danach, ihn zu hören. Aber wie sollte er ihn besuchen, da doch seine Hütte so armselig und allzu erbärmlich war? Heimlich sandte er einen Boten zu ihm und ließ ihm sagen: »Warum lebt ihr so allein an einsamem Ort? Das kann nicht so weitergehen. Kommt in die Stadt und lebt hier!« Als der Blinde dies hörte, antwortete er nicht, sondern schrieb als Erwiderung nur ein Gedicht:

* Biwa: altjapanisches Instrument mit vier Saiten.

»Der eine schlägt sich
so durch die Welt, ein andrer
anders. Was schert's mich?
Leben man mag in armer
Klause so gut wie im Schloß.«

Als der Bote zurückkam, berichtete er Hiromasa, was geschehen war. Das schlichte Gemüt des Blinden schien diesem gar anmutig, und er beschloß tief in sich, den blinden Biwaspieler auf jeden Fall zu sehen. Er überlegte sich, daß sie beide die Musik über alles liebten. Doch wisse er nicht, wie lange er und der Blinde noch lebten. Er dachte an ein Musikstück der Eingeweihten für die Meister der Biwa. Kein Mensch konnte es mehr als nur der Blinde allein. Wenn er stürbe, ohne es einen andern zu lehren, so müßte es mit ihm auf alle Zeiten untergehen. Und wie er sich das so überlegte, beschloß er bei sich, daß er den Blinden unbedingt die Biwa spielen hören müsse.

So begab er sich eines Nachts auf den Ousakaberg, schlich sich dicht an die Klause heran und wollte danach ausspähen, wie der Blinde das Stück auf der Biwa spielte. Doch der Blinde spielte nicht. In der nächsten Nacht, dann in der übernächsten und dann Nacht für Nacht stieg Hiromasa auf den Berg, blieb dicht an der Klause stehen und spitzte das Ohr die ganze Nacht – vergeblich. Der Blinde spielte das Stück nicht ein einziges Mal. So verstrichen zwei ganze Jahre umsonst. Dann, in der fünfzehnten Nacht im August, hing am Himmel der Vollmond, oben leicht von Wolken verschleiert, und ein sanftes Lüftchen wehte. Da dachte Hiromasa, der Hofmann, das wäre die richtige Stimmung: heute nacht, und gerade in dieser Nacht müsse der Blinde das Stück für Eingeweihte spielen. Er stieg aufs Pferd, gab ihm die Sporen und ritt auf den Berg. Der Blinde spielte – spielte lange, spielte mitfühlend mit der ganzen Natur, als ob er den schönen Vollmond am Himmel bewunderte.

Hiromasa spähte verstohlen nach dem verzückten Spieler, freute sich und horchte angespannt hin. Da summte der Blinde zu seinem Spiel ein Gedicht vor sich hin:

»Brausend fährt der Sturm
über die Hütte oft am
Berg von Ousaka.
Dennoch bleibe allhier ich,
ferne der Welt und einsam.«

Als Hiromasa dieses Gedicht hörte, weinte er endlos heiße Tränen. Dann sprach der Blinde weiter zu sich selbst: »Oh, diese Nacht! Wie geht sie mir ans Herz! Wenn doch ein wahrer Liebhaber der Musik mich in solcher Nacht besuchte! Ich plauderte mit ihm die ganze Nacht lang.« Wie Hiromasa den Blinden so sprechen hörte, rief er laut: »Hier bin ich, Hiromasa genannt, im Schlosse wohnend.« Der Blinde fragte: »Wer ist es, der da spricht?« Da gab sich Hiromasa ganz zu erkennen und fuhr fort: »Ich habe eine besondere Liebe zur Musik. So habe ich allnächtlich hier an Eurer Klause gestanden, drei Jahre lang. Aber erst in dieser Nacht, zu meinem großen Glück, darf ich Euch endlich sehen.« Über diese Worte freute der Blinde sich herzlich. Dann trat Hiromasa in die Klause ein, und sie unterhielten sich miteinander über nichts als lauter Musik. Endlich bat Hiromasa ihn um den ersten Unterricht im Spiel des Stückes für die Eingeweihten. Erst erklärte ihm der Blinde: »So und so spielte mein seliger Prinz das Stück.« Dann lehrte er ihn, es auf der Biwa zu spielen. Erst bei Tagesanbruch verließ Hiromasa den Blinden überglücklich.

Mit solchem Ernst und Eifer müßte man alle Künste lernen. Aber das ist heute nicht mehr möglich. Künftig wird es in jeder Kunst nur wenige Meister geben. Und das ist schade für uns. Semimaru war niedrig geboren. Aber er konnte das Stück, das er von seinem Prinzen spielen hörte, und wurde endlich ein Meister. Dann erblindete er und führte sein Einsiedlerleben auf dem Ousakaberg.

Vom Mönch Tôshô, der den Menschen den Tod voraussagen konnte

Es war einmal ein Mönch, Tôshô genannt, der nach Gestalt, Stimme und Benehmen eines Menschen prophezeien konnte, wie lang oder kurz dieser noch lebe, ob dieser in der Zukunft arm oder reich werden könne und ob er in der Beamtenwelt glänzende Karriere machen dürfe oder nicht. So prophezeite er immerfort, und nicht ein einziges Mal irrte er sich. Deshalb besuchte man seine Klause unablässig und aus der ganzen Stadt.

Seine Klause stand an der Ersten-Straße. Einst, an einem Frühlingsabend, regnete es fein. Ein Mann kam flötend an seiner Klause vorbei, und als der Mönch Tôshô den Flötenton vernahm, ließ er seinen Schüler zu sich kommen und sagte: »Wer der Mann ist, der eben an meiner Klause flötend vorbeigeht, weiß ich nicht. Nach seinem Flötenton zu urteilen, steht er am Rande des Grabes, wovon er freilich keine Ahnung hat. Teile ihm das sofort mit.« Eben da begann es aber stark zu regnen, und der Mann war schon zu weit; so wagte der Schüler nicht mehr, es dem Manne zu melden. Am folgenden Tag hörte es zu regnen auf, und gegen Abend ging derselbe Flötenspieler wieder an der Klause vorbei. Er kehrte von irgendwoher zurück. Der Mönch Tôshô, der seinen Flötenton vernahm, sagte zu seinem Schüler: »Der Vorbeigehende, der da flötet, muß derselbe sein, der gestern abend hier vorbeiging. Das ist ein Wunder! Wunder über Wunder!« »Ja, das muß derselbe sein, Meister! Was meint Ihr damit?« fragte der Schüler den Mönch, der ihm sogleich befahl, den Flötenspieler kommen zu lassen. Der Schüler folgte dem Vorbeigehenden eilig nach und brachte ihn zurück. Der Mönch Tôshô ließ den Mann sich vor ihn hinsetzen. Er war ein Jüngling und sah wie ein Krieger aus. Dann sagte Tôshô: »Nun, was ich Euch sagen wollte, ist weiter nichts als folgendes... Ihr seid gestern abend hier an meiner Klause vorbeigegangen, nicht wahr? Aus Eurem Flötenton schloß ich auf Euer baldiges Sterben, ja, im Flötenton klang der Tod. Ich wollte es Euch wissen lassen, aber da Ihr schon zu weit gegangen wart und wegen des starken Regens tat ich es nicht. Doch habe ich Euch darum bedauert. Eben hörte ich Euch die Flöte wieder blasen, doch nicht mehr klingt Euer Tod in Eurem Flötenton. So vermute ich, daß Ihr in der gestrigen Nacht einen Buddhadienst gehalten habt, nicht wahr? Und welchen wohl?« Darauf erwiderte der Mann: »Nein, ich habe keinen Buddhadienst abgehalten. An einem Ort Kawasaki, östlich von hier, wurde eine buddhistische Messe für Fugen-Bosatsu* gehalten. Dabei blies ich auf der Flöte, und man las wohlklingende Sutras vor; das dauerte die ganze Nacht hindurch, und ich flötete nach dieser wohlklingenden Stimme fort.« Da kam der Mönch Tôshô zum Schluß: »Ihr habt Euch dank Eurem Flötenspiel mit der buddhistischen Mildtätigkeit verknüpfen dürfen, und das hat Euch völlig errettet von aller Schuld. Und so lebt Ihr nun fort.«

Dankbar erkannte der Mönch von neuem die Wohltaten der buddhistischen Gottheit und wurde dadurch zu Tränen gerührt. Der Mann freute sich sehr darüber, dann kehrte er zurück.

* Fugen-Bosatsu: buddhistische Gottheit der Barmherzigkeit und des langen Lebens.

Insulinde

Unter schwärzlichem Himmel dämmern Dorf, Busch und Berg. Ruhe und Stille. Nur der ewige Atem des Meeres brandet rauschend an die Küste. Hier und da kräht ein Hahn. – Ein kurzes Flammen am Horizont – plötzlich tritt die Sonne hervor: ein glühend Flammenmeer, Pfeile des Lichts versprühend.

Aus Myriaden Tautropfen glitzert, funkelt, sprüht es von der Erde zurück. Aus tausend und abertausend Stimmen jubelt es dem neuen Tag entgegen. Blumen öffnen ihre Kelche, Blätter entfalten sich. Aus den Hütten, hinter Palmen und Bambus versteckt, treten Menschen und nehmen das Morgenbad im Fluß oder übergießen ihren schlanken, braunen Leib mit Wasser aus einem Bambusgefäß. Von überall her hört man das eintönige Geräusch des Reisstampfens. Händler, die des Nachts ihre Waren in die Kampongs (Dörfer) und Städte gebracht haben, rufen in melodischem Singen aus, was sie zum Verkaufe bieten. Bauern begeben sich zur Arbeit in die Reisfelder, Fischer kehren vom Fang zurück. Ein reges Treiben entfaltet sich am Hafen. Alles nützt die angenehme Kühle der Morgenfrühe.

Am tiefblauen Himmel segeln helle Wolken. Gegen elf Uhr wird die Hitze drückend und lastend. Unbarmherzig brennt die Sonne und dringt hinein bis in das dämmerige Dunkel der Urwälder. Kurze, schwarze Schatten entstehen und grell blendende Lichtreflexe. Ein flimmerndes Weben von Licht und Wärme in der Höhe des Mittags. Mensch und Tier suchen schützenden Schatten. Blumen, am Morgen aufgeblüht, entblättern sich; von Bäumen und Pflanzen hängen die Blätter herab oder falten sich zusammen. Erschlafft unterbrechen die Menschen ihre Arbeit.

Der Himmel hat sich mit bleigrauen, hängenden Wolken überzogen. In der Schwüle schwindet leicht das Bewußtsein; die Seele löst sich los und west träumend in den Weiten der Wärme und des Lichts.

Da flammt ein Blitz; Donner rollt, und schon prasselt ein Regen nieder. Wie Hagel tönts auf den großen immergrünen Blättern. Auf Straßen und Wegen rauschen Bäche. Alles hat sich in die Häuser zurückgezogen; die Geschäfte sind geschlossen, die Arbeit ruht. Gegen 4 Uhr nachmittags hört der Regen auf; die Wolken verziehen sich. In Glanz und Frische atmet die Natur neu auf. Vom Boden dampft es. Leichte Nebel schweben in den Baumkronen. Um 6 Uhr sinkt die Sonne rasch. Eine unbeschreibliche Farbenglut bricht sich in den Wolkenzügen, wechselt, steigert sich und erlischt. Verdämmernde Nachglut. Kurz und friedevoll ist der Abend. Balsamischer Wohlgeruch erfüllt die Luft. Aus Busch und Baum, aus den Hütten selbst und tief aus der Erde erklingt das Sägen, Sirren und Zirpen der Insekten in verwirrender Fülle; oft so laut, daß man sich nur mit erhobener Stimme mit dem Nachbar verständigen kann. Da – um Blüten, die soeben aufgebrochen sind, ein Zaubergaukelspiel schwirrender Leuchtkäfer. Eine sanfte Brise weht Kühlung, weht betäubendschwere Düfte heran. Die Nächte sind tief und dunkel auf Java. Obwohl die Sterne hell funkeln, empfindet die Seele ein Gefühl der Bedrückung, wenn sie in die weite Ruhe und das Schwarz der Unendlichkeit hineinlauscht. Um das Gefühl der Beklemmung zu verscheuchen, läßt man gern ein kleines Licht im Zimmer brennen.

Bezaubernd sind die Nächte im Vollmond, wenn er sich rötlich erhebt über den Vulkanbergen und Ferne und Nähe in Nebelschleiern sich auflösen; wenn das sanfte Licht tausendfach auf den Blättern spiegelt und auf den dunklen Wassern, wenn es auf dem bleigrauen Ozean glänzt und tanzt wie flüssiges Silber, bis der Mond vor dem aufsteigenden Tagesgestirn sanft am Horizont verblaßt.

*

So läuft ein Tag nach dem andern dahin, regelmäßig, ohne Wechsel von Jahreszeiten; nur der schroffe Gegensatz zwischen Tag und Nacht gliedert das Jahr. Ein ewiger Sommer mit fast gleichmäßiger Wärme von 25 Grad herrscht auf dem malaiischen Archipel. Die wärmste Temperatur beträgt im Küstengebiet 30 Grad, die kälteste 20,9 Grad (im Februar), also eine absolute Jahresschwankung von nur 9 Grad*. Merkwürdigerweise wird das Sinken um 1 bis 2 Grad von den Menschen dort schon empfunden, so daß sie sich nachts in eine zweite Decke hüllen. In den Gebirgsgegenden, auf 1000 Meter Höhe herrscht ein angenehmes Klima, das stärkere Schwankungen aufweist: Morgens 14–16 Grad, mittags 20–21 und abends 16–18 Grad; dieser Wechsel wirkt erfrischend.

So regelmäßig wie der Auf- und Untergang der Sonne ist – es gibt nur einen Zeitunterschied von einer halben Stunde – beständig wie die Temperatur, so regelmäßig wechseln auch die Winde, fallen die Niederschläge unter dem Gleicher (Äquator). Täglich zwischen 2 und 4 Uhr rauschen Platzregen nieder, die sich zur Zeit des Westmonsuns zu wolkenbruchartiger Heftigkeit steigern.

Java wird die Smaragdinsel genannt, wohl wegen der Reisfelder, die sich über Ebenen und Hänge bis auf 1000 Meter hinauf ausbreiten. Aus den blauen Fluten des Ozeans ragt sie auf. Im Vordergrund Dörfer, Palmen, Bambushaine, eine reiche Tropenflora, dann dehnt sich das Smaragd der Reisfelder, in die sich dunkle Akzente des Urwaldes mischen, und darüber, bläulich-violett schimmernd, mächtige Bergketten, oft Gipfel mit drei, ja fünf Kratern. Qualmende Dampf- und Rauchsäulen mischen sich mit den lagernden Kumuluswolken. Bis hoch hinauf sind die Berge mit Urwald bedeckt. Auch in die tiefen Schluchten, durch wildschäumende Flüsse gegraben, drängt sich das dunkle Grün des Urwaldes; es breitet sich auch in Sumpfgebieten aus.

Von all den Inseln ist Java am stärksten bevölkert und bewirtschaftet. Die wilden Tiere sind in die unzugänglichen Schluchten und Sümpfe zurückgedrängt, aber die märchenhafte Fülle und der Reichtum des tropischen Urwaldes hat sich bis zum heutigen Tag erhalten.

Besonders schön und für den Urwald Insulindes bezeichnend sind

* Die Jahresschwankung von Wien beträgt 48 °, von Werchojansk (Sibirien) 95 °. In Arabien und der Sahara kann der Unterschied an einem Tag über 40 ° betragen.

die Baumfarne. Die lichtgrünen Wedel, auf schlanken Stämmen sich wiegend, ragen über alle gewöhnlichen Waldbäume hinaus. Zwischen Palmen, immergrünen Laubbäumen und dem Ficus, deren Luftwurzeln immer neue stützende Stämme bilden, entfalten sich stammlose Farnkräuter mit vier Meter langen Wedeln. Es gibt eine solche Vielzahl verschiedenster Arten, daß man oft lange suchen kann, bis man einen zweiten Baum derselben Art findet. In diesem Urwald gibt es keinen Augenblick der Ruhe. Ein vieltausendstimmiges Leben erfüllt die Luft. – Überall glitzert es vom Morgentau. Von langen Träufelspitzen der Blätter tropft es von Stufe zu Stufe, bis auf den feuchten Grund. Auch das Licht dringt tief hinein. Darum dieses strotzende, ununterbrochene Wachstum. – Von Baum zu Baum schlingen und winden sich die verschiedenen Lianenarten (Süßholz und Vanille sind zum Beispiel Lianengewächse), umwürgen ganze Bäume, so daß diese absterben und mancher verdorrende Stamm nur noch als Stütze der Schlingpflanzen dient. Ein umgestürzter vermodernder Baum wird Erde für tausenderlei Pflanzen. Überall Grün in mannigfaltigen Tönungen. Doch fehlt es auch nicht an überraschenden Farben: da gibt es purpurrote Balsaminen, hie und da eine blühende Orchidee, Sträucher mit roten, gelben, orangefarbenen Blättern, Winden mit Tausenden von blauen, trichterförmigen Blumenkelchen, dann wieder schlingt sich eine Kletterpflanze von Stamm zu Stamm mit violettroten oder gelben Blütentrauben.

Rhinozeros und Tiger sind selten geworden auf Java. Aber der Panther streift noch herum und verbreitet Schrecken bis in die Dörfer. Hirsch- und Reharten sind anzutreffen; in den Sümpfen haust das javanische Stachelschwein. Eichhörnchen und Affen klettern und turnen von Baum zu Baum. Kleine und große, auch sehr giftige Schlangen winden sich um die Äste, ringeln sich in der Sonne am Boden, schlüpfen in Häuser und Hütten. Auf Ästen sich sonnend, findet man den Leguan, eine Eidechsenart, die je nach dem Untergrund die Farbe wechselt. Blaue und violette Falter schweben in den Lichtungen. Bunte Waldtauben gurren, Papageien kreischen. Und alles durchdringend und übertönend das Zirpen, Summen und Rascheln der Insektenwelt. Ihr Beißen und Stechen macht den Aufenthalt in den Tropen zur Plage.

Je höher man hinaufsteigt, um so stiller wird es. In den Weiten der Bergwälder ist kaum ein Laut zu hören. In den höheren Lagen lichtet sich der Wald; Nadelbäume herrschen vor, und zinnoberrote Rhododendren künden die Alpenregion an. In tiefen Schluchten stürzen Bäche tosend und zersprühend über Felswände. Ein Übermaß von Licht dringt auf einen ein, sobald man über dem Urwald ist. Die Luft ist reiner, weniger von Dunst erfüllt, die Sicht klar.

Die Fruchtbarkeit Javas ist erstaunlich. Bananenpflanzen mit den süßesten Früchten wachsen wie Unkraut. Solche Sorten, wie wir sie essen, verfüttert man dort an die Schweine. Aus dem Wurzelstock des abgeschnittenen Bambus sprießen die Halme 30, 40 cm von Tag zu Tag. Fünf Jahre nach dem Ausbruch des Krakatau war der Krater, der übrig geblieben war, wieder so bewachsen, daß man nichts mehr von der Verheerung sah.

Die Fruchtbarkeit beruht nicht allein auf dem feuchtwarmen Klima, sondern auch auf dem vulkanischen Grund. Java ist das vulkanreichste Land der Erde. Es gibt Vulkane – die meisten sind um 3000 Meter hoch – aus denen von Zeit zu Zeit Lavamassen und Asche ausgespieen werden, aus andern steigen weiße Dampfsäulen quellend empor, wieder anderen, niedrigeren breiten Kratern entsteigen giftige Dämpfe, oder es brodelt und spritzt die Erde in hellgrau-bläulichen Schlammassen, bläht sich zu Blasen auf, die platzend vergehen. Eine unheimliche Welt, von den Eingeborenen als Orte, wo böse Geister hausen, scheu gemieden. Segen und furchtbare Zerstörungen gehen gleichermaßen von ihnen aus. Vulkane, die Jahrzehnte erloschen schienen, können plötzlich mit ungeheurer Gewalt wieder ausbrechen. In lebhafter Erinnerung sind die Ausbrüche des Sumbawa (1815) und des Krakatau (1883) in der Sundastraße. Durch Aschenregen, Erdbeben, Luftdruck und Sturzfluten, deren Wirkung über die ganze Erde hin wahrgenommen wurde, kamen jedesmal Zehntausende von Menschen um.

Diese Inseln, so schön sie sich aus dem Meer erheben, üppig grün, milde, ausgeglichen, ein Bild der Harmonie und des Friedens, sind immer wieder auch der Schauplatz zerstörender Naturgewalten von gigantischem Ausmaß.

Von hohen Kokospalmen oder Fruchtbäumen beschattet, hinter Bambus versteckt, stehen die Hütten der Javaner: zierliche Bauten aus Bambus mit rechteckiger oder quadratischer Grundfläche, auf Pfählen ruhend, bedeckt mit einem Satteldach aus breiten Palmblättern. Die Wände, vom Dach tief überragt, stehen nicht senkrecht, sondern verjüngen sich nach unten. Sie sind aus einem leichten Bambusgeflecht, da und dort zierlich bemalt. Die niedere Türe mit reichgeschnitzten Schwellen und Pfosten ist Fenster und Eingang zugleich. Auf einer kleinen Treppe oder Leiter gelangt man in einen überdachten, offenen Vorplatz. Das Innere des Hauses wird nur zum Schlafen aufgesucht. Auf dieser Veranda und um die Hütten spielt sich das Leben der Javaner ab. Da bereiten sie ihre Speisen, flechten, weben oder schnitzen Geräte und Werkzeuge für Haus und Feld. Da spielen sie ihre Glücksspiele und schauen den Hahnenkämpfen zu; da sitzen sie stundenlang und staunen mit ihren großen braunen Augen ins Land hinaus, träumend hingegeben an die Welt.

Die Javaner sind Lebenskünstler. Nach unseren Begriffen sind sie weder arbeitsam noch gewerbetüchtig. Die Ausbeute der Bodenschätze und die Ausnutzung der fruchtbaren Erde überließen sie den Chinesen und Holländern. Sie arbeiten nur soviel, als zum Leben notwendig ist; sie leben nicht, um zu arbeiten.

Schön ist, wie sie sich bewegen: geschmeidig und harmonisch, wie aus dem Mittelpunkt einer großen Ruhe geführt. Hast kennen sie nicht. Im Körperbau zartgliedrig und zierlich, schreiten sie federnd leicht. Beim Gehen setzen sie einen Fuß vor den andern, so daß ihre Füße nur *eine* Spur auf der Erde bilden.

Im Umgang sind sie höflich und bescheiden, eher zurückhaltend und verschlossen; man wird nicht so leicht erfahren, was sie denken und sinnen. Aus ihrer ganzen Haltung spricht Demut. Den Weißen begrüßten sie einst mit niedergeschlagenen Augen und mit tiefer Verneigung. Es gibt nicht leicht treuere und zuverlässigere Diener als Indonesier. In ihrer Fähigkeit zur Hingabe neigen sie mehr dazu, sich zu unterwerfen als sich frei zu behaupten. Im Tiefland, im Schatten der Bäume wohnend, ohne weite Sicht, neigt ihr Gemüt zur Enge und Ängstlichkeit;

sie hängen am Herd, sind zaghaft und wagen kaum, das Dorf allein auf eine Meile zu verlassen. Sanft und friedliebend ist ihr Gemüt.

In der Musik und im Tanz – die bei ihnen zu reicher Entfaltung kommen – lieben sie weniger den Rhythmus als die Harmonie und die ruhig fließenden Bewegungen, selbst bei ihren Kriegstänzen.

Mäßigkeit zeichnet sie im Essen und Trinken aus.

Wie heiß auch die Glut ihrer Leidenschaft lodert, wie groß ihr Haß sein mag – man merkt ihnen nichts an. Doch plötzlich kann es durchbrechen und wie aus einem Hinterhalt schlagen sie überraschend zu und üben schreckliche Rache aus; oder sie schädigen den Feind mit sichtbaren oder unsichtbaren Mitteln, ohne daß der Betroffene auch nur ahnt, woher es kommt.

Es kann sich auch ereignen, daß ein Eingeborener von blinder Besessenheit erfaßt wird und mit gezücktem Buschmesser durchs Dorf rast: was ihm in den Weg kommt, macht er nieder, Kinder, Frauen, Männer, Tiere. Amok wird dieser Zustand genannt. Mit Schrecken steht die Bevölkerung hilf- und wehrlos diesen Amokläufern gegenüber. Es sind meistens Männer, die in diese Raserei geraten. Ohne Bewußtsein, hemmungslos und mit übermenschlichen Kräften wüten sie, bis sie sich selbst richten oder erschöpft zusammenbrechen.

Das Leben der Javaner wird hauptsächlich durch die Reiskultur bestimmt. Den leichten Holzpflug auf der Schulter, treibt der Bauer in der Morgenfrühe den Büffel vor sich her aufs Feld. Die Erde wird gepflügt, dann geeggt. Zum Beschweren setzt sich der Bauer selber auf die Egge. Danach wird das von einem Erdwall umhegte Feld unter Wasser gesetzt. Dazu öffnet der Bauer so lange als nötig eine kleine Schleuse im Damm. Nun strömt das Wasser, das in der Höhe oben von einem Bach oder Fluß abgeleitet wurde und in Gräben zwischen den terrassenförmig angelegten Feldern hinfließt, auf die Felder, die er mit Reis bepflanzen will. In einem besonderen Abteil hat er schon lange zuvor Reiskörner gesteckt, die in 40–80 Tagen zu kräftigen Halmen herangewachsen sind. Nun watet der Bauer, meist auch Frau und Kinder, barfuß im Feld und versetzt diese jungen Reisschößlinge. Bei sei-

ner Arbeit trägt er immer einen meterbreiten Strohhut, der ihn gegen Sonne und Regen schützt. Hacken und Jäten des Reises besorgen die Frauen und Kinder.

Zur Ernte zieht ein farbenfrohes Völkchen hinaus. Frauen in den violetten, roten und grünen Sarongs, einem gemusterten Baumwolltuch, das eng um den Leib geschlungen wird, Männer in gelben, weißen oder blauen Jacken stehen zwischen den goldgelben Halmen und schneiden Ähre für Ähre ab. Diese werden zu Büscheln gebunden. Männer tragen sie dann in Körben in die zierlichen, schön bemalten Reisscheunen.

Ernte wie Aussaat sind von Opfern und Festen umrahmt. Der Reis ist geheiligt in Java. Wenn im November der kleine Vogel Simrick erscheint, der als Bote eines besonderen Geistes betrachtet wird, dann ist die Zeit der Aussaat, und wenn er wieder nordwärts zieht, dann wird geerntet.

Den Reis zur täglichen Nahrung stampfen die Frauen mit dreieinhalb

Meter langen Stößeln in Bambusbütten oder schöngeschnitzten, ausgehöhlten Stammstücken. Reis, gekocht und verschieden gewürzt, ist neben Fisch und saftreichen Bananen, Ananas, Kokos und anderen Früchten mit köstlichem Aroma die Hauptnahrung des Ärmsten wie des Reichsten. Viehzucht kennen die Javaner nicht. Der stämmige Wasserbüffel mit den großen Hörnern und dem hellgrauen, oft rosenrot schimmernden Fell, ist das wichtigste Haustier. Diese »Karbouwen« sind so zahm, daß ein Kind sie lenken kann. Weiter werden Hühner und Schweine gehalten, da und dort Ziegen und kleine Pferde. Diese werden vor zweirädrige Wägelchen gespannt, das verbreitetste Fahrzeug der Eingeborenen.

Weitaus die meisten Bewohner Javas beschäftigen sich mit dem Reisbau. Andere, die an Flüssen oder an der flachen Meeresküste in hohen, schwankenden Pfahlbaudörfern leben, treiben Fischfang oder Handel. Nicht soll verschwiegen werden, daß früher auch die Seeräuberei eine einträgliche Beschäftigung war.

Die Eingeborenen Insulindes sind sehr kunstsinnig: selbst der einfachste Gebrauchsgegenstand, meist aus Bambus hergestellt, ist reich verziert.

Mit den einfachsten Mitteln verfertigen sie ihre Goldschmiedearbeiten. Zu einer besonders hohen Kunst hat sich bei ihnen der Stoffdruck entwickelt. Die Baumwolltücher bemalen sie mit flüssigem Wachs, färben die unbemalten Stellen in einem Farbbad und lösen das Wachs auf. Vielleicht wiederholen sie diesen Vorgang ein zweites, ein drittes Mal, immer mit neuen Mustern und Farben. Dadurch bekommen sie ein reiches Muster, das mancherlei Farbübergänge, von hellen Tönungen bis zu tiefen, satten aufweist. Jedes Stück ist einmalig in seiner Art. Diese Batikkunst ist auf allen Inseln verbreitet und wird hauptsächlich von den Frauen ausgeführt.

Was auch der handwerkliche Kunstsinn der Malaien hervorbringt, seien es Schiffe, Waffen, Geräte oder Stoffe, alles weist zierliche, starkbeschwingte und bewegte Formen auf. Ihre Kunst ist spielerisch, die Linien haben eine biegsame Weichheit, die Muster sind reich und prächtig. Ein Motiv, das sich zur Verzierung eines Gegenstandes eignet, wiederholen sie immer und immer wieder.

Das javanische Volk liebt besonders Aufführungen von jahrhundertealten Tänzen und Theaterspielen. Deren Tradition ist an bestimmte Familien gebunden und erbt sich von Geschlecht zu Geschlecht fort.

Wenn die Wayang, die Schattenspiele, aufgeführt werden, drängt sich das ganze Volk vor die erleuchtete Leinwand. Jung und alt sitzt von abends 6 Uhr bis zum Aufgang der Sonne und verfolgt aufmerksam das Spiel der zierlichen Figuren aus Büffelleder, lauscht dem Dalang, der vorne sitzt und die Geschichte erzählt. Eigenartige Musik von Trommeln, Gongs und Becken begleitet das Geschehen und steigert sich an den dramatischen Höhepunkten.

Der Inhalt des Dramas und die Spielweise ist allen bis in Einzelheiten seit ihren Kindertagen vertraut: Ardjuna, der Königssohn, hat gegen seine Feinde zu kämpfen. Ihm helfen lichte Wesen; auf der Seite der Feinde kämpfen mächtige Dämonen mit. Diese erlangen gegen Mitternacht hin immer mehr die Oberhand; Ardjuna scheint zu unterliegen. Aber mit dem Dämmern des Tages wendet sich sein Glück. Die aufgehende Sonne sieht Ardjuna als Sieger über die Mächte der Finsternis.

Erleichtert und froh atmet das Volk auf und strömt hinweg zur Arbeit, in die Hütten, auf den Markt und aufs Feld. Und wenn der Dalang mit seiner Truppe übers Jahr wiederkommt, werden die Zuschauer wiederum vom Zauberbann des Spiels gefesselt sein.

Seit je waren diese Inseln fremden Einflüssen ausgesetzt. Die Javaner, ihrer ganzen Natur nach zur Hingabe und Nachahmung neigend, nahmen alle diese Einflüsse auf und schmolzen sie um.

Um 600 nach Christi und später drang von Indien her die Lehre Buddhas ein. In dieser Zeit des indischen Einflusses entstanden herrliche, stufenartig gegliederte Tempelbauten aus sprödem Tuffstein, verziert mit einem überwältigenden Bilderschmuck, der tausendfach das Leben Buddhas darstellt. Heute zerfallen diese Tempel; der Urwald überwuchert sie und entzieht sie dem Blick der Menschen.

Seit dem 15. Jahrhundert wurden die Inseln besonders von den Arabern aufgesucht. Aber auch dem chinesischen Einfluß sind diese Gebiete immer offen gewesen.

Zuletzt war Indonesien unter holländischer Verwaltung und Kolonisation. Lebensweise und Glaube wurde der Bevölkerung weitgehend gelassen; man benutzte ihre Arbeitskraft, um das Land wirtschaftlich zu erschließen und auszunutzen. Kautschuk, Zucker, Tabak, planmäßig angebaut, und die Gewürze (Muskat, Pfeffer, Nelken, Zimt) waren lange Zeit ergiebige Goldquellen.

Nach dem zweiten Weltkrieg erwarb sich Indonesien politische Unabhängigkeit und freie Selbstverwaltung.

*

Von reichen Regengüssen begünstigt, wuchert der Urwald auf Sumatra noch in ursprünglicher Wildheit. In den unabsehbaren Wäldern, die Berge und Schwemmlandebenen bedecken, und in den ausgedehnten Sümpfen hausen Elefanten, Tapir, Nashorn, der Königstiger und der schwarze Panther in paradiesischer Unberührtheit. Die Stellen, welche die Weißen kolonisiert haben, sind klein im Vergleich zu dieser Wildnis.

Auf den Höhen, wo der Wald sich lichtet und grüne Weideflächen sich dehnen, wo der Blick ungehemmt in die Weite dringen kann, haust ein wildes, trotziges Gebirgsvolk: die Batta. Stolz und frei ist ihre Haltung und frei ihre Verfassung. Sie sind von einem Unabhängigkeitswillen beseelt, der sie immer wieder dazu treibt, ihre Freiheit kämpfend zu verteidigen.

Jäger sind sie, Hirten und Reisbauern. Ihre Reisfelder legen sie auch terrassenförmig an. In Körben tragen sie Dünger hinaus, pflügen mit Büffeln, zerschlagen die Schollen mit Keulen und bewässern die Felder durch die Bergbäche auf ebenso einfache wie kunstvolle Weise.

Ihre Häuser, auf niederen Pfählen ruhend und mit tiefherabreichenden steilen Satteldächern bedeckt, sind oft groß. Mit dem Anwachsen der Familie wird immer ein Haus ans andere geschachtelt, so daß das Dach des neuen immer etwas niedriger ist als das des vorhergehenden.

Die Batta leben immer familienweise zusammen. Sie haben eine eigenartige Rechtsordnung: Die Mutter oder deren Schwester ist das Oberhaupt der Familie. Wenn junge Leute heiraten, so zieht der Mann immer ins Haus der Mutter der Frau. Der Mann, der heiraten will, muß erst einige Zeit im Hause seiner Erwählten dienen und durch Geld oder Schweine und Hühner den Besitz seiner Frau erwerben. Die Höhe der Summe richtet sich nach dem Ansehen der Familie. Die Kinder, die der Ehe entsprießen, bekommen den Familiennamen der Mutter. Sie wachsen im Mutterhaus auf und erwerben den mütterlichen Besitz. Für den Vater, der als Fremder ins Haus eingezogen ist, bleiben die Kinder immer fremd; er hat kein Bestimmungsrecht über sie und darf ihnen nicht einmal ohne weiteres etwas schenken, außer Kleidung und Nahrung.

Bei diesen Batta, wie auch bei andern Stämmen auf Borneo und Neu-Guinea, hat sich die Kultur des Mutterrechtes in letzten Überresten erhalten. Dieses Mutterrecht war einst auch bei den heutigen Kulturvölkern allgemein verbreitete Lebensform.

*

Borneo, die größte der Inseln, ist von einem sumpfigen Schwemmlandgürtel umgeben, der mit Urwald bedeckt ist. Die Ströme sind fast die einzigen Zugangswege ins gebirgige Innere. Urwald wuchert bis auf 2800 Meter Höhe. Diese Gebirge sind noch weitgehend unbekannte, unberührte Wildnis.

In dieser Wildnis leben, von andern malaiischen Ansiedlern verdrängt, die scheuen Dajak, Ureinwohner Borneos. Sie sind klein von Gestalt (1,45 bis 1,60 Meter), haben eine dunkle, rauhe Haut und schwarzes Haar. Die Frauen bekleiden sich mit einem schönbedruckten Batiktuch, das sie um die Hüfte schlingen; die Männer haben einen Lendenschurz aus Bast oder Tuch und bedecken sich mit einem Hirsch- oder Pantherfell. Dieses Fell wird durch einen Ausschnitt über den Kopf gestülpt; ein Teil bedeckt etwas die Brust und der größere mit dem Schwanz fällt über den Rücken. Männer und Frauen tatauieren sich; oft sind sie über den ganzen Leib verziert. Wie viele malaiische Stämme haben auch die Dajak die Sitte, die Zähne zu feilen. Das empfinden sie als schön. Ihre Zähne sind außerdem ganz schwarz; oft färben sie sie mit einem Harz, meist aber werden die Zähne schwarz vom ständigen

Kauen von Betel. Als Schmuck tragen die Dajak schwere silberne Ohrringe, durch deren Gewicht die Ohrläppchen allmählich sehr lang werden.

Ein Teil der Dajak lebt in Nestern auf Bäumen – sie sind gewandte Kletterer – andere Stämme wieder haben 50 bis 80 Meter lange Dorfhütten auf Pfählen, in denen 30 bis 40 Familien wohnen, zum Teil nach Geschlechtern getrennt. Die Inneneinrichtung ist höchst einfach. Nicht einmal eine Leiter haben sie, um auf den Pfahlrost zu gelangen; sie klettern an den Pfählen hinauf und hinunter. Alle Gegenstände, Matten, Körbe, Gefäße weisen reiche Verzierungen auf. Von Hand formen sie ihre Töpfe, in denen der Reis aufbewahrt wird.

Auch die Dajak bauen Reis an; jedoch ist ihnen das Bewässern der Felder unbekannt. Sie ritzen die Erde mit einem Grabstock auf und säen den Reis, der, allein vom Regen befeuchtet, etwas kümmerlich wächst.

Reis ist das einzige, was sie kochen. Alles andere, Früchte, Wurzeln, vor allem Fisch und Fleisch, das sie jagend sich erbeuten, essen sie roh oder lassen es von der Sonne trocknen.

Dajaken lieben Krieg und Kampf. Die Männer gehen immer bewaffnet, auch wenn sie nur einen kurzen Gang tun; selbst im Schlaf haben sie die Waffe stets in Griffnähe. Von früher Jugend an werden die Knaben zum Gebrauch der Waffen erzogen. Speer, ein leicht geschwungenes Schwert, Blasrohr mit Pfeilen und Schild sind die Hauptausrüstung. Das Blasrohr, mannshoch oder noch höher, ist aus Eisenholz. Oft hat es vorn noch eine Metallspitze. Den fliegenden Vogel, jedes kleinste Ziel treffen sie mit Sicherheit auf fünfzehn Meter Entfernung. Um ihre Waffe wirksamer zu machen, tauchen sie die feinen Bambuspfeilspitzen in Gift, das sie einer Pflanze entnehmen und mit verschiedenen Säften und Pulvern mischen. Wenn dieses Gift mit dem Blute in Berührung kommt, wirkt es in kürzester Zeit tödlich.

Das ganze Leben dieser wilden Dajak ist vom Ahnenkult und dem Glauben an die Geister erfüllt und beherrscht und von religiösen Handlungen, Opfern und vielerlei Zauberkünsten durchzogen.

Ein höchst merkwürdiger kultischer Brauch ist die Kopfjägerei, die im Innern Borneos (wie auch auf Neu-Guinea) von einzelnen Stämmen ausgeübt wird. Die Männer, die als Kopfjäger ausziehen, bereiten sich 4 bis 6 Nächte in einer abgelegenen Hütte im Walde vor und beobachten strenge Zeremonien. Durch Gesänge und Flötenmusik bringen sie sich in Erregung. Nach einer kultischen Handlung schleichen sie weg und lauern in einem Hinterhalt auf Opfer. Die Schädel der Erschlagenen – deren Fleisch oft auch verzehrt wird – werden geschmückt und an die Wohnhütten angeschlagen oder in besonderen Hütten aufbewahrt. Dort werden ihnen von Zeit zu Zeit Opfer dargebracht. Auch die Schädel der erbeuteten Jagdtiere werden als schutzbringend und heilspendend verehrt.

Die Schädelverehrung von Feinden steht im Zusammenhang mit dem Ahnenkult. Den Ahnen, die die Sippe erhalten, den Naturdämonen, welche Wachstum und Fruchtbarkeit bewirken, bringt man durch einen Schädel belebende Opfer dar. In diesem Brauch schleppt sich wohl auch die Blutrache von Geschlecht zu Geschlecht. Es liegt der Kopfjägerei aber vor allem das Bedürfnis zugrunde, in Zeiten der Gefahr, bei Seuchen, Unglücksfällen oder außergewöhnlichen Ereignissen der Sippe oder dem Stamm einen Geist zu gewinnen; das heißt, die eigenen Kräfte dadurch zu verstärken, daß man die Lebenskräfte der Erschlagenen magisch an sich bindet und dem Stamm eine Zeitlang dienstbar macht.

Außer für den Stamm wird dieser magische Kult zu bestimmten Zwecken auch für die Familie oder einen einzelnen ausgeübt. So muß ein Jüngling, bevor er heiratet, sich einen Schädel erwerben. Ohne diese Trophäe kann er keine Frau kaufen. – Aber auch für die Säuglinge, denen die volle Lebenskraft augenscheinlich noch fehlt, die durch sich selbst weder sich aufrichten noch essen und sprechen können, muß man Lebenskräfte erwerben, damit sie gedeihen. Diese Kräfte – mana – strahlen hauptsächlich vom Kopf aus. Wer den Kopf besitzt, eignet sich dessen Lebenskräfte an.

Es darf das Opfer nur nicht dem eigenen oder einem befreundeten Stamm angehören, doch ist gleichgültig, ob es Mann oder Frau ist und wie das Opfer fiel, ob aus einem Hinterhalt oder in offenem Kampf.

Bei manchen Stämmen ist es wichtig, daß sie den Namen des Opfers erfahren, um über dessen volle Zauberkraft verfügen zu können. Stirbt der Besitzer eines Schädels, wird auch der einst für ihn erbeutete Schädel und damit der Name des Opfers begraben.

Es wird gesagt, daß durch die Einwirkung der Weißen und der Araber dieser Kult des Kopfabschneidens eingeschränkt worden sei und nurmehr an Übeltätern feindlicher Stämme oder an Menschen, in denen böse Dämonen hausen, ausgeübt werde.

*

Die Eingeborenen Insulindes empfinden ihr Leben und das Geschehen in der Natur mit dem Tun und Walten übersinnlicher Wesen eng verbunden.

Nachdem die Götter der Luft, des Wassers und der Erde die Welt erschaffen hatten – so sagen die Wissenden – zogen sie sich zurück. Seither haben es die Menschen nur mehr mit den Geistern zu tun, welche die ganze Natur erfüllen und beleben.

Jeder Berggipfel ist der Sitz eines Geistes, in jeder Höhle und Grotte hausen sie, in Wald und Feld. Ein besonders schöner Baum ist der Sitz eines guten Geistes, dem geopfert wird. Irgendwo zu Füßen des Stammes findet sich ein kleines Lehmhäuschen, in dem die Gaben niedergelegt werden. In einem mißwachsenen, verkrüppelten Baum haust ein böser Geist. Jeder Vorübergehende wirft zwei Steine nach ihm. Darum findet man Bäume, die von Steinhaufen umringt sind, so daß nur einige Äste und Zweige herausschauen. Die Verehrung von Bäumen hat in Insulinde weite Verbreitung. Nicht minder aber werden auch alte Tonkrüge heilig gehalten – vor allem bei den Dajak – und im Haus, in besonderen Hütten oder in Höhlen aufbewahrt. Ihnen werden von Zeit zu Zeit Opfergaben hingelegt. Diesen Krügen gegenüber empfinden die Eingeborenen die große Verwandtschaft aller Dinge: sie stammen aus der selben Erde, aus der auch der Leib des Menschen erschaffen ist und zu der er wieder zurückkehrt.

Eine alte Mythe enthält eine Andeutung davon. So wird von den ersten heiligen Gefäßen erzählt: Ratu Tjampa, der aus dem Himmel gekommen war und sich auf Java niedergelassen hatte, formte Töpfe aus dem Tone, welcher von der Schöpfung der Sonne, des Mondes und der Sterne übriggeblieben war, und aus dem Mahatara, der Allmächtige, sieben Berge geformt hatte. Ratu Tjampa bewahrte seine Töpfe und alles, was er geschaffen hatte, in einer Grotte auf. Er vermählte sich mit einer Fürstentochter, welche ihm einen Sohn gebar. Bald danach verließ Ratu Tjampa die Erde. Er ermahnte seinen Sohn, die heiligen Gefäße, Waffen und Instrumente wohl zu hüten. Dieser vernachlässigte aber die Hut, und die Geräte entflohen in alle Richtungen: die einen liefen ins Meer und verwandelten sich in Fische, die andern liefen in den Wald und wurden Hirsche und Schweine, die Waffen verwandelten sich in Schlangen und die Gongs in Schildkröten.

Hie und da kann es geschehen, daß ein Jäger ein solches Tier erlegt. Dann erkennt er es daran, daß es in den Todeszuckungen sich wieder in seine ursprüngliche Gestalt zurückverwandelt.

Außer Töpfen hat Ratu Tjampa aus der Erde, die das höchste Wesen übriggelassen hatte, auch Hunderte von kleinen Figuren geformt, welche seither als Talismane gebraucht werden. Daher kommt es, daß Töpfe und Talismane als heilbringend und schützend überall verehrt werden.

Von den Geistern, die Luft, Wasser und Erde bevölkern, kennen die Eingeborenen solche, die feste Wohnsitze haben. Andere gibt es, die schweifen herum und erscheinen den Menschen da und dort. Die einen helfen ihnen, andere, koboldartige, necken sie, aber ohne ihnen Schaden zuzufügen. Es gibt aber auch Geister, die an bestimmten Stellen die Vorübergehenden locken und ins Wasser oder in den Sumpf ziehen. Wehe, wenn vor dem Jäger in der Wildnis plötzlich der »Aul« auftaucht: Furcht und Schrecken fahren ihm in die Glieder, so daß er am ganzen Leib zittert, und er flieht, so schnell ihn die Füße tragen.

Der Eingeborene fühlt sich von all diesen Naturgeistern umgeben, sie kreuzen täglich seinen Weg. Er spendet ihnen Opfer, um sie günstig zu stimmen, oder er feit sich gegen ihre Macht durch Zauber und Amulette. Er empfindet kaum einen Unterschied zwischen sich, das heißt seiner Seele, die in einem Leibe lebt und diesen Geistern und Dämonen, die leibfrei sind.

Aber es gibt auch »unsichtbare Geister«, wie er sagt, die durch außergewöhnliche Zufälle machtvoll in sein Leben eingreifen, und denen er ausgeliefert ist.

Etwas aus »natürlichen Ursachen« zu erklären, wie wir sagen, ist den Malaien, die noch nicht stärker mit der westlichen Kultur in Berührung kamen, fremd. Was auch geschehen mag im Menschenleben und in der Welt, für sie sind es Taten von Wesen. Eine Mondfinsternis erlebt der Eingeborene so, daß ein greuliches Schlangenuntier den Mond verschlingt. Im Donnern fühlt er den Donnergott nahe; die Fruchtbarkeit seines Reisfeldes schreibt er weniger seinem Fleiß zu als dem Wohlwollen des Feldgeistes und der Göttin der Fruchtbarkeit, denen er vor der Aussaat Weihrauch und Opfergaben dargebracht hat. Und so ist sein ganzes Leben und Trachten von Furcht und Hoffnung erfüllt, von Opfern und magischen Handlungen begleitet. Gewaltig und dräuend ist das Heer der Dämonen, die ihm überall auflauern. Gute Geister können durch Opfer zum Kampf und Widerstand gegen die bösen Mächte bewegt werden. In seiner Not wendet er sich vor allem an Menschen mit besonderen Fähigkeiten – Guru genannt –, die über niedere und höhere Geister herrschen und den bedrängten oder verfolgten Menschen bestimmte zauberkräftige Mittel geben können zu Schutz und Heil.

Es kann sein, daß ein bösgesinnter Nachbar durch Zauberei einem andern Schaden und Ungemach zufügt; dann muß ein Guru eingreifen und den Zauber bannen. Diese Zauberpraktiken – guna guna genannt – sind ein beliebtes Gesprächsthema selbst in den Häusern der Europäer. Und manch einer, der solches als Aberglaube belächelte, mußte einsehen, wenn er es am eigenen Leib zu spüren bekam, daß es mehr Dinge gibt unter der Sonne, als ihm seine fünf Sinne wahr machen.

Der Islam gilt heute als *die* Religion Insulindes und ist neben christlichen und buddhistischen Einflüssen besonders auf Java stark verbreitet. Selbst dort besucht der Eingeborene wohl öffentlich die Moschee, aber heimlich bleibt er den Geistern und seinen Ahnen ergeben.

Der westliche Einfluß ist nicht spurlos an den Javanern vorübergegangen. Was andern Völkern auf Sumatra selbst und Borneo noch erfülltes Leben ist, schwand den Javanern dahin; Furcht nistete sich in ihre Seelen ein und der religiös-magische Brauch sank in den Städten zu abergläubischer Geschäftigkeit herab.

Neben der Verehrung der Geister der Natur ist der Ahnenkult und Totenbrauch in Insulinde eine kräftige Wurzel des Lebens.

Sobald in einem Dorf ein Mensch gestorben ist, verkünden dumpfe Gongschläge, daß das Dorf unrein geworden ist. Durch Weihrauch, Opfer und mancherlei Bräuche, wie Enthaltung von bestimmten Speisen, sucht man sich zu reinigen, das Dorf zu entsühnen.

Zahlreiche Opfer werden dem Toten gespendet. Aller Totenbrauch – unter kundiger Führung des Guru vollzogen – hat den Sinn, dem Toten die schwere Fahrt ins Jenseits zu erleichtern.

Der Leichnam wird bei vielen Völkern in einem Sarg beigesetzt, der die Form eines Schiffes hat. Ruder, Trank und Speise und was sonst der Mensch brauchte im Leben werden ihm beigegeben, damit es die Seele drüben nicht entbehre.

Die Seele des Toten weilt erst einige Zeit noch im Haus, treibt dann unruhig umher und begibt sich endlich auf den Weg ins Geisterhaus oder in die Seelenstadt.

Der Weg dahin – so wissen die Eingeborenen zu erzählen – führt zuerst über das Meer; weiter hat die Seele einen schmalen Pfad zu beschreiten und eine Brücke zu passieren, die von einem wilden Hund bewacht wird. Mit einer Perle, die dem Toten mitgegeben wird, besänftigt die Seele das Untier, und sie kann ins Geisterhaus einziehen.

Je nach dem Leben, das der Mensch auf der Erde führte, hat die Seele ein verschieden geartetes Schicksal, nimmt sie an verschiedenen Orten Aufenthalt. So sind im Volksglauben die Vulkankrater der Seelenort für die Höllenstrafen. Seelen böser Menschen können auch zur Sühne in Tiere gebannt werden, vorzüglich in Tiger, und müssen eine Zeitlang umgehen.

Nach einer Zeit der Läuterung treten die Seelen ein ins Geisterhaus oder in die Seelenstadt, um nach sieben Geschlechtern wieder auf die Erde zurückzukehren.

Bei einem dieser Völker heißt sterben soviel wie »zum Gotte werden«. In solch einem wissenden Empfinden beruht wohl die Verehrung der Ahnen und der heiligernste Ahnenkult, der bei den Völkern Insulindes die Grundlage des Lebens bildet.

Die Erzählung vom himmlischen Prinzen und der irdischen Prinzessin

Als der Sohn des Königs vom Himmel sich auf die Erde begab, nahm er die Gestalt eines Bockes an. Eines Tages sandte er jemand zur ältesten Tochter des Fürsten, bei dem er abgestiegen war, als er zur Erde niederfuhr, und ließ sie fragen, ob sie ihn heiraten wollte. Der Gesandte ging und fragte: »Der Bock sendet Euch die ehrerbietigsten Grüße und fragt gehorsamst an, ob Ihr geneigt seid, ihm Eure Hand zur Ehe zu reichen.« Die Prinzessin erwiderte: »Seit wann heiratet man denn einen Bock?« Darauf ging der Gesandte zurück und berichtete, daß die Prinzessin gesagt hätte: »Seit wann heiratet man denn einen Bock?«

Da die älteste Prinzessin nur solche Worte für ihn übrig hatte, schickte er den Gesandten zum andern Male fort, diesmal zur zweiten Prinzessin, die sollte er ebenso befragen. Sie gab dieselbe Antwort wie die älteste. Und als nun keine von beiden Prinzessinnen ihn nehmen wollte, ließ er die jüngste fragen, ob sie wollte. Die Jüngste antwortete: »Bestellt dem Bock, daß ich ihm meine ehrerbietigsten Grüße sende und wohl geneigt bin, seine Frau zu werden.« So kam der Gesandte zurück und erzählte, daß die Jüngste ihm antworten ließ: »Bestellt dem Bock, daß ich ihm meine ehrerbietigsten Grüße sende und wohl geneigt bin, seine Frau zu werden.«

Abends, als sie die Hochzeit feierten, war es im Hause des Fürsten so hell wie am Tage, das kam von den Lampen, welche der Bock gezaubert hatte. Alle wunderten sich darüber und sagten: »Wie ist dies möglich?«

Nachdem sie zwei Tage miteinander vermählt waren, sagte die Frau des Bocks zu ihrer Dienerin: »Heute abend mußt du mir Wasser hinsetzen, damit ich morgen früh mein Gesicht darin waschen kann.« Die Dienerin stellte also das Wasser in die Ecke des Gemachs, wo sie sich zu waschen pflegte. Als sie nun am andern Morgen sich waschen wollte, da sah sie, daß jemand anders sich bereits darin gewaschen hatte. Sie rief ihre Dienerin herbei und fragte sie, wer wohl sein Gesicht in dem Wasser gewaschen hätte. Die Frau des Bocks sagte zu ihr: »Du bist es wohl selbst gewesen, die sich in dem Wasser gewaschen hat, nicht wahr?« Doch die Dienerin antwortete: »Nein, ich bin es nicht gewesen.« Da wurde die Frau des Bocks böse und verprügelte sie. Am zweiten Abend schnitt sich die Dienerin in den Finger. Sie konnte vor Schmerzen die ganze Nacht nicht schlafen. Und als es dämmerte, sah die Dienerin, wie der Bock dabei war, sich das Gesicht zu waschen. Darum zwickte sie die Frau des Bocks; die wachte auch auf. Andächtig sah sie zu, wie der Bock sich wusch und wie er ganz blank und weiß wurde. Da flog sie auf ihn zu, umarmte ihn und sagte: »Nun laß ich dich wirklich nicht wieder los!« Und seit dem Tage waren sie immer beisammen.

Darauf sagte der Jüngling zu seiner Frau, daß er ausgehen und Fische fangen wollte. Dazu verwandelte er sich wieder, nahm seine Bocksgestalt an und begab sich ans Meer. Als der Bock fort war, sprachen die Schwestern zu ihr: »Wenn er hernach heimkommt und auf der Treppe ist, dann mußt du Heißwasser über ihn schütten, dann liebt er dich noch viel mehr.« Kam der Bock. Und während er noch auf der Treppe war, schüttete sie das heiße Wasser über ihn aus. Der Bock sagte: »Weshalb tust du das?« Seine Frau antwortete: »Damit du mich noch mehr liebst! So rieten mir die Schwestern!« Der Bock antwortete: »Glaubst du denn deren törichten Reden?«

Nach etlichen Tagen sagte der Bock: »Mich gelüstet es wieder, auszugehen und Fische zu fangen im Meer.« Er ging also wiederum hin. Nun kamen die älteren Schwestern wieder und sagten: »Wenn er heimkehrt und auf der Treppe ist, dann mußt du ein Schwert auf ihn herabfallen lassen, dann hat er dich noch mehr lieb.« Bald kam der Bock heim. Als er auf der Treppe war, ließ sie das Schwert auf ihn herunterfallen. Da sagte der Bock: »Weshalb behandelst du mich so?« Seine Frau erwiderte: »Dann liebst du mich noch mehr, sagten mir meine älteren Schwestern.« Der Bock sprach: »Gut, wenn ihr mich so behandeln wollt, dann will ich wieder zu meinem Vater in der Höhe heimkehren.« Schnell machte er sich fertig und ging fort; seine Frau ging hinter ihm her. So zogen sie los; der Bock lief voran, ihm hinten nach seine Frau. Da er jedoch Mitleid mit ihr bekam, wartete er auf einem Berg auf sie. Als seine Frau bei ihm ankam, legte sie sich gleich im Schoße des Bocks zum Schlafen hin, denn sie war sehr müde geworden.

Nachdem der Bock sich ausgeruht hatte, hob er seine Frau auf und sang:

»Berg steh' auf, o Berg steh' auf
Und bring das Kind von Vater und Mutter nach oben!«

Dann setzte der Bock seine Reise fort.

Der Bock hatte sich kaum von seiner Frau entfernt, da erwachte sie, folgte dem Bock und kam ihm allmählich näher. Wie aber der Bock sah, daß seine Frau wieder ermüdete, wartete er, bis sie ihn ganz eingeholt hatte. Sie legte sich sogleich in seinem Schoße zum Schlafen hin. Als der Bock sich ausgeruht hatte, hob er seine Frau auf und sang:

»Reisvogel merk auf, o Reisvogel merk auf!
Bring's Kind von Vater und Mutter nach oben!«

Darauf zog der Bock weiter, die Frau folgte ihm nach. Schon war aber die Stätte, von der aus es in den Himmel ging, nahe, und so erwartete er sie am Ufer des »Schwärzenden Wassers«. Als seine Frau ankam, sagte er: »Wenn du mir nun in den Himmel folgen willst, dann müssen wir uns in diesem Wasser baden.« Darauf badeten sie in dem Wasser. Als sie das getan hatten, sagte der Prinz: »Wenn du mir nun in den Himmel folgen willst, dann muß ich sagen, du seiest meine Dienerin; denn meine Eltern werden damit nicht einverstanden sein, daß ich mich auf Erden verheiratete.«

So stiegen sie in den Himmel hinauf. Bei der Ankunft fragten ihn seine Eltern: »Sag', wen hast du da bei dir?« Der Sohn antwortete: »Meine Dienerin.« Wie man nun Vorbereitungen traf, um den Prinz durch seine Eltern verheiraten zu lassen, bekam auch die Dienerin Arbeit. Zuerst schüttelte die Frau des Königs einen Korb voll Senfsamen aus. Nachdem sie das getan hatte, sagte sie zu der Dienerin ihres Sohnes: »Sammle mir die Senfkörner vom Boden auf.« Als sie dies hörte, ging sie zu ihrem Mann, bat ihn um Hilfe und sagte: »Deine Mutter hat mir befohlen, einen Korb voll Senfsamen, den sie auf den Boden schüttete, einzusammeln und sie wieder in den Korb zu tun; sie sagte, daß auch nicht ein einziges Körnchen vergessen werden dürfte, sie müßten alle wieder in den Korb.« Der Prinz sagte zu seiner Dienerin: »Geh' wieder hin und sprich: der Prinz hat befohlen, daß alle Ameisen den Senfsamen einsammeln und in den Korb tun sollen, kein Korn darf zurückbleiben.« Da kamen denn alle die Ameisen, sammelten sie auf und schleppten sie in den Korb. Als der Korb voll war, begab sich die Dienerin zur Königin und sagte: »Ich bin fertig, sie sind alle eingesammelt.« Nun meinte die Frau des Königs: »Dann nimm diesen Korb und hol darin Wasser.« Schnell ging die Dienerin zum Prinzen und sagte: »Deine Mutter hat mir diesen Korb gegeben, ich soll darin Wasser holen. Wie soll ich das machen?« Der Prinz erwiderte: »Wenn du beim Brunnen bist, dann mußt du sagen, der Prinz hat befohlen, daß alle Aale erscheinen und sich um den Korb schlängeln.« Als sie zum Brunnen kam, sagte sie: »Der Prinz befiehlt, daß alle Aale kommen und sich um den Korb schlängeln.« Dabei warf sie den Korb ins Wasser; als sie hinschaute, sah sie, wie die Aale sich um den Korb wanden; darauf schöpfte sie den Korb voll, zog ihn heraus und trug ihn in den Palast des Königs. Dort sagte sie zur Frau des Königs: »Hier ist das Wasser.« Die Frau des Königs erwiderte: »Schön, setze es nun dorthin.«

Danach sagte die Frau des Königs: »Heute abend soll mein Sohn heiraten, dann sollst du die Harzfackeln halten, um ihm dabei zu leuchten.« Es wurde Abend, und der Augenblick kam, wo sie sich hinsetzten; die Dienerin des Prinzen hielt die Fackeln. Als der Prinz sich gesetzt hatte, wandte er seine Augen nach Westen und sah, wie die Dienerin weinte, denn auf ihrer Hand entstanden Blasen, da das Harz darauf tropfte. Er streichelte sie, und sie wurde wieder besser. Als er zum andern Male nach Westen schaute, sah er, wie die Dienerin weinte, da das

Harz auf ihre Hände tropfte; er streichelte sie, und sofort war sie wieder besser. Als er sich aber zum dritten Male umschaute und die Dienerin weinen sah, da nahm er sie bei der Hand und sagte: »Komm, wir wollen wieder nach der Erde heimkehren.« Da fragten sich die Gäste: »Also war sie doch seine Gemahlin?« Der Prinz und seine Frau verließen aber den Himmel und kehrten wieder nach der Erde zurück.

Aus Celebes.

Vom Manne, der Gott versuchte

Es war einmal ein armer Mann, der hieß Sisoro ni ari, der Elende. Er hatte zwei Brüder, die waren sehr reich und feierten darum oft glänzende Feste. Weil er nun gar so arm war, wurde er Gott gram. Er baute sich auf Bambuspfählen ein hohes Wachthäuschen und beschoß von dort aus mit seinem Blasrohr Gott in der Höhe. Gleichzeitig hielt er ihm die heftigsten Drohreden und sagte: »Weshalb hast du mich so arm gemacht und meine Brüder so reich?« Schließlich hörte Gott ihn und sandte ihm eine Herde Büffel unter das Wachthäuschen. Als Sisoro die Büffel erblickte, sagte er: »Der Hundekerl, dem diese Büffel gehören, will mich wohl verhöhnen, wenn er mir hier seine Büffel unter mein Häuschen schickt!« Sprachs und hieb mit einem Knüppel auf die Büffel ein, daß sie fortrannten. Er ging also leer aus.

Nun sandte Gott ihm ein großes Goldstück und legte es oben auf das Häuschen. Als er das sah, sagte er, ohne zu ahnen, woher es stammte: »Du Hund, ich wünschte, daß du umkämst! Weshalb mußt du dir auch gerade mein Häuschen aussuchen?« Und er fuhr fort, Gott zu beschießen.

Darauf ließ Gott von oben ein Rotangseil herab, damit er daran nach oben in den Himmel klettern könnte. Und als Sisoro im Himmel ankam, sprach Gott zu ihm: »Immerfort mußt du wegen deiner Armut gegen mich murren. Ich werde dich jetzt umgießen, und dann wähle dir deinen Anteil. Du wirst sehen, daß dein tondi sich Armut erwählte.«

Und damit schmolz der große Gott Mula djadi ihn in einer eisernen Pfanne ein. Um die Pfanne breitete er allerlei Kleider, prächtige Gewänder aus Seide und auch elende Lumpen aus. Darauf sprach Gott zu ihm: »Nun wähle dir dein Teil!« Sogleich sprang Sisoro ni ari aus der Pfanne heraus und auf die Lumpen zu; sein tondi* hatte die Lumpen gewählt. Nun sagte Gott zu ihm: »Ich habe dir jetzt vielerlei gezeigt, du wähltest aber die Lumpen. Dein tondi fordert die Lumpen, also soll Armut dein Los sein. Murre fortan nicht mehr darüber.« Und er fuhr weiter fort: »Aber eins will ich dir noch sagen: Hier, nimm diese kleine Bartzange, halte sie in Ehren, du wirst deinen Gewinn davon haben! Aber verachte mir nicht ärmlich gekleidete Leute.« Darauf ließ er ihn an dem Rotangseile wieder auf die Erde hinab. Nach einiger Zeit traf ihn einmal sein Oheim, als er sich gerade mit der Zange beschäftigte, und sagte: »Bitte, zwicke mir doch auch meinen Bart!« Sisoro tat es. Als seine Brüder das sahen, sprachen sie zu ihrem Oheim: »Hör einmal! Unser Bruder ist zwar arm, trotzdem durftest du nicht von ihm verlangen, daß er dir den Bart zwickte. Das gehört sich nicht, du darfst ihn nicht so verhöhnen, und darum sollst du ihm etwas zur Sühne geben.« Und sie verlangten von ihm, daß er von jeder Art Vieh dem Sisoro ein Paar gab. Da wurde Sisoro reich, denn das Vieh vermehrte sich.

Als er nun reich war, wollte Gott ihn versuchen und sandte ihm drei Leute in ärmlicher Kleidung. Die sollte er beherbergen. Sisoro schaute sich nach Speise für seine Gäste um. Er sah nach seinen Schweinen. Er hatte eine gerade Zahl. »Die kann ich nicht nehmen«, dachte er, »denn es ist eine gerade Zahl, ja wenn es eine ungerade Zahl wäre!« Er sah nach seinen Ziegen, Hunden, Hühnern; stets ergab es eine gerade Zahl. So nahm er nichts davon. Zuletzt schaute er nach den Katzen. Die waren in ungerader Zahl vorhanden. So nahm er denn eine Katze und richtete sie für seine Gäste her – was sich ganz und gar nicht schickte. Als das Essen fertig war, rief er die Gäste ins Haus. Die aßen aber nichts von dem Fleisch, sondern sprachen: »Fleisch, bist du vom Büffel, dann brülle, bist du von der Kuh, dann brumme, bist du vom Schwein, dann grunze, bist du vom Huhn, dann krähe, und bist du von der Katze, dann miaue!«

* tondi: die Seele, das Unsterbliche des Menschen.

Kaum hatten sie das gesagt, da sprang das Fleisch auch schon aus der Schüssel heraus, und eine Menge Katzen liefen im Hause herum, denn jedes Fleischstückchen war zu einer Katze geworden. Sisoro erschrak, und die Gäste waren verschwunden.

Von da an ging es mit ihm zurück. Sein Vieh starb dahin, sein Geld verlor sich, und er wurde wieder ein ganz armer Mann.

Aus Sumatra.

Von einem Begu, der eine Frau rauben wollte

Es war einmal ein Mann, der war seit kurzem verheiratet. Da kam ein Geist, ein begu, der die Gestalt des Mannes angenommen hatte, und wollte ihm die Frau fortnehmen. Er behauptete, sie wäre seine Frau. Das wollte dem rechten Ehemann nicht behagen, und außer sich vor Zorn fiel er über den begu her und rang mit ihm, so daß sie sich beide auf der Erde herumwälzten. Von dem Lärm wurde der Vater der Frau herbeigerufen. Er kam mit einem großen Messer und wollte seinem Schwiegersohn beistehen. Als er aber zuschlagen wollte, konnte er nicht erkennen, wer sein Schwiegersohn, wer der begu war, denn sie hatten ja einerlei Aussehen und Gestalt. Nachdem sie lange ohne Entscheidung miteinander gekämpft hatten, brachten sie ihren Streit vor die Häuptlinge.

Der Ehemann sagte zum Ältesten: »Herr, ich heiratete vor kurzem. Da kommt dieser Kerl und behauptet, meine Frau sei seine Frau.« Darauf erwiderte der begu: »Herr, ich heiratete vor kurzem. Da kommt dieser Kerl und behauptet, meine Frau sei seine Frau.« Der Mann wollte schwören, doch der begu wollte den Eid nicht annehmen und sprach: »Wegen seines Meineides soll meine Frau doch nicht seine Frau werden.« So gelang es den Häuptlingen nicht, den Streit zu entscheiden.

Sie gingen nun vor einen schlaueren Häuptling. Der hieß zuerst den

Ehemann eine schwere Kiste siebenmal auf einen Berg tragen. In der Kiste hatte er aber einen Mann versteckt. Das wußten die beiden nicht. Unterwegs stöhnte der Mann: »O weh, was muß ich wegen meiner Frau ausstehen! Aber ich will es gern ertragen, wenn ich sie nur wiederbekomme.« Der Mann in der Kiste hörte die Worte. Darauf ließ der Häuptling den begu die Kiste tragen, während der echte Ehemann unterdes angebunden wurde. Als nun der begu die schwere Kiste auf den Berg schleppte, wehklagte er: »O weh, was muß ich ausstehen! Aber ich will es tragen, wenn seine Frau nur mein wird!« Darauf band der Häuptling auch ihn besonders an, damit er sie unterscheiden konnte. Der Mann in der Kiste hatte ihm aber die Reden der beiden hinterbracht.

Nun ließ der Häuptling einen langen Bambus vor sie hinlegen und sagte zunächst zu dem Ehemann: »Wenn du durch diesen Bambus der Länge nach hindurchzukriechen vermagst, dann soll die Frau dir gehören.« Der versuchte es, konnte es aber natürlich nicht. Nun mußte der andere es versuchen. Der schlüpfte ohne Schwierigkeiten hinein, denn ein begu kann sich klein und dünn machen. Als er aber im Bambus war, verstopfte der Häuptling schnell beide Enden und verbrannte den Bambus samt dem begu, denn nun war der erkannt und durchschaut. Der Ehemann aber ging vergnügt nach Hause.

Aus Sumatra

Der Zwerghirsch und der Tiger

Der Tiger und der Schatten

In den Dschungeln befand sich eine Salzlecke, zu welcher sonst alle Tiere des Waldes sich gern begeben hatten. Aber nun fürchteten sie sich, denn seit einiger Zeit hauste dort ein alter Tiger, der täglich eins von ihnen tötete. Eines Tages sagte P'lando, der Zwerghirsch, zum

Tiger: »Vetter, warum erlaubst du mir nicht, dir täglich einen Braten zu bringen, dann brauchtest du ja gar nicht auf die Jagd zu gehen?« Dem Tiger gefiel der Vorschlag, und so begab sich der Zwerghirsch zu den Tieren, um mit ihnen zu beratschlagen. Doch gelang es ihm nicht, eines von ihnen zu überreden, mitzukommen; nach drei Tagen zog er wieder ab, und in seiner Begleitung befand sich nur Kuwis, ein kleines Flugeichhörnchen. Als sie beim Tiger waren, sagte P'lando: »Ich konnte dir kein anderes Tier mitbringen, denn der Weg wird von einem alten, dicken, fetten Tiger versperrt, auf dessen Kopf ein kleines Flugeichhörnchen sitzt.« Als der Tiger das hörte, rief er: »Auf! Den wollen wir suchen und forttreiben.« Die drei machten sich auf die Beine; das Flugeichhörnchen setzte sich auf den Kopf des Tigers, und der Zwerghirsch stieg ihm auf den Rücken. Als sie an einen Fluß kamen, zeigte der Zwerghirsch dem Tiger sein Ebenbild im Wasser und rief: »Schau hin! Da ist der alte, dicke, fette Tiger, von dem ich dir erzählte.« Als der Tiger das hörte, sprang er ins Wasser, um sein eigenes Spiegelbild anzugreifen, und ertrank auf der Stelle.

Der Zwerghirsch, der Tiger und die Wespen

Eine Weile später begegnete der Zwerghirsch dem Tiger. Der redete sehr freundlich zu ihm: »Zwerghirsch, wohin willst du?« – »Ich suche mir etwas zu futtern, sonst nichts.« – »Dann gehe ich mit dir.« Der Zwerghirsch erwiderte: »Liebster, ich will vorauslaufen; komm du nur hinterher; ich werde mich an die Seite des Wegs setzten und auf dich warten.«

Darauf suchte der Zwerghirsch ein Wespennest. Und an der Seite des Weges fand er denn auch eins, in dem viele Wespen saßen. Die Wespen hatten es nach ihrer Gewohnheit zu Füßen eines hohen Baums gebaut. Der Zwerghirsch setzte sich dabei hin.

Kaum saß er, da kam auch schon der Tiger gerannt, außer Atem. »Zwerghirsch, wie bin ich bloß zurückgeblieben, ich habe dich überall gesucht.«

»Ja, Tiger, und ich habe hier schon so lange gesessen und immer auf dich gewartet.«

Der Tiger antwortete: »Ich habe dich überall gesucht, aber ich konnte dich nirgendwo finden.«

»Oh«, erwiderte der Zwerghirsch, »wie klingt das schön!«

»Was meinst du?«

»Nun, diese Orgel, hör mal diese schöne Weise.«

»Ich höre nichts.«

»Nun, du mußt ganz nahe herankommen.«

Als der Tiger ganz nahe war, hörte er von der Stelle her, wo der Zwerghirsch saß, ein liebliches Gesumm. Unwillkürlich rief er: »Zwerghirsch, was für schöne Töne! Wie aus einer Flöte.«

»Ja«, antwortete der Zwerghirsch, »ich sitze auf der Orgel meines Herrn und muß auf sie aufpassen.«

»Darf ich einmal darauf spielen?«

»Oh, was soll daraus werden?«

»Ach, nur einen Augenblick, bitte!«

»Einverstanden, ich will aber schnell gehen und es meinem Herrn sagen. Vergiß nicht, wenn du die Orgel gut hören willst, gehörig hineinzublasen!«

»Vorzüglich«, erwiderte der Tiger. – Eilends entfernte sich der Zwerghirsch. Darauf begann der Tiger zu blasen. Kaum begonnen, schwirrten die Wespen wütend heraus und fielen über den Tiger her, den sie unbarmherzig stachen, so daß er in kürzester Zeit ganz unglückselig aussah.

»Oh«, rief er heulend, »wenn ich dich zu packen kriege! Kein Wort rede ich mehr mit dir, sondern fresse dich gleich auf.«

Vom Zwerghirsch war nichts mehr zu hören und zu sehen. Er hatte sich sorgfältig versteckt und lachte sich eins über das Unglück des Tigers.

Der Zwerghirsch, der Tiger und der Brunnen

Der Zwerghirsch war weitergelaufen, bis er an einen Brunnen kam, der gerade trocken war. Er sprang hinein und tat so, als ob er schliefe.

Es dauerte auch nicht lange, da kam der Tiger. Er fragte: »Zwerghirsch, was machst du dort unten? Bist du nicht bange, dort umzukommen?«

»Wie magst du nur so etwas fragen! Weißt du denn nicht, daß morgen das Jüngste Gericht abgehalten wird? Alles wird dabei von unterst zu oberst gekehrt. Wenn du heute in der Grube sitzest, kommst du morgen nach oben, und die oben sind, die kommen unter die Welt zu liegen.«

»Ist das wahr?«

»Ja, gewiß ist es wahr, und wenn du es nicht glauben willst, dann kannst du es morgen früh um acht selber sehen, wenn das Jüngste Gericht beginnt.«

Der Tiger glaubte es und ließ sich nach unten gleiten. Unten fragte er den Zwerghirsch, ob es ihm auch angenehm wäre, wenn er unten bliebe.

»Ja, mir ist's einerlei, wir haben hier genug Platz.«

Einen Augenblick später stieg der Zwerghirsch auf den Rücken des Tigers. Der begriff nicht, was der Zwerghirsch im Sinne hatte und ließ ihn gewähren. Mit einem Satz war der Zwerghirsch oben und aus dem Brunnen heraus. Da begann der Tiger zu rasen.

»Ja«, rief der Zwerghirsch hinunter, »solch großer Kerl wie du kann mich nicht überlisten, aber ein kleiner Wicht wie ich, der kann es« Sprach's und verschwand.

Der Tiger machte vergebliche Anstrengungen, um herauszukommen, es gelang ihm nicht, und so mußte er elendiglich umkommen.

Auf allen Inseln verbreitet.

Von den Arabern

I.

Gelb-rötlich glast die Wüste. Soweit das Auge reicht: Sand, Sand, hohe und niedere Dünenzüge, vom Wind zu Wellen geformt, darüber ein tiefblauer, wolkenloser Himmel. Die Sonne sengt fast senkrecht herunter, vom Sand glutets herauf, erbarmungslos. Ein melancholisches Bimmeln; eine Karawane taucht hinter einer Düne auf. Kamele, schwankende Lasten, weiße, vermummte Gestalten gehen schweigend nebenher. Der Führer weiß den Weg. Düne ab, Düne auf. Schnell verrieselt die Spur im Sand. Die Mittagsrast ist vorbei. Die Sonne sinkt. Die Hoffnung auf die kühle Nacht gibt Kraft, noch so weit wie möglich vorzudringen. Golden färbt sich die Sonne. Zarte violette Schatten lassen die Dünenwälle plastischer hervortreten. Schon ist die glühende Sonnenscheibe nahe dem Horizont. Gespenstisch lange Schatten wirft die Karawane. Von einer höheren Düne aus sieht man, wie endlos die Wüste sich dehnt. Ein Farbenmeer der Dämmerung flutet am Himmel. Rasch sinkt die rote Sonne unter den Horizont, und vom Osten blaut kühlend die Nacht. Neues Leben durchströmt Mensch und Tier. Nun wird das Marschieren erträglich, die bleierne Müdigkeit ist gewichen, schneller kommt man vorwärts. Schon flimmern Sterne. Ein kurzer Ruf ertönt. Ein Wadi, ein ausgetrocknetes Flußbett ist erreicht. Einige dürftige scharfkantige Gräser, dornige Mimosensträucher. Aus einer Steingrotte klingt es silberhell: Wasser tröpfelt. Die Karawane hält und sammelt sich. Umständlich feierlich lassen sich die Kamele nieder, die Lasten werden gelöst, die Tiere freigelassen. Zelte werden errichtet, ein Lagerfeuer entzündet. Die Männer, sehnige Gestalten mit markanten Zügen und blitzenden Augen setzen sich würdevoll und erquicken sich mit Trank und Speise. Sie werden gesprächig. Scherze, Gelächter tönt in die Nacht. Das Feuer ist niedergebrannt, die züngelnde Glut wirft tanzende Schatten. Es wird empfindlich kühl. Die Sterne glitzern und funkeln wie kleine Sonnen. Die Männer kriechen in die Zelte und legen sich zur Ruhe, denn früh soll wieder aufgebrochen werden, um in der Morgenfrische möglichst weit zu kommen. Fest eingemummt in die wollenen Tücher, die gleichermaßen gegen Sonnenglut und Nachtfrost der Wüste schützen, schlafen sie ein. Das Glockengebimmel der äsenden Kamele geleitet sie in das farbige Traumreich hinüber. Allmählich werden auch die Tiere still. In erhabener Ruhe lagert die Nacht über der Wüste, steigen und sinken die Sterne am Firmament.

Kaum graut der neue Tag, so wirds lebendig im Lager. Kurz und erquickend war der Schlaf. Geschäftig wird gepackt. Aber ehe die Karawane aufbricht, entrollen die Araber ihre Gebetsteppiche und neigen sich betend bis auf den Boden und erflehen Allahs Schutz. Die vorgeschriebenen Waschungen können sie auf der Wüstenreise nicht vollziehen – mit Sand deuten sie sie symbolisch an –, aber zu den Stunden des Tages, die das Gesetz angibt, wenden sie sich, wie ihre Brüder in den Städten und auf den Feldern, gläubig nach Mekka.

Die Karawane ist aufgebrochen. Aber merkwürdig, nach kurzem Marsch muß angehalten werden, die Last eines Kamels sitzt nicht richtig. Fluchend wird neu geladen. Bald darauf wieder ein Halt. Ein Strick ist gerissen. Obwohl es Morgen ist, ist der Marsch beschwerlich, die Tiere sind unruhig, das Atmen für Mensch und Tier beklemmend. Eigenartig grau ist's in der Ferne. Der Araber kennt und fürchtet diese Zeichen, durch die sich Stunden voraus ein Sandsturm ankündigt. Gebe Allah, daß er rasch vorbeiziehe. – Mühsamer wirds mit jedem Schritt, heiß und heißer. Die Tiere straucheln, die Männer fühlen sich benommen und schwindlig. Rasch naht der Sturm. Aufgepeitschte Sandwolken ziehen voraus und trüben das Licht. Es hilft nichts. Schnell wird abgeladen, Kisten und Ballen zusammengerückt als Schutzwall gegen den heranwehenden Sand, das Zelttuch dazwischen ausgespannt und gut beschwert. Die Männer schlüpfen darunter. Sie haben ihr Haupt ganz mit einem Tuch umhüllt. Die Kamele, sich selbst überlassen, lagern sich in Richtung des Windes, strecken die Hälse und blinzeln mit den Augen. Und schon fegts heran. In Wellen wirbelt der Sand auf. Es wird unerträglich heiß und drückend. Ein kurzes Nachlassen des Windes, dann setzt er mit neuer Kraft ein. Die Luft ist voller Sand, die Sonne ohne Glanz. Heulend wirbelt es daher. Es kann vorkommen, daß Kisten knallend aufspringen von der dörrenden Glut. Der Sand häuft sich am Gepäck, dringt ins Zelt, dringt durch die Tücher. Die Männer spüren ihn im Mund, in der Nase, in den Augen. Die brennen und tränen. Es ist zum Ersticken. Zum Glück rast der Gluthauch der Hölle rasch vorüber; er kann, wie jetzt Stunden, drei, vier Tage lang wüten; aber dann ists um die Karawane geschehen.

Allmählich läßt der Wind nach; entkräftet bläst er nur noch in einzelnen Stößen und bald liegt wieder erhabene Ruhe über der Wüste.

Die Männer kriechen aus ihrem Schutz hervor, schütteln sich, so gut es geht, den Staub aus den Gewändern, spucken und pusten; aber lange noch knirscht es unter den Zähnen, brennt es in den Augen. Eitrige Augenentzündungen ist das Leiden vieler Araber. Die Kamele werden frisch bepackt. Kisten und Ballen müssen zum Teil aus dem Sand ausgegraben werden. Nun gehts weiter, viel leichter als am Morgen. Nur etwas länger als die Mittagsrast war die Karawane aufgehalten worden. Allah sei dafür gedankt. Gegen Abend werden sie die Oase erreichen. Nach der Qual des Durstes, der Entbehrung und Härte der Wüstenreise lohnt die Kühle der Kürbisfrucht, das frische Wasser aus dem tiefen Brunnen, ein weiches Lager, dienende Fürsorge der wartenden Frauen die überstandene Mühsal.

Im Vorgefühl dieses Zieles träumend, kürzt sich der Weg. In der Ferne taucht die Oase auf, Palmen, weißschimmernde Häuser. Aus dem dunkeln Tor springen, herbeigerufen durch das Bimmeln der Glöcklein, die Kinder den heimkehrenden Vätern jubelnd entgegen. Ein Herzen und Küssen. Alle Mühsal ist vergessen.

II.

Arabien – der Klang dieses Namens erweckte durch Jahrhunderte im Abendland Bilder von feinstem Gold, duftendem Weihrauch, herber Myrrhe, von Honig und gelbem Wachs, von Gewürzen, Samt und Seide, von schwarzen feurigen Rossen, glühender Leidenschaft des Hasses und der Liebe, vom Wohlklang farbenreicher Märchen – ein Land voll köstlichen Duftes und unermeßlichen Reichtums.

Und wirklich, durch das ganze Mittelalter bis in die Zeit der Entdeckungen neuer Seewege gelangten alle seltenen Kostbarkeiten durch die Araber nach Europa. Darum verband sich mit diesem Land die Vorstellung von Reichtum und unerschöpflicher Fruchtbarkeit.

Arabien ist eine Wüste: Sand, Steine, kahle schroffe Kalkgebirge, Steppen. Glühende Hitze (über 40 Grad) wechselt mit empfindlicher Nachtkälte, in der sich Reif bildet und das Wasser gefriert. Nur am

schmalen Saum dieses hohen, an drei Seiten vom Meer umspülten Schollenlandes, dort wo Sommerregen fallen (an der Südwestküste), wo der Winter spärlich Regen bringt (an der Nord-Ostküste), oder wo Brunnen quellen, erblüht das Land zu erstaunlicher Fruchtbarkeit. Da sind Weiden und Äcker, da wachsen Bäume und Sträucher. Sei es im Innern, sei es am stufenartig gegen das Meer abfallenden Küstensaum – überall wo Pflanzen gedeihen, sind es kleinere oder größere Oasen, hart, ohne Übergang von der Wüste umringt.

Und so wie das Land sind seine Menschen: prägnant, mit scharfen Zügen, sehnig, braungebrannt, mit schwarzglühenden Augen und wildkrausem Haar; hart, ausdauernd und schweigsam; kalt, berechnend und zur glühendsten Leidenschaft fähig, jähwechselnd und unerschütterlich treu, mit zartem Empfinden begabt, das sich in bilderreiche Sprache kleidet, die geborenen Erzähler. Die Menschen – Ackerbauern, Hirten und Händler kämpfen einen zähen Kampf gegen die Natur, um ihr Leben auf dieser Erde zu fristen. Sie ringen ihr mehr ab, als sie freiwillig gibt. So besonders die Bauern, die Fellahs. Dort, wo sie Brunnen graben und künstliche Bewässerungsanlagen errichten, wo das kostbare Naß den Boden berieselt – welche Fülle sprießt aus dem Sand hervor! Es ist, als würde die Natur alle bildende Kraft zusammennehmen und verdichten im Harz des Weihrauchstrauches, im Saft des Balsambaumes, im leuchtenden Gelb der Cassiablüten und des Ginsters, in der verborgenen Farbkraft des Indigo und Saffrans oder in der Süße der Datteln. Duftreich bis ins Holz und voller Harz sind fast alle Pflanzen in diesem Sonnenland, seien es Wolfsmilchgewächse, Wacholderbäume, Akazien, oder der Kaffeestrauch. Unermüdlich wässern, hacken und lockern die Fellahs die Erde und erreichen zwei- und dreifache Ernte. Auf den kleinen, wohlumfriedeten Äckerchen säen sie Getreide, Negerhirse (Durra), Reis und Bohnen; sie pflanzen Zuckerrohr, Baumwolle, Indigo und Tabak, Melonen und Kürbisse. Und jede dieser gartenartigen Pflanzungen ist leicht überschattet von Dattel- und Kokospalmen, deren Wedel immer leise rascheln und selbst in der stehenden Hitze an Kühle erinnern. Die Dattelpalme sichert das Leben der Menschen in Arabien. Datteln sind die Hauptnahrung des Bauern wie des Händlers auf der

Wüstenreise. Dazu kommen Hirse, Reis, Milch, saftige Früchte und Schaffleisch. Berauschende Getränke verbieten ihnen Instinkt und Gesetz. Ein Trunk kühlen Wassers ist dort noch ein köstliches Labsal. In Arabien ist die Luft trocken und die Sonne strahlt blendend. Die Menschen hüllen sich zum Schutz in lange, baumwollene, hemdartige Gewänder und Rundmäntel (Burnus). Sie umwickeln auch das Haupt mit Woll- oder Seidentüchern, mit deren lang herabhängenden Enden sie beim Gehen lässig-elegant spielen. Wenn der Wüstenwind weht und die Luft voller Sand und Staub wirbelt, mummen sie sich so ein, daß nur die Augen frei bleiben. Die meisten Frauen gehen auch heute noch, vor allem auf dem Lande, mit einem Gesichtsschleier verhüllt über die Straße; aber wie blitzen ihre Blicke heimlich darunter hervor!

Auch die Häuser schließen nach außen ab, spenden vor allem Schatten und Kühlung. In den Siedlungen der Oasen, den Dörfern und selbst in den Städten drängen sich fast kubische Lehmhäuser um die Moschee, viele weißgetüncht, mit Fenstern wie Schießscharten und einem Innenhof, der vielfach mit einem Gewölbe überdeckt ist.

Wie dem Schiffer auf dem Meer der Leuchtturm den Weg zum sichern Hafen weist, so ragt neben der Moschee das Minarett (das heißt: der Leuchtturm oder Ort des Lichtes) über Dorf und Stadt und Landschaft heraus, weiß getüncht und weithin sichtbar den Gläubigen.

Hoch oben auf einem Balkon des schlanken Turmes wandelt der Muezzin, der Gebetsänger. Fünfmal des Tages zieht er singend herum, ruft in die vier Weltgegenden die Gebetsstunden des Tages und der Nacht aus, die der Koran vorschreibt, und fordert die Gläubigen zum Beten auf. Sie vollziehen die vorgeschriebenen Waschungen, entrollen ihre Gebetsteppiche, knien in der Richtung nach Mekka nieder und sprechen rhythmisch sich verneigend das Gebet. Das führen die gläubigen Araber auch treu durch, wenn sie fern menschlicher Siedlungen sind.

Streng und ernst ist der Glaube an den alleinigen Gott: Allah. – Das Lesen des Korans, die Waschungen und Gebete, die Einhaltung der Fasten und des Tages der Verehrung Allahs, dem Freitag, an dem jeder Gläubige die Moschee besucht, das Spenden von Almosen an Arme und

Bedürftige und die Wallfahrt nach Mekka gehören zu den Hauptübungen des Muslim, durch die er sich die Hoffnung auf den Eintritt in den Paradiesesgarten am Jüngsten Tag erwirbt. Wehe aber den Ungläubigen – sie werden heulen und jammern im Feuer der Hölle.

Für den Muslim ist es eine Tatsache, daß sein Leben und Geschick wie der Lauf der Welt bis in seine Einzelheiten durch den göttlichen Ratschluß vorbestimmt sind. Darum nimmt er Glück und Schicksalsschläge gelassen hin. Was ihn auch treffen mag – es ist Fatum, unabänderliches Geschick, vorherbestimmt. Ihm gegenüber ziemt nur Ergebung in den göttlichen Willen.

Das Leben der Frauen verläuft in strenger Abgeschlossenheit. Nur in den wenigen Städten, wo sich der moderne Einfluß langsam Geltung verschafft, wird die Frau freier. Sie ist vor allem ans Haus gebunden, sie ist Dienerin ihres Herrn. Wenn es der Mann wirtschaftlich vermag, erlaubt ihm das Gesetz, eine zweite Frau zu nehmen. Zeigt sie sich auf der Straße, um etwa in der Pflanzung zu arbeiten, so hat sie es anscheinend immer eilig, wieder ins schützende Heim zu kommen. Nur der niedergeschlagene Blick ziemt ihr in der Öffentlichkeit, selbst wenn sie verhüllt geht. Während die Männer abends laut redend auf den Plätzen sich zusammenfinden oder auch am Tage, wenn ein besonderes Ereignis sie herbeilockt, stehen die Frauen und Mädchen mit Nachbarinnen schwatzend vor der Türe eines Hauses zusammen und nehmen von weitem unauffällig Anteil am Geschehen. Aber ihrer Aufmerksamkeit und Verstandesschärfe entgeht nichts. – Selbst in der Moschee herrscht eine auffallende Bevorzugung des Mannes. In Arabien wird sie allein von den Männern besucht. Die Frauen beten zu Hause oder bei einem Heiligtum irgendwo auf dem Land. Der Mann ist der Herr, herrscht über die Familie und genießt alle Vorrechte. Die Geburt eines Sohnes wird mit Jubel gefeiert, während die eines Mädchens still hingenommen wird. Im Hause aber waltet die Frau wohl als erste der Dienerinnen, sie ist aber zugleich ungekrönte Königin und versteht, ihr Regiment im stillen und unscheinbar auszuüben.

Der größte Teil der Araber lebt als Nomaden, zieht wie zu Zeiten Abrahams mit Rindern, Schafen und Ziegen, Kamelen und Eseln geruhsam von Weideplatz zu Weideplatz, von Brunnen zu Brunnen. Am Fuße des Gebirges, wo Quellen und Flüßchen entspringen, die nach kurzem Lauf im Sand versiegen, wird die Herde abendlich zur Tränke versammelt, oder die Tiere scharen sich muhend, meckernd und blökend um die Ziehbrunnen und warten, bis sie getränkt werden. – Diese Wüstennomaden (Beduinen) leben in Filzzelten oder unter Hütten von Palmblättern. Andere hausen mit ihren Familien in der Nähe eines Dorfes, wo gute Weide und ständiges Wasser gesichert sind. Da betreiben sie die Zucht der feurigen, schwarzglänzenden Araberpferde oder ziehen Kamele auf und verkaufen oder vermieten sie an reisende Händler. Wieder andere streifen einsam mit ihren Schafen auf den kargen Steppen umher oder treiben frühmorgens die Schaf- oder Ziegenherden aus und kehren mit Sonnenuntergang in die Dörfer und Städtchen zurück.

Es ist ein Leben, das im Träumen und Sinnen verläuft, wenn die Herden geruhsam weiden, im alltäglichen Gleichmaß der Wartung, Hut und Tränke, das aber auch zu Wachheit aufruft und mutigem Kampf. Denn mannigfach sind die Gefahren, die des Nachts den Herden lauern, wenn sie sich, im Kreise langsam drehend, zusammenscharen: Löwen bedrohen sie und Schakale schleichen heran und überfallen Jungtiere. Wohl auch streifen räuberische Horden umher, machen blitzschnelle Überfälle und rauben Vieh. Sie wissen die Tiere mit List zu locken und heimlich zu entführen. Darum die ständige Wacht der Hirten und ihre stete Bereitschaft zur Abwehr.

Früher auch bekämpften sich die einzelnen Stämme, wenn Zwist ausgebrochen war über die Benutzung der Brunnen oder wenn das Vieh sich vermischt hatte. Da flammte jäh der Zorn auf, und mit rascher Tat ging es Auge um Auge, Zahn um Zahn, unerbittlich; der Erschlagene forderte Blutrache an der Sippe des Mörders, und so schleppte es sich fort durch viele Geschlechter, schreckliche Last und Pflicht zugleich.

Diesen Beduinen, den stolzen Söhnen der Wüste, lebt ebenso im Blut der Drang nach Freiheit, der weder häusliche Gebundenheit noch das Joch eines fremden Herrschers erträgt. Dem Stammesfürsten (Scheikh) jedoch werden Geschenke dargeboten.

Kommt ein Gast, so ehrt er das Haus und wird auch in der bescheidensten Hütte mit Würde empfangen. Wasser wird ihm gereicht zur Waschung der Hände und Füße und ein Trunk und etwas Speise zum Willkomm. Man teilt mit ihm, was man hat, bereitet ihm ein Lager und ehrt ihn, wenn er scheidet, durch ein Geschenk, und wär es noch so bescheiden, eine Blume des Landes, Honig, Früchte oder Korn. Das Band der Gastfreundschaft, einmal geknüpft, ist stark und wird heilig gehalten; es schließt im Kriege den Kampf zweier Gastfreunde aus, und selbst die Blutrache weicht vor ihm. Liegt Kampf und Krieg diesen Hirtenstämmen im Blut, so auch das Lied und Saitenspiel. Der Araber liebt schon im täglichen Leben die farbenreiche, breite Erzählung. Seine Sprache ist voller Bilder, nicht nur, wenn er die Schönheit, Scheu und Sanftmut seiner Geliebten mit der Schlankheit der Gazelle und ihren dunkelglänzenden Augen vergleicht, sondern auch wenn er im alltäglichen Leben einen Wind den Gluthauch der Wüste oder eine Gegend (Nedschd) die Mutter der Kamele nennt. Er liebt es, die Dinge bildhaft zu umschreiben. Dattelpalme und Kamel, die er Allah verdankt, bezeichnet er gerne als »die milchgebende Palme der Tiere« und »das Dattelfrucht spendende Kamel«. Poesie ist eine Naturgabe dieses Volkes. Es stammen – wie Kenner zu berichten wissen – die kräftigsten, farbenreichsten Dichtungen, echt empfunden und voll natürlicher Schönheit, aus dem Volk, von unbekannten Sängern oder Sängerinnen. Unerschöpflich ist der Born der Geschichten und Erzählungen, der Gleichnisse und Sinnsprüche, die sie anspruchslos und fesselnd zu erzählen wissen. Sie leben bei einem Volk, das wenig des Schreibens kundig ist, aber bis in Einzelheiten deutlich zu erinnern vermag, von Mund zu Mund lebendig fort und bilden wie eine Pflanze immer neue Ranken und Blüten.

Die Händler (Hadari) leben vorwiegend in den Städten und Oasensiedlungen. Die einen machen kürzere Reisen, die andern durchwandern noch heutzutage mit den Karawanen die Wüste, oft nachts, und sind monatelang von zu Hause weg, tauschen ihre Waren und kehren hochbeladen wieder zurück. Begutachtung der Ware, Festlegung des Preises, Kauf und Tausch gehen wortreich vor sich, sonst ist der Handel nicht interessant. Man hat Zeit und lebt in der Zeit, denn »alle Eile ist vom Satan«, sagt das Sprichwort. Der Araber lächelt über die plumpe Zielstrebigkeit des Abendländers beim Kauf und Verkauf. Handeln ist für ihn ein Stück Leben. Man erkundigt sich über das Befinden, teilt sich Neuigkeiten mit und flicht gelegentlich eine Bemerkung ein über mitgebrachte Waren, man trinkt ein Schälchen Mokka oder Tee und kommt so allmählich auf den Handel zu sprechen und den Preis. Natürlich findet ihn der Käufer viel zu hoch. Verschmitzt lächelt der Händler; er will lieber gar nichts verkaufen als zu billig. Ein Hin und Her, bis der Verkäufer jammernd gesteht, daß er nun mit Frau und Kind betteln gehen müsse, oder – nicht minder wirksam – er legt die Ware dem Käufer auf den Schoß und will sie lieber schenken, als zu unwürdigem Preis verkaufen. Schließlich einigt man sich genau auf den Wert der Ware und ist beiderseits zufrieden. Schlau und durchtrieben sind sie alle beide, der Käufer und Verkäufer. Der Händler wird seine Ware nicht besser machen als sie ist, darauf kann sich der Kenner verlassen. Wenn aber einer ein Dummkopf ist oder gar eingebildet und nichts versteht, dann – bei Allah und seinem Propheten – wird er über die Löffel balbiert.

Umständlich und unter Anteilnahme der ganzen Bevölkerung wird der Aufbruch der Karawane für die Wüstenreise vorbereitet; wortreich ist der Abschied. Auf ein singendes Rufen setzt sich der Zug in Bewegung und die Kamele steuern, Schiffen gleich, die das Meer durchpflügen, in einem unentwegten Gleichmaß durch die Wüste. Der Araber bestimmt nach ihrem Schritt Zeit und Weglängen.

Der Araber ist gut zu seinem Kamel, das ihm das Leben in seiner Heimat ermöglicht. Er betrachtet dieses genügsame Tier, das von Dornen und Disteln lebt, wie zur Familie gehörig. Wird auf der Wanderung ein Junges geworfen, so trägt er es eine zeitlang auf den Armen und läßt es dann erst neben der Mutter herlaufen. Während der Wüstenfahrt spricht und plaudert er mit ihm, auf der Rast bläst er ihm Rauch in die Nase. Wenn einer in Arabien vom andern sagt, er sei ein Kamel, so spricht er damit höchstes Lob aus. Die Tiere lassen sich mit singenden Worten lenken und gehorchen dem Reiter ohne Zügel beim feinsten Druck. Sind sie störrisch, was hie und da selbst bei diesen geduldigen Wesen vorkommt, dann allerdings flucht der Araber heftig, schilt sie Hundesöhne und »Ungläubige«, denen das Paradies verwehrt ist, aber er wird sie nie schlagen. Er weiß, daß er sich ganz auf das Tier verlassen kann, wenn die Karawane irre gegangen ist und sein eigener Verstand am Ende ist. Dann entledigt er sie der Kisten und Ballen, läßt ihnen freien Lauf, und mit erhobenen Nüstern streben sie auf dem kürzesten Weg dem Wasser zu.

Im Mittelalter waren die Araber das mutigste und unternehmendste Seehandelsvolk, Arabien der wichtigste Umschlagplatz zwischen Morgen- und Abendland. Auf ihren Schiffen fuhren sie bis nach Indien und China, brachten von dort Perlen, Edelsteine und Gold, Seide, Tee, Reis (Tee und Reis waren zuerst Heilmittel), Gewürze und eingedickten Zuckerrohrsaft, edle Hölzer, den Kompaß, das Papier, Schießpulver und Porzellan mit. Aus Afrika kamen Elfenbein und Straußenfedern nach Arabien. Aus ihrem eigenen Land brachten sie Weihrauch, Wachs und Harz, Gummi arabicum und später Kaffee und die Erzeugnisse des Handwerksfleißes (Waffen, Lederwaren, Glas, Brokatwebereien usw.) in den Handel. Von Arabien gelangten alle diese Waren durch Karawanen an das Gestade des Mittelmeeres, in den sogenannten Levantehandel. – Der sagenhafte Reichtum Arabiens war weniger dem Land zu danken als dem kühnen Unternehmergeist seiner Bewohner.

Rasch sank der arabische Handel auf den Binnenhandel zurück – der sich allerdings bis ins Innerste Afrikas erstreckte –, als die Portugiesen den direkten Seeweg zu den Reichtümern Asiens entdeckt und für die nun aufstrebenden Seefahrernationen (vor allem England und Holland) erschlossen hatten.

III.

Ehe Abdul Kâsim, der Sohn Abdalahs, genannt Mohammed, das ist der Preisenswerte, auserwählt und erleuchtet durch die Gnade Allahs seinem Volk den wahren Glauben offenbarte, lebten die Araber in Stammeszwiste zersplittert, den anderen Völkern fast unbekannt.

Dann aber, erweckt durch den großen Propheten, scharte sich alles Volk zusammen und ergriff in Glaubensglut und mit Feuereifer die Aufgabe, zu der es durch Allah sich aufgerufen fand, und geführt durch seine Feldherrn, verhalf es dem Islam, dem wahren Glauben, zu sieghafter Verbreitung.

Abdul Kâsim, der nachmalige Prophet Gottes, wurde um 570 nach Christus in Mekka geboren als Kind armer, adliger Eltern. Früh verlor er Vater und Mutter und wuchs bei seinem Oheim auf. In seinen Knaben- und Jünglingsjahren hütete Mohammed die Schafe. Wenn die Herde geruhsam weidete, lag er im Schatten einer Sykomore und schaute staunend über das Land. Und wenn die Sonne untergegangen war und die Sterne aufstiegen und am Firmament funkelten, da ward seine Seele ergriffen von der erhabenen Schönheit und angeregt, über die Welt und ihre Erschaffung und über das Göttliche nachzusinnen.

Als junger Mann vermählte er sich mit einer reichen Kaufmannswitwe, in deren Dienste er Karawanenreisen unternommen hatte. Wenn er nun auch aller äußeren Not enthoben war, so blieben doch die Fragen nach Gott und Welt in seiner Seele lebendig. Der Glaube seiner Väter vermochte ihm nicht erschöpfend Antwort zu geben. Tief auch litt er unter der Zerrissenheit seines Volkes. Auf seinen Handelsreisen kam er in fremde Länder, nach Jerusalem, nach Syrien, und wo er hinkam, suchte er Antwort auf seine Fragen. So lernte er in Jerusalem die Religion der Juden kennen, und von einem alten Mönch erfuhr er von Christus und seinem Erdenwandel.

Nach dem 40. Lebensjahr zog sich Mohammed eine Zeitlang in die Einsamkeit der Wüste zurück. In einer Höhle war es, daß er Stimmen vernahm. Dann erschien ihm auf einem Berg der Engel des Herrn und offenbarte sich ihm zum erstenmal. Er glaubte von einem Dämon besessen zu ein und floh voll Entsetzen.

Als ihn, nach Hause zurückgekehrt, wieder einmal das fallende Weh befiel, eine Krankheit, an der er seit seiner Jugend litt, als er wie ein Wurm im Staube lag, da schaute er in feurigem Glanze wiederum den Engel, der ihn bei Namen rief. Von Furcht ergriffen erzählte er das Erlebnis seiner Frau und bat sie, das nächste Mal ihn mit dem Mantel zu bedecken, damit der Engel ihn nicht sehe. Und ein zweites Mal erschien ihm der Engel und sprach: »O du Verhüllter, stehe auf in der Nacht zum Gebet. Gedenke des Namens deines Herrn und weihe dich ganz Ihm. Keinen Gott gibt es neben Ihm, dem Herrn des Ostens und Westens. Darum nimm Ihn zum Beistand.«

Und ein andermal sprach der Engel: »O du Bedeckter, stehe auf und predige und erhebe deinen Herrn! Reinige deine Gewänder und halte dich fern vom Götzendienst.«

Und fort und fort empfing Mohammed Offenbarungen und ward aufgerufen, dem Gotte, der sich ihm geoffenbart hatte, zu dienen, und seinem Volk und aller Welt zu künden, was er vernommen hatte.

Zunächst fand Mohammed wenig Glauben im Volk. Außer seiner Frau und wenigen Freunden anerkannte ihn niemand als den auserwählten Propheten. Er mußte, verfolgt von den Altgläubigen, sogar aus seiner Heimatstadt Mekka flüchten. Das war im Jahr 622 *. Auf Umwegen gelangte er nach Medîna. Dort wußte er sich als unparteiischer Richter das Vertrauen der entzweiten Araber zu erwerben. Er konnte sie versöhnen und auch zum friedlichen Zusammenleben mit den zahlreichen Juden in Medîna bestimmen.

Allmählich bildete er seine Lehre immer deutlicher aus. Einerseits sonderte er mehr und mehr die jüdischen und christlichen Züge aus, die er am Anfang in seine Glaubenslehre aufgenommen hatte; so änderte er zum Beispiel die vorgeschriebene Richtung im Gebet, die ursprünglich nach Jerusalem gewendet war, um nach Mekka. Andererseits nahm er alte arabische Religionsüberlieferungen auf und verschmolz sie mit seinen Offenbarungen. Die Ka-aba, den seltsamen schwarzen Meteorstein in Mekka, erklärte er zum zentralen Heiligtum des Islams. Dieser Stein galt als Überrest des ersten, von Abraham und seinem Sohn Ismael – dem Stammvater der Araber – gestifteten Tempels. In dem Maße, wie er Altes mit der neuen Offenbarung verschmolz, fand er unter den Araberstämmen Anerkennung und Gefolgschaft.

Lange Jahre und mit wechselndem Glück dauerte der Kampf um

* Mit dieser Flucht, der Hedschra, beginnt die mohammedanische Zeitzählung.

Mekka. Einmal suchte ein naher Verwandter, Omar, Führer der mächtigsten Gegenpartei in Mekka, den Propheten umzubringen. Mit gezücktem Dolch drang er ins Haus Mohammeds. Als er vor dem Propheten stand, ging eine solche Ruhe, Würde und Macht von diesem aus, daß ihm der Dolch entfiel. Bestürzt sank Omar auf die Knie und rief: »Allah ist groß und Mohammed ist sein Prophet.« Er war im Anblick Mohammeds bekehrt worden und trat fortan mit der Feuerkraft seiner Seele für ihn und den Islam ein. Hierdurch wandte sich alles. Mohammed fand Anerkennung in Mekka und konnte, versöhnt mit dem Glauben der Väter, in seine Geburtsstadt einziehen (630). Selbst Beduinen der Wüste kamen und huldigten ihm als Propheten. So erlebte er noch, daß alle arabischen Stämme sich um den Islam einigten, den er gelehrt. Mohammed starb im Jahre 632.

Was Mohammed dem Volke offenbart hatte, die Gebote, die er ihm gegeben hatte, und die Gesetze wurden nach seinem Tode unter dem Kalifen Othman (um 650) sorgsam gesammelt und aufgeschrieben im Koran, dem heiligen Lesebuch der Araber.

Abu Bekr, der erste Kalif, und nach ihm Omar machten aber wahr, was Allah geboten hatte: den wahren Glauben mit Feuer und Schwert zu verbreiten. War dem, der für den Glauben starb, doch verheißen, im Paradies die Erfüllung aller seiner Wünsche zu erlangen. Und tiefüberzeugt, daß die Stunde des Todes eines jeden vorbestimmt sei, daß er inmitten des Kampfgewühls nicht falle, wenn Allah es nicht bestimmt, kämpften die Araber mit beispiellosem Mut. Im Kalifat Omars (634 bis 644) gewannen sie Mesopotamien für den neuen Glauben und errichteten später dort ein mächtiges Reich mit Bagdad als Hauptstadt. Persien, Ägypten, Palästina und Syrien fielen in diesen Jahren ebenfalls in die Hände der Mohammedaner. Anfangs des folgenden Jahrhunderts drangen sie siegreich ins Innere Asiens vor und eroberten auch die Nordküste Afrikas. Bereits 711 setzte Djebel el Tarik nach Europa über (Gibraltar ist nach ihm benannt). Dann aber machte Karl Martell ihrem Vordringen ein Ende durch die Schlachten bei Tours und Poitiers, mitten in Frankreich und rettete damit das christliche Abendland (732).

Die Araber (Mauren) ließen sich in Spanien nieder und gründeten dort ein Kalifat mit einer Universität, deren Glanz jahrhundertelang weithin leuchtete. Später, im Jahre 1340, eroberten die Mohammedaner (Türken) ganz Kleinasien. Konstantinopel aber bot ihnen noch hundert Jahre Trutz. So lag das mohammedanisch-arabische Reich wie die Sichel des Mondes dem christlichen Abendland gegenüber.

Über die verschiedenen Völker, die den Arabern untertan waren, herrschte eine kleine Zahl vornehmer Familien, die Kalifen, mit ihren Ministern und Heerführern. In Bagdad regierten zur Blütezeit des arabischen Reiches lange die Abbassiden, in dem andern großen Kulturzentrum, in Damaskus, die Omajjaden. Ein Zweig dieses Hauses herrschte in Cordoba, in Südspanien. Sofern die Völker den Islam angenommen hatten, ließ man sie unbehindert in ihrer angestammten Lebensweise. Bei aller Vielgestaltigkeit des Reiches war es doch möglich, von Bagdad nach Cordoba zu reisen und sich überall in der Sprache des Korans zu verständigen.

Schon am Ende des ersten Jahrhunderts der raschen Eroberungen gaben die Araber – vornehmlich unter der Führung der Abbassiden – ihre sich selbst genügende, allem Fremden feindlich eingestellte Haltung auf. So fiel zum Beispiel anfänglich dem Fremdenhaß in Alexandria die damals größte Bibliothek zum Opfer. – Wo sie zur Herrschaft gelangten, eigneten sie sich nunmehr die besonderen Kulturgüter des betreffenden Volkes an und verbreiteten sie überall. Durch ihre Einfühlungsgabe, unverbildete Aufnahmefähigkeit und Treue wurden sie zu Bewahrern und Vermittlern der verschiedenen Kulturen.

In Bagdad entstand unter dem Kalifen Harun al Raschid, der zur Zeit Karls des Großen lebte, eine große Bibliothek, die das Wissen der ganzen damaligen Welt, übertragen in die arabische Sprache, enthielt.

Von den Juden, den Ägyptern und Griechen übernahmen sie medizinische Kenntnisse. Die Schriften des Aristoteles, Plato und anderer Philosophen, die des Arztes Galen und des Geographen Ptolemäus wurden übersetzt und mit gelehrten Erklärungen versehen. Die Philosophenschulen, die aus Griechenland vertrieben worden waren, fanden in Kleinasien Herberge und gelangten später unter arabischer Herrschaft in Gondischapur und Alexandrien zu neuer Blüte. Durch die

Ägypter und Griechen lernten die Araber die Geometrie kennen und in Babylonien wurden sie mit der alten Sternkunde bekannt.

Ein besonderes Interesse entfalteten sie für die Erdbeschreibung, die Geographie. Was sie an Erdkunde von den Griechen übernommen hatten, ergänzten sie durch eigene Erfahrungen. Von überall her sandten Reisende zur Zeit Harun al Raschids Beschreibungen von Sehenswürdigkeiten, Angaben über Weglängen und die Lebensweise der Völker nach Bagdad. Durch ihre Handelsreisen zu Land und Wasser erhielten sie Kunde vom Innern Afrikas wie von Indien und dem fernen China. Vornehmlich waren die Araber bemüht, durch Messung und Berechnung sich ein Bild zu machen von der Größe der Erde.

Ihr Interesse galt der Botanik, der Heilmittelkunde und Herstellung; aber auch der Chemie (Alchimie), der Kunst, die Stoffe in ihre Elemente zu scheiden und zu verwandeln. Auf dem Gebiete der Mathematik faßten die arabischen Gelehrten ebenfalls das gesamte Wissen der Inder und Griechen zusammen. Im Jahr 820 schrieb Mohammed ibn al Chovarezmi ein Lehrbuch »Über die Verbindung von dem Getrennten« (Al gebr w'al mukâbala; daher stammt unser Wort Algebra), worin er unter anderem die Kunst beschreibt, eine unbekannte Zahl mit Hilfe von Gleichungen zu bestimmen. Alle diese Wissenschaften wurden von den arabischen Gelehrten in Bagdad, Damaskus, Alexandrien, Cordoba usw. gelehrt. Die besondere Kraft und Begabung der Araber war, überall das Zerstreute zusammenzutragen, zu vergleichen, zu unterscheiden, zusammenzufassen und zu vereinheitlichen. Und in dieser Art, vom Einzelnen zur Erkenntnis des Allgemein-Gültigen zu gelangen unter Weglassen der vereinzelnden Merkmale, wurden die Araber die Lehrer des Abendlandes und Mitbegründer der modernen Naturwissenschaft.

Aber nicht allein auf dem Gebiete des Erkennens, sondern bis in Äußerlichkeiten des Lebens waren die Araber Bewahrer und Vermittler. So übernahmen sie zum Beispiel das Schachspiel von den Indern und ihre Art, die Ziffern zu schreiben. (Das sind die sogenannten »arabischen Zahlen«). Durch ihre Handelsbeziehungen mit China lernten sie das Schießpulver, den Kompaß, die Papierbereitung und das Zukkerrohr kennen, welche dann durch sie in Europa bekannt wurden. Sie führten den Anbau des Zuckerrohrs in den Sumpfgebieten Ägyptens und des Zweistromlandes ein. Als im Abendland Karl der Große die Speisen noch ausschließlich mit Honig süßte, die Ärmeren mit dem Saft des Ahorns, waren im Bazar von Bagdad neben den Gütern aus Indien und China auch schon die leckersten Zuckerbrote ebenso wohlfeil wie begehrt. Damals waren die Beziehungen zwischen dem Abendland und der arabischen Welt noch sehr gering.

Als dann aber die Christenheit sich erhob, das heilige Grab und die Stätten, wo Christus auf Erden gewandelt war, aus den Händen der Heiden zu befreien, zogen die christlichen Ritter Europas in den sogenannten Kreuzzügen durch Jahrhunderte immer wieder in das gelobte Land. Mit heiligem Ernst, erbarmungslos bekämpften sich anfänglich Christen und Mohammedaner. Mit wechselndem Kriegsglück. In späteren Zeiten verhandelte zum Beispiel Friedrich II., der große Staufenkaiser, friedlich mit dem Kalifen und sicherte den Christen für einige Zeit ungestörten Besuch des heiligen Grabes.

Das wesentliche Ergebnis dieser Kreuzzüge aber war, daß durch die Ritter und Pilger eine Fülle von Kulturgütern nach Europa gebracht wurden, wodurch sich die Lebensweise der Abendländer allmählich wandelte. Zunächst wurde der Einfluß auf den Ritterburgen spürbar. Das Leben und die Sitten wurden feiner, man wurde höflich und ritterlich zu den Frauen, kleidete sich in Samt und Seide, aber auch Baumwollstoffe wurden bekannt. In den Burggärten rankten Rosen, erblühten Lilien. Die Ritter betrieben die Falkenzucht und -jagd. Auf den Burgen setzte man sich auf weiche Kissen, schlief auf Matratzen, man vertrieb sich die Zeit mit Kartenspiel und Schach und sang zur Laute, man liebte es, die Speisen mit Pfeffer, Muskat und Nelken zu würzen, was zu den köstlichsten Dingen gehörte. Man trug Unterkleider und pflegte jetzt häufig zu baden. Und manch ein Ritter brachte seine Abenteuer der Pilgerfahrt zu Papier und legte damit den Grund zu einer Familienchronik. Vor allem durch die Kaufleute von Venedig, Genua und Pisa, die mit den Arabern regen Handel trieben, kamen all diese Güter nach Europa. Sie verbreiteten sich namentlich in den Städten und vermehrten Besitz und Stolz der aufstrebenden Bürger.

Manche Worte in unserer Sprache bewahren lebendig die Erinnerung, daß die Dinge, die sie bezeichnen, einst von den Mohammedanern übernommen worden sind. So stammen die Worte Sofa, Matratze, Satin, Barchent aus dem Arabischen. Aber auch: Alkohol, Balsam, Limonade, Sirup und Kaffee; das Arsenal, das Magazin und der Tarif. Die Worte Teppich, Diwan, Bazar, Rose und Tulpe sind aus dem Persischen zu uns gekommen. Dolmetscher, Pascha, Ottomane und Kiosk sind türkische Worte.

Auch unser gutdeutsches Wort Zucker ist ein umgewandeltes arabisches Wort. Zucker, althochdeutsch zucura, geht über das arabisch-spanische Wort azucar, auf das arabische al schakar zurück. Die Araber übernahmen Sache und Bezeichnung von den Indern: sakkhará, diese ihrerseits lernten das Zuckerrohr von den Chinesen kennen.

In den im 12., 13. Jahrhundert gegründeten Universitäten zu Salerno, Paris, Padua, Bologna und Oxford benutzte man lange Zeit, bis ins 16. Jahrhundert, Lehrbücher, die aus dem Arabischen übersetzt worden waren. Das christliche Abendland fing nun an, sich für Aristoteles und Plato zu interessieren, deren Schriften man durch die Überlieferung der Araber neu entdeckte.

In Salerno wurde vor allem die Arzneikunst gelehrt. Ganz neu und unerhört war, daß man dort den Bau und die Lebensweise des menschlichen Körpers durch Zerschneiden eines Leichnams erforschte. Dieser Schule wandte Kaiser Friedrich II. (gest. 1250) seine besondere Gunst zu.

Galt bis dahin im Abendland der Satz: »Unwissenheit ist die Mutter der Frömmigkeit«, so erhob Friedrich II. zum Wahlspruch: »Bildung adelt den Menschen«. Er selbst war der Wissenschaft wie der Kunst aufgeschlossen und schrieb selber ein naturwissenschaftliches Werk über das Pferd und die Falkenzucht. Seiner Zeit kühn voraus eilend, brachte er an seinem Hofe christliche Bildung mit dem, was die Araber an Wissen vermitteln konnten, zu innigster Verbindung. Von diesem Streben zeugen manche Festungsbauten, Kirchen und Klosterhöfe Süditaliens und Siziliens. Es gibt dort Bauten, die nicht nur überreichen Mosaik-Ornamentenschmuck, sondern auch die für den arabischen Baustil charakteristischen schwellenden Hufeisenbogen aufweisen. Wenn dies alles auch in schöpferischer Weise abgewandelt ist, wird man doch stark berührt von dem Gesamteindruck, der an das Arabische anklingt. Vom Hofe Friedrichs II. aus verbreitete sich der erste Anfang des neuen naturwissenschaftlichen Forschergeistes, begann die Wiedererweckung des Altertums, was sich später in Italien und Europa zur Blüte der Renaissance entfaltete.

Das arabische Volk und seine Kultur stehen in einer eigenartig fremden, feindlichen und zugleich nahen Beziehung zum christlichen Abendland. Der Berührung mit dieser Welt hat das Abendland nicht allein eine große Anzahl von Kulturgütern zu verdanken, sondern ganz wesentlich die Anregung einer neuen Art, die Natur zu erkennen; einer Naturforschung, die sich nicht auf die gedankliche Ableitung aus Ideen stützt, sondern auf das, was die Sinne durch die Beobachtung der Natur und der Versuche vermitteln.

Durch die geographische Lage und durch seine Charaktereigenschaften war das arabische Volk geradezu vorbestimmt, eine Brücke zu bilden zwischen Ost und West, aber auch zwischen altvergangenem Kulturschaffen und der Gegenwart.

So hoch auch seine materielle Kultur im Mittelalter über der des Abendlandes stand – nach dem großen Austausch in der Folge der Kreuzzüge nahm das Abendland einen ungeheuren Aufschwung. Arabien wurde rasch überflügelt; das einst mächtige Reich und seine Kultur zerfiel. Durch Jahrhunderte hindurch blieb die Zeit in Arabien stehen, lebten die Araber als Nomaden- und Händlervolk wie ehedem ihre Altvordern. Erst in jüngster Gegenwart beginnt von den wenigen Städten aus die moderne Zivilisation in das Land einzudringen.

Die drei Äpfel

Es wird erzählt, o König der Zeit und Herr deines Jahrhunderts, der Kalif Harun al Raschid habe einmal seinen Vezier Djafar rufen lassen und ihm gesagt: »Wir wollen miteinander in die Stadt gehen und hören, was es in der Welt Neues gibt; wir wollen die Leute über die Urteile der Richter ausfragen und den absetzen, über welchen man sich beklagt, und den belohnen, den man lobt.« Da es Djafar angenehm war, gingen sie des Abends miteinander durch die Straßen und Bazars, der Kalif, Djafar und der Diener Masrur. Da trafen sie einen alten Mann mit einem bekümmerten Gesicht. Er trug ein Netz, und auf dem Kopfe hatte er einen Korb und einen Stock. Der Kalif sprach zu Djafar: »Dies ist gewiß ein armer, bedürftiger Mann.« Er fragte dann den Alten, wer er sei, und dieser antwortete: »Mein Herr! Ich bin ein Fischer, habe Familie, bin heute mittag von Hause weggegangen und bis jetzt habe ich nichts fangen können; ich habe nichts, das ich verpfänden könnte, um meiner Familie ein Nachtessen dafür zu bringen; ich hasse das Leben und wünschte mir den Tod.« Da entgegnete der Kalif: »Willst du wohl, o Fischer, mit uns zum Tigris zurückkehren und das Netz auf mein Glück auswerfen? Ich gebe dir hundert Dinare für deinen Fang.« Der Alte sagte freudig: »Recht gern, mein Herr!« Sie gingen hierauf zusammen an den Tigris, der Fischer warf sein Netz aus, zog dann die Schnur zusammen und brachte eine geschlossene, schwere Kiste herauf. Der Kalif gab dem Fischer zweihundert Dinar, und Masrur trug die Kiste ins Schloß. Als sie dieselbe öffneten, fanden sie einen Korb von Palmblättern mit roter Wolle zugemacht. Als sie den Korb öffneten, sahen sie ein Stück von einem Teppich darin, und als sie diesen aufhoben, erblickten sie einen Mantel, viermal zusammengelegt, und unter diesem ein junges Mädchen, rein wie Silber, aber enthauptet.

Als der Kalif dieses schöne Mädchen sah, ward er sehr bestürzt; er vergoß Tränen, wandte sich zornig zu Djafar und sagte: »Du Hund unter den Vezieren! Man bringt die Leute in meiner Stadt um und wirft sie in den Strom, die dann bis zum Auferstehungstag auf meiner

Verantwortlichkeit lasten. Bei Got! Ich will dieses Mädchen an ihrem Mörder rächen und ihn auf die härteste Weise hinrichten lassen. Kannst du den Mörder nicht auffinden, so werde ich dich und vierzig deiner Vettern hängen lassen.« Djafar bat um drei Tage Zeit, und als der Kalif sie ihm gewährte, ging er betrübt und zornig in die Stadt und wußte nicht, was er tun sollte; denn er dachte: Wie soll ich den Mörder dieser jungen Frau entdecken und dem Kalifen bringen? Ich weiß mir keinen Rat; es gibt keinen Schutz und keine Macht, außer bei dem erhabenen Gott. Er ging nach Hause und blieb bis zum dritten Tage gegen Mittag dort; da schickte der Kalif nach ihm und fragte ihn: »Wo ist der Mörder der jungen Frau?« Djafar antwortete: »Bin ich der Untersuchungsrichter über die Ermordeten, o Fürst der Gläubigen?« Aber der Kalif schrie ihn zornig an und befahl, daß man ihn unten am Schlosse aufhänge und in ganz Bagdad ausrufe: »Wer den Vezier Djafar und vierzig seiner Verwandten hängen sehen will, soll zum Schloß kommen!« Bereits stellte man sie unter den Galgen, schonte auch Djafars alten Vater nicht und wartete nur noch, bis vom Fenster das Signal gegeben werde; das Volk weinte über ihr Schicksal. Da kam auf einmal ein junger Mann, hübsch gekleidet, mit einem Mondgesichte, weiten Augen, glänzender Stirne, roten Wangen, hellen Locken und einem Fleckchen wie ein Ambrakügelchen. Er drängte sich durch das Volk, bis er vor Djafar stand. Da küßte er ihm die Hand und sagte: »Heil! Ich befreie dich von dieser schändlichen Strafe, steh' auf, o Herr der Veziere, Zuflucht der Armen, Oberster der Fürsten! Hänge mich und räche die Erschlagene an mir, denn ich bin ihr Mörder.« Als Djafar dies hörte, freute er sich über seine Rettung, war aber betrübt über den Jüngling.

Während der Mann so sprach, kam ein alter Mann, drängte sich durch die Leute, bis er vor Djafar war und rief: »O großer Herr und Vezier! Glaube nicht, was dieser junge Mann sagt; nicht er hat die junge Frau getötet, sondern ich; räche sie also an mir, oder ich werde einst vor dem erhabenen Gott von dir Rechenschaft fordern.« Der junge Mann sagte darauf: »Kein anderer als ich hat die junge Frau getötet.« Da sprach der Alte: »O mein Sohn, ich bin alt und lebenssatt, du bist jung, ich will mein Leben für das deinige hingeben. – Großer Herr, ich habe die junge Frau getötet, drum hänge mich schnell, denn ich mag doch nicht leben, seitdem sie von mir weg ist.« Als Djafar diesen Streit hörte, erstaunte er sehr darüber und führte den Alten und den Jüngling zum Kalifen; er küßte die Erde siebenmal und sagte: «Wir bringen hier zwei Männer, von denen jeder behauptet, die junge Frau getötet zu haben. Nachdem der Kalif beide betrachtet, fragte er: »Wer von euch hat die junge Frau erschlagen und in den Strom geworfen?« Da antwortete der Alte: »Kein anderer als ich«; und der Junge sagte dasselbe. Da sagte der Kalif zu Djafar: »Geh und laß sie beide hängen.« Djafar aber erwiderte: »O Fürst der Gläubigen! Wenn sie doch nur einer getötet, so würde der andere ungerechterweise gehängt.« Da sagte der junge Mann: »Bei dem, der den Himmel gewölbt hat, ich habe sie getötet, in einen Korb von Palmblättern gelegt, mit einem Mantel zugedeckt, dann ein Stück Teppich drum gelegt und mit roter Wolle zugenäht; räche also ihren Tod an mir!« Der Kalif fragte erstaunt: »Warum hast du sie unschuldigerweise getötet und dich selbst in eine solche Lage gebracht?« Da antwortete der Jüngling: »O Fürst der Gläubigen, es ist mir mit ihr etwas widerfahren, wenn man es mit der Nadel auf das Tiefe des Auges stechen wollte, könnte jeder sich daran belehren.« Der Kalif sagte: »Erzähle mir deine Geschichte!« Und der junge Mann antwortete: »Gott und dem Fürsten der Gläubigen ziemt Gehorsam«, und begann hierauf:

Wisse, o Fürst! Die erschlagene Frau war mein Weib und Mutter meiner Kinder. Dieser Alte ist ihr Vater; er verheiratete sie mit mir, als sie noch Jungfrau war. Ich lebte elf Jahre mit ihr als mit einer gesegneten Gattin. Sie gebar mir drei Söhne, führte einen reinen Lebenswandel und bediente mich so gut wie nur möglich. Aber ich liebte sie sehr heftig, und als sie in diesen Monaten sehr krank wurde, bediente ich sie aufs sorgfältigste. Nach Verlauf eines Monats ward sie nach und nach wieder besser. Da sagte sie mir eines Tages: »O mein Gatte! Ich möchte, daß du mir einen Wunsch gewährtest.« – »Ich werde ganz gehorsam sein«, antwortete ich, »und hättest du auch tausend Wünsche.« Da sagte sie: »Ich gelüste nach einem Apfel, um daran zu riechen und einen Bissen davon zu essen; nachher möchte ich allenfalls sterben.«

Ich sagte zu ihr: »Gott gebe deine Genesung.« Ich suchte dann im ganzen Bazar und konnte keinen Apfel finden, denn hätte ich einen auch mit meinen Augen bezahlen müssen, so hätte ich ihn gekauft. Es tat mir sehr weh, ihren Wunsch nicht erfüllen zu können. Ich ging nach Hause und sagte ihr: »Meine Liebe, ich habe bei Gott keinen Apfel finden können.« Ihre Krankheit nahm in jener Nacht wieder sehr zu; ich stand daher am andern Morgen auf und suchte in allen Gärten herum und konnte noch immer nichts finden. Da sprach zu mir ein alter Gärtner: »Mein Sohn, du wirst nirgends Äpfel finden außer im Garten des Fürsten der Gläubigen zu Basra, von denen sich bei seinem Verwalter ein Vorrat findet.« Darum reiste ich, von meiner Liebe und Treue zu ihr bewogen, einen halben Monat lang Tag und Nacht nach Basra und zurück und brachte drei Äpfel, die ich vom Verwalter für drei Goldstücke gekauft, und, glücklich, überreichte ich sie meiner Frau. Sie dachte aber gar nicht daran, sie zu essen, und warf sie achtlos neben sich hin.

Wenige Tage danach saß ich in meinem Laden und handelte mit Waren. Da kam ein großer häßlicher Sklave auf den Markt mit einem der drei Äpfel in der Hand, wegen welcher ich einen halben Monat lang auf der Reise gewesen war. Ich rief dem Sklaven zu und sagte ihm: »O guter Sklave, woher hast du diesen Apfel?« Da antwortete er: »Ich habe ihn von meiner Geliebten! Als ich sie heute besuchte, denn sie ist krank, sah ich drei Äpfel bei ihr, und sie sagte mir, daß ihr Mann eine Reise von einem halben Monat gemacht, um sie ihr zu bringen. Ich aß und trank mit ihr und nahm einen der drei Äpfel, mit dem du mich hierher kommen gesehen.«

Nun, o Fürst der Gläubigen, ward mir die Welt ganz schwarz, als ich dies hörte. Ich schloß sogleich den Laden, ging nach Hause und war außer mir vor Zorn und Wut: Ich sah nach den Äpfeln und fand wirklich nur zwei. Ich fragte meine Frau, wo denn der dritte Apfel sei. Sie hob den Kopf auf und sagte: »Bei Gott, ich weiß es nicht.« Nun war ich von der Wahrheit der Erzählung des Sklaven überzeugt, sagte kein Wort, ergriff ein scharfes Messer und schnitt ihr den Kopf ab, hüllte sie in den Mantel, bedeckte sie mit dem Teppich, legte sie in eine Kiste und warf sie in den Tigris. Nun, bei Gott, o Fürst der Gläubigen, räche sie an mir. Laß mich schnell hängen. Denn als ich nach Hause kam, schrie mein ältester Sohn, und als ich ihn fragte, was ihm fehle, sagte er: »Mein Vater, ich habe diesen Morgen einen der drei Äpfel gestohlen, die du der Mutter gebracht, und bin damit auf die Straße gegangen. Da kam ein langer, schwarzer Sklave und nahm ihn mir weg. Ich rief ihm zu: O guter Sklave, dieser Apfel gehört meiner Mutter, sie ist krank. Mein Vater hat eine Reise von einem halben Monat nach Basra gemacht, um für sie drei Äpfel zu holen, gib ihn mir zurück. Er schenkte mir aber kein Gehör. Als ich ihn zwei-, dreimal bat, schlug er mich und lief fort. Aus Furcht vor der Mutter blieb ich mit meinen Brüdern den ganzen Tag vor den Toren der Stadt. Nun wird es aber Nacht, und, bei Gott, ich fürchte mich sehr vor ihr. O, mein Vater, sage ihr nichts, sie möchte sonst noch kränker werden.« Als ich die Worte meines Sohnes hörte und seine Furcht und sein Weinen sah, wußte ich, daß ich meine Frau unschuldig ermordet und daß der verruchte Sklave gelogen, da er die Geschichte der Äpfel nur von meinem Sohn vernommen. Als ich dies einsah, weinte und schluchzte ich mit meinen Kindern. Da kam dieser alte Mann, ihr Vater, und ich erzählte ihm alles, was vorgefallen. Wir weinten miteinander bis Mitternacht und trauerten drei volle Tage über den Tod der Unschuldigen. Dies ist meine Geschichte mit der Ermordeten. Nun, o Fürst, tue, was dir recht scheint.«

Als der Kalif dies hörte, war er sehr erstaunt darüber und sagte: »Ich werde niemanden als den verruchten Sklaven hängen lassen. Geh, Djafar, schaffe den Sklaven herbei, sonst lasse ich dich köpfen.« Djafar ging weinend weg und sagte: »Nun ist mein Tod nahe, der Krug geht zum Brunnen, bis er bricht. Doch hat mich der Geist des Allmächtigen zum erstenmal gerettet, so wird er es vielleicht auch dieses Mal wieder tun. Und bei Gott, ich werde wieder drei Tage nicht aus dem Hause gehen; möge Gott, was geschehen soll, vollziehen.« Er blieb so bis zum dritten Tage gegen Mittag und verzweifelte halb an seinem Leben. Schon ließ er Richter und Zeugen kommen, schrieb sein Testament und nahm weinend von seinen Töchtern Abschied, da kam ein Bote vom Kalifen und meldete: »Der Kalif ist in höchster Wut und hat geschworen, der Tag wird nicht vorübergehen, ehe du gekreuzigt worden.« Djafar, seine Sklaven und alle, die im Hause waren, weinten. Als Djafar von seinen Töchtern und allen Hausleuten Abschied genommen hatte, kam noch einmal die jüngste Tochter zu ihm. Er liebte sie am meisten von allen. Er drückte sie an seine Brust, küßte sie und weinte wegen der Trennung. Als er sie aus Liebe recht fest an sich drückte, fühlte er etwas Hartes. Er fragte: »Was hast du in der Tasche, mein Kind?« Da sagte die Kleine: »Einen Apfel, auf dem der Name unsers Herrn, des Kalifen, geschrieben steht; unser Sklave Rihan hat ihn gebracht, wollte mir ihn aber nur für zwei goldene Dinare geben.« Als Djafar vom Apfel und dem Sklaven hörte, schrie er auf und griff in die Tasche seiner Tochter, zog den Apfel heraus, erkannte ihn und sagte: »O die Rettung ist nahe!« Er ließ sogleich den Sklaven rufen, und als er erschien, sagte er: »Wehe dir, Rihan, wo hast du diesen Apfel her?« Da sagte der Sklave: »Bei Gott, mein Herr, wenn Lüge etwas hilft, so hilft doch die Wahrheit noch einmal so viel. Ich habe diesen Apfel nicht in deinem Palast, nicht im Schlosse und nicht im Garten des Kalifen gestohlen, sondern als ich vor vier Tagen in den Straßen der Stadt umherging, sah ich Kinder spielen, und ein kleiner Knabe ließ diesen Apfel fallen; ich nahm ihm den Apfel weg. Der Knabe sagte weinend: »O Mann, dieser Apfel gehört meiner kranken Mutter, die so sehr darnach gelüstet, daß mein Vater ihr drei von einer Reise bringen mußte; ich habe einen davon genommen, gib mir ihn also wieder zurück.« Ich wollte ihn aber nicht zurückgeben, sondern brachte ihn hieher und verkaufte ihn meiner kleinen Gebieterin für zwei Dinare. Dies ist meine Erzählung.« Als Djafar dies hörte, wunderte er sich sehr. Er stand erleichtert auf, ergriff die Hand des Sklaven, führte ihn zum Kalifen und erzählte ihm die Geschichte von Anfang bis zu Ende. Der Kalif war höchst erstaunt und sprach: »So ist denn der Sklave der Urheber allen Unglücks?« Djafar zögerte und sprach: »Ja, aber nicht allein.« – »Wahrlich, du hast recht, Djafar. Bei Gott und den Gelehrten, diese Geschichte ist höchst seltsam«, rief der Kalif. Er ließ sie sogleich aufschreiben und aufbewahren und schenkte dem Sklaven das Leben, dem jungen Mann aber eine seiner schönsten Sklavinnen und gab ihm so viel, als er zum Leben brauchte.

Ikirma und Chuseima

Zur Zeit des Kalifen Suleiman, des Sohnes Abd Almeliks, lebte ein Abkömmling von dem Stamme der Söhne Asad, der durch seine Biederkeit, seinen Edelmut und seine Freigebigkeit allenthalben berühmt war. Sein Name war Chuseima, der Sohn Baschars. Nachdem er lange alle seine Freunde mit Wohltaten überhäuft hatte, verließ ihn das Glück, so daß er zuletzt derjenigen bedurfte, deren Wohltäter er bisher gewesen war. Aber diese Menschen waren bald seiner überdrüssig, und sobald er eine Veränderung in ihrem Benehmen gegen ihn wahrnahm, sagte er zu seiner Frau: »Ich habe meine Freunde ganz verändert gegen mich gefunden und daher beschlossen, nicht mehr aus dem Hause zu gehen, bis ich sterbe.« Er schloß die Türe und lebte von dem, was er noch hatte, bis endlich gar nichts übrig blieb und er gar nicht mehr wußte, was er tun sollte. Dies vernahm zufällig Ikirma, der Statthalter der Provinz, der wegen seiner Freigebigkeit berühmt war, und er sagte zu denjenigen, die ihm von Chuseimas Not erzählt hatten: »Sind selbst diesem Manne keine Freunde und keine Bekannten zu Hilfe gekommen?« Er wartete dann, bis es dunkel war, nahm 400 Dinare und legte sie in einen Beutel, ließ sich sein Maultier satteln und nahm nur einen Diener mit, der das Geld trug, und ritt bis vor Chuseimas Haus. Hier nahm er dem Diener den Beutel ab, schickte ihn weg und klopfte an die Tür. Als Chuseima herauskam, gab ihm Ikirma den Beutel und sagte: »Verbessere damit deine Lage!« Chuseima fand den Beutel so schwer, daß er ihn fallen ließ; er ergriff dann den Zaum von Ikirmas Maultier und sagte: »Wer bist du? Ich will es wissen, damit ich mein Leben für dich opfere!« Ikirma antwortete: »Ich werde dir es jetzt nicht sagen; wollte ich von dir gekannt sein, so wäre ich nicht zu dieser Stunde gekommen.« Aber Chuseima entgegnete: »Wenn du mir nicht sagst, wer du bist, so nehme ich dein Geld nicht an.« Da sagte Ikirma: »Ich bin ein Mann, der gern das Unglück der Edlen mildert, mehr sage ich dir nicht«, und lief schnell fort. Chuseima ging mit dem Beutel zu seiner Frau und sagte ihr: »Freue dich, Gott hat uns geholfen, wenn dieser

Beutel voll Geld ist; zünde einmal Licht an!« Aber die Frau sagte: »Wir haben kein Licht mehr im Hause.« Und so mußte er mit Ungeduld den Morgen erwarten. – Ikirma aber, als er wieder nach Hause kam, hörte, daß seine Frau ihn vermißt und nach ihm gefragt habe, und als man ihr gesagt, er sei ausgeritten, ihr die Sache sehr verdächtig vorgekommen sei. Sie sagte ihm daher, als er zurückkam: »Wie, der Statthalter von Mesopotamien reitet in der Nacht aus ohne Gefolge? Der kann nur irgendein Mädchen oder eine Frau besuchen.« – »Gott weiß es«, antwortete Ikirma, »daß ich weder bei einer Frau noch bei einem Mädchen war.« – »So sage mir denn, wo du warst«, entgegnete die Frau. Er antwortete: »Ich bin ja nur darum zu dieser Stunde ausgeritten, weil niemand wissen soll, was ich tat.« Aber sie plagte ihn so lange, bis er ihr endlich die ganze Geschichte erzählte.

Nachdem Chuseima am folgenden Morgen mit dem Gelde seine Schulden bezahlt und sich neu ausgestattet hatte, ritt er zu dem Kalifen Suleiman, der ihn wohl kannte und daher auch gleich zu sich kommen ließ. Sobald Chuseima den Kalifen begrüßt hatte, fragte ihn dieser, warum er ihn so lange nicht gesehen. Chuseima antwortete: »Meine schlechten Umstände haben mich abgehalten, und erst vergangene Nacht ward ich in den Stand gesetzt, wieder vor dem Fürsten der Gläubigen zu erscheinen«, und erzählte ihm hierauf, wie ihm jemand einen Beutel mit Geld gebracht. Suleiman fragte: »Kennst du den Mann?« – »Nein«, antworteten Chuseima, »er wollte sich nicht zu erkennen geben und nannte sich nur den Mann, der das Unglück der Edlen mildert.« Suleiman wünschte sehr zu erfahren, wer er war, um ihn belohnen zu können. Er ließ Chuseima eine Fahne überreichen und ernannte ihn zum Statthalter von Mesopotamien an Ikirmas Stelle. Chuseima machte sich auf den Weg zurück, und als er in die Nähe der Hauptstadt kam, ging ihm Ikirma mit den vornehmsten Bürgern der Stadt entgegen und begleitete ihn in den Regierungspalast. Chuseima fand bei der Übernahme der Kasse, daß viel Geld im Schatze fehlte und forderte Ikirma auf, es herauszugeben. Ikirma bestand darauf, er habe kein Geld, man möge mit ihm verfahren wie man wolle. Chuseima ließ ihn einsperren und forderte ihn noch einmal auf, das, was er dem Schatze schuldig sei, zu bezahlen. Ikirma antwortete: »Ich gehöre nicht zu denen, die lieber ihre Ehre opfern als ihr Geld; tue, was du willst.« Chuseima ließ ihn hierauf in Ketten legen und länger als einen Monat im Kerker schmachten. Als aber Ikirmas Gattin vernahm, was ihm zugestoßen, rief sie eine ihrer Sklavinnen, welche sehr viel Verstand hatte, und sagte ihr: »Gehe sogleich zu dem Statthalter Chuseima und sage, du habest ihm einen wohlgemeinten Rat zu geben, und wenn er fragt: was?, sage ihm, sobald du allein mit ihm bist: Belohnst du so mit Kerker und Fesseln den, welcher die Leiden der Edlen mildert?« Die Sklavin tat, wie ihr befohlen worden, und sobald Chuseima ihre Worte hörte, rief er mit lauter Stimme: »Wehe mir! So kam jenes Geld von Ikirma?« – Chuseima ließ sogleich die angesehensten Einwohner der Stadt zu sich rufen und ritt mit ihnen bis vor die Türe des Gefängnisses, trat dann mit seinem Gefolge hinein und fand Ikirma ganz entstellt von Schmerz und Gram und beschämt den Kopf zur Erde beugend. Er fiel über ihn her, küßte sein Haupt und sagte: »Deine Handlungen waren edel, und ich habe dich schlecht dafür belohnt.« – »Gott verzeihe dir und mir!« erwiderte Ikirma. Chuseima nahm ihm dann die Fesseln ab und wollte sie sich selbst anlegen lassen, damit er erdulde, was er seinem Wohltäter angetan.

Ikirma beschwor jedoch Chuseima bei Gott, dies zu unterlassen, und so gingen sie dann zusammen in Chuseimas Haus. Er führte ihn ins Bad, wo er ihn selbst bediente, schenkte ihm ein kostbares Kleid und viel Geld und begleitete ihn in sein Haus. Als Chuseima in Ikirmas Hause war, bat er ihn, ihm zu erlauben, sich bei seiner Frau zu entschuldigen, und als dieses geschehen war, bat er ihn, mit ihm zum Kalifen zu reisen, der damals in Syrien sich aufhielt. Als sie vor dem Palaste des Kalifen anlangten und der Pförtner Chuseima meldete, sagte der Kalif: »Der Statthalter von Mesopotamien kommt ohne Befehl hierher, da muß wohl etwas Außerordentliches sich ereignet haben.« Er ließ ihn daher schnell hereintreten und fragte ihn, noch ehe er grüßte: »Was bringst du?« Chuseima antwortete: »Nur Gutes, o Fürst der Gläubigen, ich habe endlich den Mann, der das Unglück der Edlen mildert, gefunden, und da ich wußte, wie sehr du wünschest, ihn kennenzulernen, wollte ich dich mit dessen Anblick erfreuen.« – »Und wer ist es?« fragte Suleiman. »Ikirma«, antwortete Chuseima. Der Kalif ließ ihn hereintreten, grüßte und bewillkommnete ihn freundlich und sagte: »Deine Wohltaten haben dir nur Schmerzen gebracht.« Und der Fürst schenkte ihm alles, was ihm fehlte, und schenkte ihm noch obendrein 10 000 Dinare und zwei Stücke Tuch. Dann sagte er ihm: »Chuseimas Schicksal liegt in deiner Hand; wenn du willst, lasse ich ihm seine Statthalterschaft, wo nicht, so nehme ich sie ihm.« Ikirma bat den Kalifen, er möge Chuseima auf seinem Posten lassen. Darauf ernannte der Kalif Ikirma zum Statthalter von Adserbeidjan und Armenien. Beide verließen hierauf den Fürsten und blieben seine Statthalter während der ganzen Dauer seines Kalifats.

Der fromme Sohn Harun al Raschids

Harun al Raschid hatte einen Sohn, der lebte immer mit frommen Einsiedlern und Heiligen zusammen. Er trug nur ein wollenes Kleid um den Leib. Gern wandelte er sinnend auf Gräbern umher und sprach: »Ihr habt die Welt besessen, und was habt ihr nun davon in eurem Grabe? Ich möchte wissen, was ihr alles in der Welt gesagt und was von euch gesagt worden.« – Eines Tages begegnete ihm sein Vater mit allen Großen des Reiches. Und es sagte einer zum andern im Gefolge: »Dieser Jüngling im Wollkleid bereitet dem Fürsten der Gläubigen Unehre; wenn er ihn doch nur zurechtwiese, vielleicht würde er seinen Lebenswandel ändern.« Harun al Raschid sprach zum Jüngling: »Mein Sohn, du machst mich vor aller Welt zuschanden durch deine Eigenheiten.« – Der Jüngling antwortete nicht, sondern rief einem Vogel, der auf dem Dache des Schlosses stand, zu: »O Vogel, bei dem, der dich geschaffen, lasse dich auf meine Hand nieder!« Sogleich flog der Vogel hernieder und setzte sich auf des Jünglings Hand. Dann sagte er ihm:

»Nun kehre wieder auf das Dach zurück!« Da erhob sich der Vogel und flog zurück. Darauf rief der Jüngling: »Bei deinem Schöpfer, Vogel, lasse dich auf die Hand des Fürsten der Gläubigen nieder.« Der Vogel aber regte sich nicht und blieb sitzen. Da sagte der Jüngling zu seinem Vater: »Mein Vater, du machst mich zuschanden unter den Heiligen durch deine Liebe zur Welt, darum habe ich auch beschlossen, mich von dir zu trennen.« Hierauf ging der Jüngling ruhig fort, mischte sich unter das Volk und diente den Armen wie einer ihresgleichen.

Der Eseltreiber und die zwei Diebe

Ein Eseltreiber trottete einst auf der Straße. Er hatte den Zaum seines Esels in der Hand und schleppte ihn lässig hinter sich her. Zwei Diebe bemerkten ihn, und einer sagte zum andern: »Ich will dem Manne den Esel entwenden.« – »Wie willst du dies anstellen?«, fragte der andere. »Folge mir nur«, erwiderte jener, schlich auf den Esel zu, nahm ihm sorgfältig den Zaum ab, gab den Esel seinem Freund und legte den Zaum um seinen Kopf und ging so lange dem Eigentümer des Esels hinterdrein, bis sein Freund mit dem Esel aus dem Staube war. Sobald er den Esel in Sicherheit wußte, blieb er stehen; der Eseltreiber zog am Zaum, aber der Dieb ging nicht weiter. Da drehte sich der Eseltreiber um, und als er den Zaum um den Kopf eines Menschen sah, fragte er ihn erstaunt: »Wer bist denn du?« Der Dieb antwortete: »Ich bin dein Esel und habe dir eine wunderbare Geschichte zu erzählen. Wisse, ich habe eine sehr fromme, alte Mutter. Einst kam ich betrunken nach Hause; da sagte sie: ›Mein Sohn, es ist bald Zeit, daß du dich zu Gott bekehrst.‹ Ich nahm aber meinen Stock und schlug sie. Da verfluchte sie mich, und Gott verwandelte mich alsobald in einen Esel, und als solcher diente ich dir die ganze Zeit her. Heute hat nun aber meine Mutter meiner gedacht und mich bemitleidet; darum hat mir Gott meinen Verstand zurückgegeben und mir wieder die Gestalt eines Menschen verliehen.« Da rief der Eseltreiber: »Es gibt keinen Schutz und keine Macht, außer bei Gott dem Erhabenen! Ich beschwöre dich beim Höchsten: erlasse mir die Schuld.« Der Dieb ließ den Eseltreiber stehen und zog seines Weges, der Bestohlene ging tief betrübt nach Hause. Da fragte ihn seine Frau: »Was ist dir zugestoßen, und wo ist dein Esel?« Der Mann erzählte ihr die ganze Geschichte. »Wehe uns vor Gott«, rief die Frau aus, »so haben wir die ganze Zeit einen Menschen für einen Esel arbeiten lassen!« Sie flehte Gott um Gnade an und teilte Almosen aus. Nachdem aber der Eseltreiber einige Zeit müßig zu Hause gesessen war, sagte ihm seine Frau: »Wie lange willst du noch so zu Hause sitzen? Geh auf den Markt, kaufe einen andern Esel, mit dem du etwas erwerben kannst.« Er ging auf den Markt und blieb bei einem Esel stehen, um ihn zu kaufen; auf einmal erkannte er ihn als seinen früheren Esel. Da sagte er ihm leise ins Ohr: »Wehe dir, Verruchter, warst du schon wieder betrunken und hast deine ehrwürdige Mutter geschlagen? Bei Gott – diesmal kaufe ich dich nicht mehr«, ließ den Esel stehen und ging fort.

Von den Negervölkern Afrikas

I.

Afrika – eine Riesen-Landmasse, ungegliedert, uralt. Die Alpen, selbst der Himalaja sind junge Bildungen der Erde im Vergleich zu den mächtigen, abgetragenen Schollen dieses Kontinents. Schroff und wenig zugänglich ist zumeist die Küste, mit ein Grund, daß der Erdteil so lange dunkel blieb für das Bewußtsein der Europäer und spät erschlossen wurde.

Steil steigt es in Stufen zu den Randgebirgen und senkt sich landeinwärts zu weiten, welligen Hochebenen, deren mittlere Höhe 800 Meter beträgt, zu Mulden und riesengroßen Becken. Die Ströme und Flüsse sind wasserreich, aber von Natur wenig landeinwärts schiffbar: überall hemmen Stromschnellen das Eindringen dort, wo die Küstenketten durchbrochen werden und die Ströme seit Jahrtausenden durch enge Schluchten wildschäumend und tosend sich den Weg zum Meere bahnen.

Gegen Osten steigt das Land breitbrüstig an. Mächtige Vulkanberge ragen thronend in die Wolken, schneebedeckt, jeder einzelne für sich weithin sichtbar; steile, schwerzugängliche Gebirge drängen sich im abessinischen Hochland zu Ketten.

Der Erdteil vereinigt große Gegensätze: Schmale, tiefe Seen, deren Grund weit unter dem Meeresspiegel liegt, wechseln mit hellen Binnenseen, wie der Tschad, der durchschnittlich nur 1,50 Meter tief ist und nach der Regenzeit fünfmal größer in seiner Flächenausdehnung als in der Trockenzeit; größtes zusammenhängendes Wüstengebiet und unvorstellbar quellende Fruchtbarkeit im Urwald.

Uralt ist dieser Kontinent und doch ewig jung und ursprünglich.

Von Nord nach Süd weist Afrika eine fast regelmäßig symmetrische Gliederung in Klima und Landschaftsgebieten auf: fruchtbar, mäßig warm im Norden und Süden, dann Steppen mit Regenzeiten und Dürren und in der Mitte das unermeßliche Gebiet des Urwalds.

In reicher Verschiedenartigkeit offenbart sich das Menschengeschlecht nach Völkerschaften, Sitten und Kulturstufen. Da gibt es große, schöngewachsene Neger am Senegal, mit einer Haut so schwarz wie Ebenholz, mit kurzem krausem Haar, aufgeworfenen Lippen, blitzenden Augen, mit alter Kultur des Ackerbaus, wenn auch heute im Verfall. Von tiefem Schwarz bis zum Braun-Gelb finden sich alle Übergänge in der Hautfarbe; so auch vom edlen Ebenmaß in Gesicht und Gestalt bis zu grotesken Verunstaltungen: tellergroßen Lippen, Ohrläppchen, die bis zur Schulter hinunterlampen, wuchtendem Hinterkopf und überlangem Hals; vom Riesenwuchs bis zu den Zwergvölkern in den Urwäldern am Kassai, die kaum 1,40 Meter groß werden. Diese flüchtigscheuen Pygmäen leben auf der Stufe der Sammler und Jäger. Sie suchen mit dem Grabstock nach Wurzeln, klettern geschickt in den Bäumen, verstecken sich unter großen Blättern und versenden mit ihren zierlichen Bogen tödlich-giftige Pfeile. Zum Teil kennen sie keinen festen Wohnsitz, sondern bauen sich Abend für Abend Hütten aus Zweigen.

Da gibt es im Süden die Hottentotten mit dem traurigen Ausdruck, mit gelbbrauner, ledriger, ganz verschrumpfter Haut, die ihnen schon früh ein greisenhaftes Aussehen gibt, arme Hirten, die ihre Rinder und Schafe auf den dürftigen Weiden hüten und den gemeinsamen Besitz gegen kriegerische Nachbarn zu verteidigen haben. Und im Norden leben die raschen, beweglichen hamitischen Völkerschaften mit weißer Hautfarbe, von der Sonne aber bronzen gebräunt, mit prägnant vorstehender Nase; schlaue Händler, geruhsame Hirten, räuberische Krieger, echte Söhne der Wüste.

So prägt jede Landschaft Afrikas ihre Menschen bis in Farbe, Sprache und Lebensweise.

Wir wollen nun in zwei Bildern die Lebensweise solcher Stämme beschreiben, die vorwiegend Ackerbau treiben, und als Gegensatz dazu die der Jägervölker. Bei der fast verwirrenden Fülle der Völker kann man doch einen gemeinsamen Grundzug bei den Ackerbauern und einen andern bei den Jägern und Hirten feststellen. Sind die Kulturformen der Ackerbauern und Jäger hier als äußerste Polaritäten beschrieben, so sorgt das Leben selbst für Vermischung, Durchdringung und hunderterlei Übergangsformen.

II.

Grenzenlos dehnt sich die Steppe des Sudans rings nach allen Seiten. Das Grasmeer flutet im Wind. Gegen den Horizont scheint die Ebene anzusteigen. Sie wird nur unterbrochen von einigen Bodenwellen, von einzelnen großen Bäumen, Akazien, alten Affenbrotbäumen und stacheligen Mimosen, deren Silhouetten sich vom flimmernden Horizont abheben. Hie und da stehen Bäume in lichten Gruppen. Wo Wasser ist, verdichten sie sich zu Wäldern und säumen die Flüsse. Allmählich und unmerklich vollzieht sich der Übergang der Steppe zum Urwald wie zur Wüste.

Es ist Mai, anfangs Juni, höchste Steigerung und Ende der Trockenzeit. Über der Steppe glast brütende Hitze. Stahlgrau das riesige Himmelsgewölbe, die Luft von Staub erfüllt. Gelblich-braun dörrt das Grasmeer. Alle Bäume haben die Blätter verloren; soweit das Auge reicht, nur die Farbe der Dürre, des erloschenen, ausgeglühten Lebens. Mensch und Tier leiden unter der Hitze, leiden am Wassermangel. Stundenweit wandern auch Frauen nach Wasser und tragen es in Kürbissen und Krügen nach Hause. Alle Tätigkeit, alles Sinnen ist auf das allernotwendigste der Lebenserhaltung beschränkt. Alles wartet sehnsüchtig auf den Regen und hält Ausschau nach den Wolken, die sich im Süden bilden. Von ihnen hängt Leben und Tod ab. Reichliche Opfer sind gespendet, um die Regengötter gnädig zu stimmen. In allen Dörfern sind die alt-heiligen Regenbitt-Tänze getanzt. Ein langes Warten. Endlich – aus dem bleigrauen Streifen am Horizont verdichtet es sich zu dunklen Wolken. Sie ziehen langsam näher und verhängen den Himmel mit grauen Schichten. Nachts flammen die Wolken vom Wetterleuchten auf. Blitze zucken. Ferner Donner grollt. Das dumpfe Rollen kommt näher und näher. Ein heftiger Wind erhebt sich und wirbelt Sandmassen in die Luft. Jetzt, unmittelbar vor Ausbruch des Regens, zieht der Steppenbewohner hinaus und zündet die Steppe an. Rasch loderts im klingeldürren, scharfkantigen Gras, frißt sich mit gieriger Gefräßigkeit weiter, verbreitet sich in eine Front, vom Winde geschürt. Rauchsäulen des Tags, schwelende Wolken, Brandgeruch; ein großartig züngelnder Flammenwall des Nachts. Der Himmel weithin gerötet. Vor dem Flammenwall jagen, kriechen, fliegen die Tiere verängstigt dahin. Jeder Windstoß schürt ihn aufs neue hoch. Da hat er seine Grenze gefunden am saftigen Grün eines Waldes, der sich längs eines Flusses hinzieht. Dort steigert sich das Flammenmeer zu wilder Glut an einer vereinzelt stehenden Baumgruppe. Die Bäume brennen und glühen, wenn die Feuerlinie längst über sie hinweggeschritten ist, verkohlen, stürzen und werden als schwarzes Brandmal ragen, wenn die Steppe längst wieder grün ist.

Um die Dörfer haben die Eingeborenen das Gras niedergemäht, damit das Feuer hier zum Stillstand komme und nicht Haus und Hof gefährde. Handhoch liegt die Asche, wie frischgefallener Schnee.

Nachts wetteifern die Blitze mit dem Schein des Flammenzuckens auf der Erde. Tagheller Blitzstrahl reißt die Dunkelheit auseinander, ein gewaltiger Donnerschlag läßt die Hütten der Menschen erzittern, ein zweiter, ein dritter folgt, und rollend grollt es in den riesigen Räumen. Der Sturm hat sich gelegt, das Feuer sinkt rasch in sich zusammen. Einzelne Tropfen fallen, groß und schwer. Die Erde verschlingt sie gierig. In breiten Rissen und Spalten klafft sie auseinander. Rascher fallen die Tropfen. Der Neger ist erwacht und lauscht dem Klopfen auf Dach und Vorplatz. Er atmet auf: die Opfer sind gnädig aufgenommen worden. Und wie das Tropfen übergeht in ein gleichmäßiges Rauschen, senkt ihn die eintönige Melodie in tiefen, erquickenden Schlaf.

Am Morgen nach dem ersten Regenguß ist die Erde wieder trocken. Wie ein Schwamm saugt sie das Wasser auf. Nun regnet es in kürzeren Abständen und heftiger. Das Donnern verrollt in der Ferne. Dann rauscht der Regen sintflutartig hernieder. Nach zwei, drei Tagen sprießt bereits das erste Grün zart hervor. Alle Flüsse führen wieder Wasser, der Spiegel der flachen Seen steigt. Es ist empfindlich kalt geworden. Die Eingeborenen schlottern in ihren Hütten. Die Feuchte durchdringt allmählich alles, so daß kaum noch ein trockener Platz zu finden ist. Was kurze Zeit zuvor zuwenig war, ist jetzt im Übermaß da und bringt neue Leiden.

Zwei, drei Wochen dauert der Landregen. Die Erde kann das Wasser nicht mehr aufnehmen. Stellenweise ist sie so aufgeweicht, daß man knietief im Schlamm versinkt. Überall rinnt Wasser, Flüsse treten über die Ufer und verfließen in den Niederungen zu Seen. Die Grenzen zwischen den einzelnen Stromsystemen sind aufgehoben. Allmählich läßt der Regen nach, die Unterbrüche werden länger. Der Himmel klärt sich vollends auf, und die Sonne fördert überall schnelles, üppiges Wachstum. Die Bäume haben neue Blätter bekommen, einige prangen im Blütenschmuck, andern entströmt balsamisch-duftendes Harz. Durch die ganze Natur dringt der belebende Zauber des Frühlings.

In diesen endlos weiten Steppen leben vorwiegend hamitische Hirtenvölker mit ihren Buckelrindern, Schafen und Ziegen. Versiegt in der Trockenzeit das Wasser, wandern sie nach Süden in die wasserreicheren Savannen und kehren zur Regenzeit wieder an ihre alten Weideplätze zurück.

Mehr in den Savannen, zusammengedrängt in kleinen Dorfsiedlungen, wohnen die Ackerbau treibenden Neger. Ihre Hütten, viereckig oder kegelförmig, sind mit Stroh bedeckt, die Wände mit Lehm bestrichen. Zwischen den Hütten spielende Kinder, schwatzende Alte, gackernde Hühner und schwarze Schweine. Um die Siedlungen liegen die Felder mit Frucht und Brachland. Die Neger kennen das Düngen der Felder nicht. Sind diese nicht mehr ergiebig, werden die Dörfer verlassen. In der Nähe einer guten Wasserstelle bauen sie neue Lehmhütten. Sie roden die Steppe und bestellen neue Äcker, die sie zum Schutz der Pflanzungen mit Zäunen umhegen.

Die Familie mit Kind und Kindeskindern haust gemeinsam in einem

Gehöft und fühlt sich als ein zusammengehöriges Ganzes. Alles ist gemeinsamer Besitz; Freude und Leid, Reichtum und Not wird gemeinsam getragen. Das Band der Verwandtschaft sichert bis in entfernteste Grade jedem selbstverständliche Hilfe, Gastfreundschaft und freundlichen Rat. Mit den seinem Herzen nahestehenden Menschen ist der Neger zeit seines Lebens durch Rechte und Pflichten eng verbunden. Nur zusammenstehend hat der Mensch die Kraft, der ungeheuren Macht der Natur, ihrer Fülle, ihrem Verderben standzuhalten. Ein Einzelner wäre verloren.

Alle unterstellen sich dem Familienältesten, der die Sippe mit patriarchalischer Würde regiert. Er teilt das Korn zum Mahlen aus, bestimmt die Zeit der Aussaaten, der Ernte und des Steppenanzündens. Er waltet über den Hausfrieden. Mit anderen Sippenältesten zusammen verwaltet er Recht und Gerechtigkeit und trifft alle Entscheidungen, die den Stamm betreffen.

Der Familienälteste gibt mit dem Familienrat auch die Zustimmung zur Heirat, wenn zwei junge Leute in scheuer Liebe durch Zeichen sich füreinander erklärt haben. Nach der Zustimmung der Alten erfolgt der symbolische Brautraub. Jünglinge dringen in die Heimstätte der Braut, entführen sie und bringen sie ins Gehöft des Bräutigams. Zum Entgelt zahlt der Jüngling dem Vater der Braut eine Kaufsumme, und die Braut ist sein.

So wenig aber der Sohn durch Verheiratung Rechte und Selbständigkeit erlangt, so wenig erlangt sie die junge Frau. Sie wird eine Tochter der Sippe, und dieses Kindesverhältnis bleibt bestehen, wenn sie auch selber Kinder hat. Die neugeborenen Kinder betrachtet man als zum Mannessproß gehörig. Bei der Geburt des neuen Erdenbürgers wird nicht die Mutter geehrt, sondern der Mann, der die »Stunde, da er Vater wird« erlebt.

Früh mit dem Morgengrauen beginnt das Tagewerk. Nach dem Frühmahl und den Opfern gehen die Männer mit den Knaben hinaus auf die Felder zu harter, anstrengender Arbeit. Sie arbeiten still. Wortlos lernen die Knaben; ohne zu fragen, nachahmend eignen sie sich Sitte und Brauch des Stammes an.

Die Neger bearbeiten ihre Felder mit kurzstieligen Hacken. Kurz vor der Regenzeit säen sie Hirse und Mais, stecken Erdnüsse, Jams und Batate, eine Art Süßkartoffel, Kürbisse und Gurken. Alle Kräfte sind zur Arbeit eingespannt. Ein Einzelner käme nicht voran. Das stille Zusammenwirken alter und junger Hände sichert Korn für ein Jahr und die neue Saat.

Während die Männer auf den Feldern um Saat und Ernte sich mühen, sorgen die Frauen für Nahrung und Kleider. Mit Tagesanbruch stampfen sie das Korn für die tägliche Nahrung, worfeln und dreschen es singend vor den Hütten mit runden Handsteinen. Jeden Tag müssen sie Wasser holen und Brennholz suchen, um den Hirsebrei zu kochen. Vorräte sich anzulegen, ist bei den Negern nicht Brauch. Beschwerlich und mühsam ist das Wasserholen. Wenn die Brunnen und nahen Wasserplätze versiegt sind, müssen die Frauen oft stundenweit nach Wasser laufen. In der Erntezeit helfen sie auch mit auf den Feldern.

Die Alten, die etwas über Vierzigjährigen – Neger altern erstaunlich früh –, haben ein Anrecht auf ein ruhig-beschauliches Leben. Schwatzend sitzen sie stundenlang zusammen, versorgen die Hühner und verrichten die vielen kleinen handwerklichen Arbeiten an den Geräten für Haus und Feld.

Leben und Arbeit des Negers in der Steppe sind ganz eingebettet in den Kreislauf des Jahres, in den Wechsel von Saat und Regen, Ernte und Dürre. Er mag sich mühen wie er will, Fruchtsegen oder Mißernte hängen nicht von ihm ab, sondern von höheren Mächten, denen er willenlos preisgegeben ist. Bis in sein alltägliches Tun fühlt er das Walten dieser Mächte. Und so lebt er in kindlicher Scheu und Furcht vor den allmächtigen Geistern und Göttern. Täglich bringt er ihnen Opfer dar, um sie günstig zu stimmen. Sorgsam achtet er bei all seinem Tun, daß er sie nicht übergeht, sie nicht erzürnt.

Und wie er in der Natur Sprossen, Blühen und Verwelken sieht und neues Keimen im folgenden Jahr, so erscheint ihm auch das Menschenleben in einem Kreislauf von Geburt und Tod. Der Tod ist ihm ein natürliches Geschehen, das er mit ruhiger Fassung hinnimmt. Stirbt ein

Familienglied, so wird es mit ehrenden Opfern bestattet. Die Sippe fühlt sich mit den Toten weiterhin verbunden und gedenkt ihrer bei den Opfern der Saat und Ernte, Geburt und Hochzeit.

III.

Wenn wir das Wort Urwald hören, taucht in uns das Bild unabsehbarer Wälder auf, ein Meer immergrüner Pflanzen. Das trifft zu für die Wälder des Kongo und seiner riesigen Nebenströme, für die Urwälder am blauen Nil und selbst für die Wälder höherer Lagen innerhalb der tropischen Regen. Dort, wo ausgesprochen Regenzeiten mit Dürren wechseln, gibt es wohl auch Urwälder mit mächtigen Bäumen, aber zur Zeit der Dürre sind die meisten kahl. Wo der Urwald sich lichtet und allmählich in die Savanne übergeht, da sind die Gebiete, wo sowohl das Wild der Steppe als auch das des Urwaldes zu treffen ist. Das sind Regionen, welche die Jägervölker gerne zu ihrem Standort wählen.

Stellen wir uns vor, wir würden aus dem Urwald zu solch einem Randgebiet vordringen, das begrenzt ist durch einen Hügelzug und Fluß, jenseits dessen die Savanne beginnt: Seit Tagen ein grünes Dämmerdunkel ohne Ausblick zum Himmel. Über uns ein Gewölbe dichtverschlungener Äste und Zweige. Schlingpflanzen, die von Stamm zu Stamm, von Ast zu Ast sich winden und ein dichtes Geflecht bilden, so daß nicht zu unterscheiden ist, welche Blätter, Blüten oder Früchte zu welcher Pflanze gehören. Nur mit Beil und Buschmesser ist da durchzukommen. In diesem Meer von Grüntönen welche Pracht einzelner Blüten! Von einem moosbedeckten Aststummel leuchten blaßlila Orchideen, hier ein Baum mit gelben, süßlich duftenden Blüten, dort trägt einer rotleuchtende Früchte. Von jenem Geäst hängen violette Bohnenschoten. Mittendrin steht einer völlig kahl da.

Der Boden ist an höheren Stellen mit einer scharfstacheligen Grasart bedeckt. In den Mulden ist er morastig aufgeweicht. Eine Pflanze mit riesigen rhabarberähnlichen Blattflächen breitet sich aus. Da ist ein Urwaldriese gestürzt; das Geäst hängt im Netz der Schlingpflanzen, Äste und Stamm starren gebleicht in die Luft, das Bild des Todes in der grünen Fülle des Lebens. Auf dem vermodernden Stamm hat sich eine kleine Welt von Pflanzen angesiedelt: Moose, verschiedenartigste Farne und Orchideen.

Eine dumpffeuchte, unerträgliche Luft herrscht; die kleinste Anstrengung schon treibt den Schweiß aus allen Poren. Ein unablässiges Tropfen von Bäumen und Blättern. Verwirrend ist die Fülle der Eindrücke. Der staunende Mensch vermag sie nur allmählich zu unterscheiden und zu ordnen.

Der ganze Wald ist erfüllt vom Summen, Zirpen, Rascheln, Pochen und Hämmern, Zwitschern, Kreischen und Singen der kleinen Tierwelt. Da hämmert ein Specht; grüne Papageien kreischen auf, dort turnen und flattern Webervögel in zierlichen Bewegungen um ihre schaukelnden Grasnester. Ein großer Schmetterling mit metallisch schillernden Flügeln flattert still vorbei; flügelschlagend läßt er sich auf eine weißlich-grüne Dolde nieder und saugt den Nektar. Die großen Tiere leben mehr in den Gebieten, wo der Urwald in die Savanne übergeht. Tagsüber halten sie sich verborgen.

Nach Mittag prasselt der kurze, tägliche Gewitterregen nieder mit Blitzen und heftigen Donnerschlägen. Der Himmel klärt sich bald wieder auf; doch im Waldesinnern herrscht unbewegtes Dämmern.

Auf einem Wildpfad gehts einer Anhöhe zu. Hinter ihr muß der Fluß sein. Plötzlich ein Gurgeln und Kreischen und Knacken in den Zweigen: eine Horde langschwänziger Affen turnt lärmend von Baum zu Baum, geführt von einem alten. Sie werden über die wohlumhegten Mais- und Bananenpflanzen der Eingeborenen herfallen und arg darin hausen. Nun lichtet sich der Wald. Nach Tagen erscheint das blasse Blau des Himmels. Vom Glanz des Sonnenlichtes in der Luft und auf den Blättern sind wir ganz geblendet. Der Kamm ist erklommen: ein herrlicher Weitblick tut sich auf. Westwärts wölbt es sich grün, hell und dunkel sich wellend und bläulich sich auflösend im fernen Dunst. Gegen Osten, jenseits des Flusses, lichtet sich der Wald und geht allmählich in die Savanne über.

Steil fällt eine mäßig hohe Sandsteinwand zum Flusse ab. Breit, in majestätischer Ruhe zieht er hier vorbei. Am anderen Ufer stehen Bäume, deren Zweige und Luftwurzeln in die dunklen Fluten fallen und mitströmen.

Im Fluß lagern Sandbänke. Das Gekreisch unzähliger Wasservögel dringt von dort herauf: Entenarten, Reiher, rötliche Flamingo. An einer Stelle dösen grüne Krokodile in der Sonne mit aufgesperrtem Rachen. Gestrandete Baumriesen mit hellgebleichtem Holz lagern an den Bänken und erzeugen gefährliche Wirbel. Ein Kahn mit Eingeborenen überquert den Fluß. Die Sonne geht unter. Rasch wird es dunkel und kühl. Für einen Augenblick hält die belebte Natur den Atem an, es wird still, und dann ertönt es von neuem. In das feilende Zirpen der Zikaden mischt sich das Quaken der Frösche und Unken, der Ruf der Käuze und Eulen. Über dem schwärzlichen Wald schwebt mit schwerem Flügelschlag unhörbar ein Uhu. Von den Wipfeln hinunter zur Wasserfläche und wieder hinauf sausen Hunderte von Fledermäusen in verwirrendem Spiel.

Und über dem rauschenden Waldmeer ziehen die Sterne am schwärzlichen Himmel, funkelnd und sprühend.

Gegen Mitternacht erfüllt ein unruhiges Rascheln, Flügelschlagen und verhaltenes Aufkreischen den Wald: die großen Tiere ziehen auf Raub oder Äsung aus. Der Panther hat sich gähnend von seinem dicken Ast erhoben, auf dem er tagsüber lauernd schlief, geborgen im Gewirr blinkender Blätter und Schatten. Lautlos klettert er von Ast zu Ast. Ein ängstliches Flügelschlagen in den Kronen verrät seinen Weg. Vom Fluß her dringt ein Schnauben, Plätschern und Glucksen herauf: ein Flußpferd mit seinem Jungen kommt im Schatten der Bäume herabgetrieben. An der seichten, schilfigen Tränkestelle steigt das Ungeheuer prustend aus dem Wasser. Bächlein rinnen von der schwarzglänzenden Haut. Schwerfällig schnaubend wankt es landwärts, Gras und Busch geräuschvoll niedertretend. Dicht hinter ihm her das Junge. Unbekümmert um alles, was um es vorgeht, äst es gemächlich und ausgiebig.

Auf einem Wildpfad, der zur Tränkestelle führt, erscheinen lautlos, vorsichtig äugend und witternd Antilopen. Während zwei mit lauschenden Ohren trinken, äugt die dritte, trinkt dann rasch und – fort gehts in zierlichen Sprüngen. Ein kurzes Trompeten ertönt drüben im Wald. Im nächtlichen Dunkel tasten sich riesenhafte Schatten vorwärts: Elefanten. Zweige knacken. Allmählich treten die Elefanten an die Uferlichtung. Wie Felsblöcke stehen sie da, klatschen mit den Ohren, wittern mit erhobenem Rüssel und trinken, überspritzen sich mit Wasser, spritzen sich wechselseitig an und tummeln sich eine Weile mit Behagen im feuchten Element. Darauf trotten sie in leicht-gemächlichem Trab waldwärts. Nun erdröhnt fern ein heiseres Donnern, zwei-, dreimal: alles wird still. Nach einer Pause setzt das Zirpen und Sägen und Zwitschern wieder ein. Vor dem Ruf des Löwen verstummen selbst die Tiere, die ihn nicht zu fürchten haben. Nach kurzer Zeit erscheint der König an der Tränke, säuft mit gierigen Zügen, schüttelt die Mähne und zieht sich zurück. Nun wagen sich die scheueren Tiere, Antilopen, Zebra und Giraffen ans Wasser. Schakale schleichen heran und schlabbern gierig. Der Morgen graut. Die Tiere verziehen sich in Höhlungen oder ins bergende Dunkel von Busch und Baum.

Durch den taufeuchten Buschwald streift ein Jäger. Hinter ihm sein Sohn. Schwarz glänzen ihre Leiber. Zum Schutz gegen die morgendliche Kühle haben sie sich mit Fellen bedeckt. Sie sind auf dem täglichen Gang durch das Revier. Genau ist es begrenzt und wird von ihnen gehütet und verteidigt gegen fremde Eindringlinge. Mit wachen Sinnen lebt der Jäger in der Landschaft und im Wind, späht, lauscht und spürt. Er liest aus dem Gras, am abgestreiften Tau, aus geknickten Zweiglein und den feinsten Spuren auf dem Boden die Geschichte vom nächtlichen Wechsel der Tiere. Da und dort steht er still, weist wortlos auf ein Zeichen, damit es sich der Junge gut einpräge.

Beim Streifzug erbeutet er eine Antilope. Sie setzen sich nieder und der Vater deutet dem Jungen die Zeichen, die sie gesehen haben. Seit seinen Knabentagen wird er vom Vater täglich mitgenommen und eingeweiht in die Lebensweise der Tiere. Er lernt das Lesen der Fährten und die verschiedenen Laute der Tiere kennen, aber auch die Zauberhandlungen, die vor der Jagd auf bestimmte Tierarten vollzogen werden müssen, und die Zauber auch, durch die sich der Jäger selber schützt. Er lernt, welche Opfer nach der Jagd dargebracht werden müssen, um die Geister, welche die Tiere schützen, zu versöhnen.

Sein Körper wird durch tägliche Übung und Strapazen gestärkt und gestählt. Mit dem Eintritt ins Mannesalter hat er mit Gleichaltrigen vielerlei Proben der Jagdkunst und körperlichen Geschicklichkeit abzulegen. Das Leben der Jäger ist ein ständiger Kampf; es fordert höchste Steigerung der Kräfte und Anlagen bei jedem einzelnen: Wachheit der Sinne, Klugheit, kühle Ruhe, körperliche Gewandtheit und zähe Ausdauer.

Seiner Kraft bewußt, mit natürlicher Würde schreitet der Jäger einher, jeder ein König seines Bereichs. Jeder muß in Not und Gefahr allein seinen Mann stehen. Der einzelne in der Fülle seiner Kraft gilt etwas im Klan; alles Schwächliche wird verachtet.

Mit der Jagdbeute beladen, kehren Vater und Sohn zur Hütte zurück, wenn die Sonne höher steigt. In einer Lichtung nahe beim Wasser steht sie, ein einfacher kegelförmiger Bau, die Wände aus Zweigen geflochten, das Dach mit Steppengras kunstvoll bedeckt. Aus dem Waldesdämmer kommt seine Frau geschritten, einen eiförmigen Wasserkrug auf dem Kopf. Leichten Fußes, in königlicher Haltung, balanziert sie mühelos das Gefäß. Sie trägt ein indigoblau gefärbtes Baumwolltuch eng um den Leib, Schulter und Arme sind frei. Am Hals, an den schmalen Hand- und Fußgelenken klirren zahlreiche Bronzereifen. Hinter ihr her trippelt ein Mädchen, das auch einen kleinen Krug trägt. Die Kinder werden liebevoll, aber zu strenger Arbeitsamkeit erzogen.

Der Hausrat ist einfach: eine offene Feuerstelle ist der Herd, einige Tonkrüge mit Korn oder Mais stehen in einer Ecke, selbstgeflochtene Körbe mit grellfarbigen Tüchern und Waffen hängen an der Wand. Zwei, drei schön geschnitzte Hocker dienen als Sitzgelegenheit, geflochtene Matten mit Fellen als Lager.

Aller Hausrat, das Zeltdach, falls die Familie ein Zelt besitzt, und der kleine Acker sind Eigentum der Frau. Waffen und Jagdbeute gehören dem Mann. Die Frau hat bei den Jägervölkern eine freie, selbständige Stellung. Sie ist gleichgestellte Partnerin des Mannes. Ob sie die Ehe mit einem Manne eingeht, entscheidet sie. Früher mußte ein

Jüngling, ehe die Braut in die Ehe einwilligte, einen Löwenkampf bestanden haben. Aber noch heute muß er durch eine Probe seiner Tüchtigkeit und Geschicklichkeit um die Braut werben, indem er etwa eine Gazelle zu Tode hetzt und außerdem den Zweikampf mit einem Vetter der Braut besteht. Die Kinder gelten als Sprößlinge des Mutterstammes und tragen den Geschlechtsnamen der Frau. Jederzeit kann die Frau ihr Eheverhältnis lösen und in ihre Familie zurückkehren.

Zur Ernährung dieser kleinen Familie dienen Früchte, mancherlei Arten Bananen, die Wurzel des Maniokbaumes neben Wildbret und Fisch. Dazu kommt vielleicht noch der Ertrag an Hirse oder Mais aus einem kleinen Acker.

Oft verläßt die ganze Familie frühmorgens ihre Hütte. Während Frau und Kinder im Felde arbeiten, geht der Mann auf die Jagd oder stellt Fallen. Der Mann befaßt sich nur mit der schweren Arbeit des Rodens des Feldes und dessen Umzäunung; Hacken, Säen und Ernten besorgen die Frauen. Abends kehren sie durch den schmalen Buschpfad heim zur Hütte, voraus der Mann. Er trägt nur seine Waffen, höchstens das erlegte Tier. Hinter ihm kommen Frau und Kinder. Sie trägt die Feldfrüchte auf dem Kopf, und im Schultertuch schläft vielleicht ein Säugling, mit ihrem Arm hält sie ein vierjähriges Kind, das rittlings auf ihrer Hüfte sitzt. Nach freier Jägersitte wohnt diese junge Familie allein, etwas abseits vom Dorf des Familienverbandes. Und doch fühlen sie sich mit dem Klan aufs engste verbunden. Gemeinsam beherrschen die Männer ihr Jagdrevier, das durch Hügelzug, Fluß, Baum und andere auffällige Merkzeichen genau vom Gebiet eines anderen Dorfes oder Klans abgegrenzt ist. Der Mann geht ins Dorf zu gemeinsamer Beratung und zur Rechtsprechung. Im Dorf ist der Markt, da wohnt der Schmied, der Töpfer, da leben die Alten. Feste und kultische Feiern zu Hochzeit, Geburt und bei Eintreten der Mannbarkeit geben außerdem auch für Frauen und Kinder Anlaß genug, sich immer wieder mit den Verwandten zu treffen und zu plaudern.

Wie sehr die Jägervölker dem Leben und dem Kraftvollen huldigen, kommt auch in ihrem eigenartigen Totenbrauch zum Ausdruck. Der Mensch, der gestorben ist, wird unrein, gilt als feindlich, und wäre es der nächste Verwandte. Kaum ist er verschieden, wird der Leichnam samt seiner Habe aus der Hütte geschleift; nicht durch die Türe, sondern zur Rückwand hinaus und weit hinweg gebracht von menschlichen Wohnstätten. Dort deckt man ihn eilig mit Steinen zu. Die Hütte wird durch Räuchern gereinigt. Durch kräftigen Zauber bannt der Medizinmann den Geist des Toten außerhalb der menschlichen Wohnstätte. Er sucht die Hinterbliebenen auch vor den herandringenden bösen Geistern zu schützen, die im Gefolge des Toten sich heranschleichen wollen und Schaden bringen. Alles Absterbende, Tote wird gefürchtet, gemieden, vergessen, das Leben allein wird geschätzt.

Eine ähnliche Gesinnung gegenüber Leben und Tod haben auch die Völker, die als Hirten mit ihren Herden umherziehen. Auch ihr Leben ist gekennzeichnet durch Entbehrung, Härte und Kampf. Bei den Hirten hat oft der einzelne die ganze Herde zu schützen und zu verteidigen gegen Raub und Überfall. Steigerung aller Kräfte, Wachheit, Überlegenheit, Beherrschung der Umwelt auch durch die Kräfte des Zaubers wird gefordert vom Hirten und Jäger; wogegen der Ackerbauer, mit gekrümmtem Rücken zur Erde gebeugt, in gemeinsamem Tun mit den andern schafft und demütig Opfer bringt den Mächten, die gleicherweise Regen und Dürre, magere Ernten oder reiche Frucht spenden.

IV.

Afrika, der von blendendem Licht überflutete Kontinent, wird der dunkle Erdteil genannt. Dunkel, weil die Kräfte der Erde, des Blutes, des ewig quellenden Lebens im Menschen dieser Erde stark und unmittelbar sprechen und wirken; weil dem Menschen Afrikas die geheimen Quellen noch erschlossen sind, aus denen sich das Leben ewig erneuert, deren Wohltat auch jeder von uns im Schlafe teilhaftig wird – jene Kräfte, die in seinem Blute hämmern, ihn in seinen Trieben lenken, in Gesichten sich ihm künden, die ihn schrecken, ihn erheben, die er fürchtet, die er verehrt. Diesen Kräften ist er hingegeben, wie das kleine Kind seinen Eltern hingegeben ist, gläubig fromm. Der Mensch

Afrikas fühlt sich eins mit der Welt, mit der schaffenden und zerstörenden Natur, er fühlt sich geborgen im Schoße der großen Mutter.

Der Neger besitzt eine außergewöhnliche Schärfe seiner Sinne, so daß er zum Beispiel Dinge sieht, die dem Europäer nur durchs Fernrohr ins Auge fallen; er nimmt die feinsten Geräusche wahr und weiß sie zu deuten, er kann durch seinen Geruchsinn unterscheiden, welche Tiere seinen Pfad gekreuzt haben. Über diese Sinnenschärfe hinaus besitzt der Afrikaner ein hellfühlendes Wahrnehmen, durch das er mit dem Geschehen, den Wesen um ihn her in innerlichste Verbindung kommt. Sein Verstand löst ihm nicht die tausend Fäden, durch die seine Seele mit der Welt verbunden ist.

Wir Europäer stehen allem messend, beurteilend gegenüber und sind darum fähig, alles nüchtern als Dinge zu werten und unseren Zwecken dienstbar zu machen. Für den Neger gibt es diese Trennung zwischen Ich und der Welt nicht; er fließt gleichsam mit der Umwelt in eins zusammen. Er fühlt das, was »draußen« ist, in sich, und alles Äußere wie einen Teil von sich. Eine bestimmte körperliche Empfindung verrät ihm, wenn Menschen sich ihm nahen, ehe er sie sieht. Die Nähe wilder Tiere spürt er nicht nur mit all seinen Sinnen, er fühlt in seinen Waden ein feines Rieseln, wenn ein Leopard im Versteck lauert. Ja, selbst wenn ein Tier sich kratzt, fühlt er ein feines Jucken an der eigenen Haut. Einer Pflanze mit tödlichem Gift gegenüberstehend, hat er eine andere Empfindung als bei einer Pflanze, die Wunden heilen kann. Ein glotzendes Krokodil, die Hyäne, einen Leopard erlebt er in ihrer schreckhaft-dämonischen, blutgierigen Wesenhaftigkeit unmittelbar in seinem Seeleninnersten. Ihre Gestalt ist ihm Hülle, Maske, verzaubertes Abbild dessen, was er von diesen Tierwesen ausgehen und wirken fühlt. Blitz, Donner, Regen sind ihm Taten göttlicher Wesen. Im Tod sieht er nicht ein natürliches Geschehen, sondern die Wirkung von dem Willen eines Geistes. Die unmittelbaren Todesursachen: Krankheit, Unglücksfall, ein wildes Tier, das den Menschen anfällt und zerreißt, erscheinen ihm als die Mittel, die ein Geist benutzt, um den Tod des Menschen herbeizuführen. Selbst Dinge, Steine, Pfähle, Muscheln, erlebt er als Hüllen und Wohnungen guter oder böser Geister.

Und da der Neger die Anwesenheit elementarischer Wesen (die eine ältere Zeit bei uns als Kobolde, Trolle, Nixen usw. bezeichnete) überall, in Busch und Baum, in Strom und Schlucht ahnend fühlt, aber auch die Gegenwart schreckhafter Dämonen, die ihn heimsuchen und bedrohen, darum sucht er durch Opfer, durch Zauber, durch Zeichen und beschwörendes Wort die Geister günstig zu stimmen oder sich gegen ihre Einwirkung zu feien.

Alles, was der Neger erlebt, ist ihm Zeichen und hat Bedeutung, die er zu verstehen sucht. Und alles, was er tut, hat Bezug und Bedeutung, sei es bei der Jagd, beim Ackern, beim Bau einer Hütte, bei Geburt oder Tod, und will beachtet sein; denn daran heftet sich Glück oder Unglück.

Der Forscher Frobenius konnte einmal folgenden Jagdzauber belauschen: Auf einer Fahrt im Urwaldgebiet des Kassai waren die Vorräte ausgegangen. Er bat drei gute Jäger, Pygmäen, die mit einer Frau ihn begleiteten, schnell eine Antilope zu schießen. Sie beteuerten, das sei ihnen unmöglich, doch wollten sie es am folgenden Tag versuchen.

Früh vor Sonnenaufgang stiegen sie auf einen Hügel. Die Männer rupften auf einem freien Platz Gras aus und strichen den Boden glatt. Darauf kauerte einer nieder und zeichnete etwas in den Sand. Dann murmelten sie Gebete und Zauberworte. Einer der Männer stand mit gespanntem Bogen, und als nun die Sonne hervorbrach, erhob die Frau die Hände und schrie, der Mann schoß den Pfeil in den Boden und darauf rannten sie in den Busch. – Im Sand war eine Antilope gezeichnet. Ein Pfeil stak ihr im Hals. – Als die Jäger wiederkamen, trugen sie einen Buschbock, der durch einen Pfeil in der Halsader erlegt war.

Die Leutchen gingen danach mit etwas Haarbüscheln und einer Fruchtschale voll Antilopenblut zu der Stelle auf den Hügel zurück, bestrichen damit die gezeichnete Antilope, zogen den Pfeil heraus und verwischten das Bild, dann verschwanden sie; offenbar weil sie gemerkt hatten, daß der Jagdzauber verraten war.

Aber auch das alltägliche Leben der Neger ist von Zauberhandlungen erfüllt und durchwoben. Rätselhafte Zeichen ritzt er an die Türbalken, auf Waffen, Ruder und Gerät. Auf die Giebel seiner Hütte setzt er dämonenartige Formen; rote Pfähle mit merkwürdigen Schnitzereien

stehen in der Umgebung des Dorfes; sie sollen die bösen Geister bannen. Er schützt sich durch Amulette vor Gift, Krankheit und bösem Blick. Auch seine Tatauierungen haben ursprünglich magischen Sinn. Er opfert bei der Aussaat und wenn er erntet und bittet die Wettergötter um Regen. Die jung verheiratete Negerin empfängt vom Familienältesten Körner und verschluckt sie, damit sie der Sippe zahlreiche Nachkommen schenke.

Solche und ähnliche Handlungen stammen aus Zeiten, wo das hellfühlende Wahrnehmen und In-den-Dingen-leben noch lebendig und allgemein verbreitete Fähigkeit war. Aus diesem Erleben gestalteten sie ihre Kultur. Davon zeugen auch ihre Tierdarstellungen, Masken und selbst die Schnitzereien eines Hockers oder einer Trommel.

Aber diese Fähigkeit ist heute bei den meisten Völkern bis auf schwache Reste verdämmert und verklungen. Und so ist, was einstmals voll erlebt wurde, leerer Brauch geworden, dessen Sinn und Bedeutung von den Negern heute weder verstanden noch auch kaum mehr empfunden wird; dessen unheimlich wirkender Macht man sich aber nicht zu entziehen wagt, aus Furcht vor rächender Verfolgung der Geister.*

Wie bei jedem Volk, so gibt es auch unter den Negern Menschen, die auf Grund besonderer Veranlagung und durch bestimmte, altüberlieferte Handlungen, durch den Genuß geheimer Drogen und ähnlichem in sich wieder hervorrufen können, was einst der ganze Stamm erlebte. Sie werden Medizinmänner genannt. Weil sie übernatürliche Fähigkeiten haben, werden sie vom Volke als die Vermittler im Verkehr mit den Geistern geehrt und als Deuter, Helfer und Banner bei Unglück, Krankheit und Tod herangezogen.

Aber auch die Sippe oder geheime Männerbünde suchen durch kultische Tänze an bestimmten Festen oder an rhythmisch wiederkehrenden Tagen des Mond- und Sonnenlaufes Verbindungen mit den Geistern. Bei all diesen Tänzen, seien sie öffentlich oder an geheimem Ort,

* Es ist merkwürdig, daß selbst in Europa und Amerika mancherlei Bräuche, wie Berühren von Holz etc., bekannt sind, über deren Bedeutung man sich keineswegs klar ist und die wohl inmitten unserer technisierten Kulturwelt Überbleibsel darstellen eines früheren magischen Welterlebens.

werden alte Masken und Zeichen verwendet. Gesicht und Körper werden mit weißer Farbe gestreift oder rot bemalt. Diese Maskierungen stammen aus dem Schauen guter oder dämonischer Wesen und stellen deren Abbilder im Bereich des Irdischen dar.

Zu monotonen, immer wiederkehrenden Rhythmen dumpfer Trommeln vollzieht nun die phantastisch geschmückte Maske oder eine Gruppe im Kreis einen kultischen Tanz, dem die Bewohner des Dorfes oder der Stamm zuschauen. Nicht Menschen sind es, die tanzen; Masken und Gebärden lassen die Seele im Tiefsten erschauern: die Geister sind gegenwärtig. Altes schlummerndes Ahnen erwacht, die täuschende Wand der Scheinwelt schwindet, für einen Augenblick vielleicht wird in der Ergriffenheit die Verbindung frei zu den wirkenden Geistern, zu der Welt, in der auch die Ahnen des Stammes weilen.

Es gibt aber auch Tänze, bei denen sich die Bevölkerung mitbewegt, singt und klatscht. Wenige Rhythmen sind es, die bei einem bestimmten Tanz immer wiederkehren und auf die Seele der Menschen wirken; ihre Wirkung und Bedeutung ist altbekanntes Wissen. Eine Trommel beginnt mit dem synkopisierten Rhythmus, eine zweite, eine dritte setzt ein, das Volk klatscht, singt und bewegt sich immer in derselben Art durch Stunden. Die Rhythmen steigern sich, die Bewegungen werden schneller, das Singen wird lauter und lauter, immer schneller, immer heftiger bewegt sich die Menge, und nun setzt mit einem hellen Schlagzeug ein neuer Rhythmus ein, den die Trommeln aufnehmen: die Menge gerät in ekstatische Bewegungen, einzelne schreien, ihr Gesicht verzerrt sich, sie fallen um, die Seele fährt ihnen aus dem Leibe, und sie versinken in einen Zustand der Trance. Um sie her wogt es weiter. Andere werden von der Ergriffenheit überfallen, bis schließlich die Rhythmen abklingend sich beruhigen oder plötzlich stillstehen. Die Ergriffenen, für alles irdisch-räumliche Erleben unempfindlich geworden, sind jetzt einer Welt elementarer, dämonischer Wesen zugetan. Aus dieser Welt sich wandelnder und sich durchdringender Bilder, die in verlockenden Farben leuchten oder in schreckhaften Formen drohen, wachen sie nach einiger Zeit auf; sie fühlen sich nun mit ihrer Seele wie eingesargt in die starre, dunkle irdische Umwelt.

Durch den Tanz verbindet sich der Neger mit seinen Göttern, mit der ewigen Welt des Werdens und Vergehens.

Was er auf diese Weise immer wieder sucht und erlebt, hat in vielen Mythen und Märchen einen Niederschlag gefunden. Merkwürdig sind die Bilder, die sich auf das Leben der Seele vor ihrer Geburt beziehen, wie auch auf die Menschheit vor dem Sündenfall. Diesen oft sehr bruchstückartigen Motiven liegt das Empfinden zu Grunde, daß der Mensch, ehe er geboren wird, in einer Lichtwelt lebe und »hell« sei. Durch die Geburt taucht er in das Irdische unter und wird »schwarz«. – Das neugeborene Negerkind ist hellhäutig und wird allmählich dunkel. – Es wird etwa erzählt, daß er an einem Seil oder an einer Leiter herunterkletterte, oder durch ein Loch, durch ein Rohr hinunterfiel, untertauchte in einen schlammigen Fluß und dadurch schwarz geworden sei.

In einigen Mythen wird darauf hingedeutet, daß ursprünglich alle Menschen »weiß« waren, als sie noch beim großen Itongu weilten. Die einen Brüder – so erzählt eine Überlieferung – blieben nach der Erschaffung der Erde länger beim Itongu zurück und nahmen viel »Wissen« von dieser Welt auf. Die andern strebten zur Erde, verließen ihn früh und wurden schwarz. Diejenigen, die länger beim Itongu weilten, blieben weiß, als sie auf die Erde kamen. Zu spät erkannten die schwarzen Brüder, daß sie voreilig gewesen waren. Seitdem empfinden sie tiefe Reue in ihrer Seele, fühlen sich schuldig gegenüber dem großen Itongu und tragen ein unstillbares Sehnen in sich nach der Welt des Lichtes, der sie verlustig geworden sind.

Als die Weißen zu den Negern kamen, glaubten diese, es würden sich alte Voraussagen einer hoffnungsfrohen Zukunft erfüllen, höhere Wesen, Abgesandte Itongus kämen aus der Lichtwelt zu ihnen. Sie sahen sich aber nach kurzer Zeit in ihren Hoffnungen und Erwartungen enttäuscht.

V.

In der Gegenwart bereitet sich unter vielen Völkern Afrikas ein Umschwung vor, der als »Erwachen« bezeichnet wird. Völker, die durch lange Zeit unter der Herrschaft der Weißen gestanden hatten, machen sich frei oder drängen nach Unabhängigkeit und dem Recht zu freier Selbstgestaltung ihrer Lebensverhältnisse.

Ein schweres Geschick ist offensichtlich für die Schwarzen mit dem Auftreten der Europäer entstanden; es läßt sich nur unter Schwierigkeiten, Not und Leiden allmählich lösen. Im 17. Jahrhundert trafen weiße Seefahrer selbst noch an der Küste Westafrikas auf blühende Stämme mit reicher Kultur: volkreiche, saubere Dörfer, sorgfältig angelegt, mit Palmen eingefaßte Straßen, fruchtbare, wohlbestellte Felder und gute Bewässerungsanlagen im Innern des Landes. Die Frauen kleideten sich in prächtige, selbstgewebte Stoffe und trugen schöngeformten Bronzeschmuck. Die Männer hatten kunstvoll verzierte Waffen. Jeder Hausrat, ob Stuhl oder Löffel, hatte eine schöne Form. Ein solches Dorf bot ein Bild des Wohlstandes, der Ordnung und des Friedens. Aber diese Blüte zerfiel überall da, wo die Weißen eindrangen, die Eingeborenen in Scharen zusammentrieben und als Sklaven auf die Schiffe schleppten.

Als dann der öffentliche Sklavenhandel in den letzten Jahrzehnten des 19. Jahrhunderts aufhörte und die Weißen Afrika unter sich in Interessengebiete aufteilten, zu kolonisieren und wirtschaftlich auszubeuten begannen, da war in den Gegenden, die unter dem Menschenraub gelitten hatten, nur mehr ein kümmerlicher Rest der alten Kultur, ein Schatten alten Glanzes vorhanden. Bei manchen Stämmen war die alte soziale Wohlordnung aufgelöst, sie litten unter Angst, Krankheiten und Not und waren zum Teil zur Menschenfresserei übergegangen, was zuvor in Afrika nicht bekannt war – wenn auch das kultische Menschenopfer da und dort vollzogen wurde. Alle Kunstkraft war dahin. Die Frauen trugen billige Baumwolltücher, die in Europa gewebt und mit schreienden Farben bedruckt worden waren, die Männer stolzierten in alten europäischen Strohhüten oder schwarzen Melonen herum und sahen komisch und traurig aus.

Aber Afrika ist groß und volkreich. Noch im 20. Jahrhundert trafen Forscher auf unberührte Völker, die ihre angestammte innere und äußere Kultur rein und kraftvoll sich bewahrt hatten.

Afrika nimmt jedoch in seiner Weise – unabhängig vom Eindringen der Weißen – am allgemeinen Gang der Menschheitsentwicklung teil. Es scheint aus der Kulturstufe des magischen Bewußtseins, das sich in Überresten lange und kräftig erhalten hat, aufzuwachen zu der Kulturstufe, in der der Weiße heute führend ist.

Hart und unvermittelt, ohne Übergang stehen sich oft die zwei Welten, die alte und die neue, gegenüber: Über den Urwald donnern Flugzeuge und landen in Städten mit Betonbauten und Neonlicht im Kupfergebiet des Kongo. – Unten in den Wäldern leben Menschen, die sich durch Amulette vor dem bösen Blick schützen; sie jagen mit vergifteten Pfeilen und suchen in Tänzen Verbindung mit ihren Stammesgöttern. Moderne Motorpflüge brechen im Sudan die Erde auf. Plantagen von Baumwolle und Erdnüssen dehnen sich in unabsehbar weiten Feldern aus. Das Wild ist in den letzten fünfzig Jahren bis auf klägliche Reste ausgerottet. – Dann wieder, von dieser Geschäftigkeit mehr oder weniger unberührt, Neger, die mit Hacken ihre Äcker bearbeiten, täglich auf den alten Handmühlen die Hirse mahlen und ihre enggedrängten Lehmsiedlungen zum Schutze gegen die bösen Geister mit Totempfählen umgeben. In der Sahara: Eisenbahnbau, fieberhaftes Bohren nach Erdöl. Raupenautos, die das Sandmeer durchqueren. Aber immer noch wandern hochbeladene Karawanenzüge auf den uralten Wüstenstraßen, gegen Durst und Stürme kämpfend, von Luftspiegelungen getäuscht, wie in alter Zeit.

In den Seelen der Neger, die mit der modernen Kultur der Weißen in Berührung kommen, vollzieht sich stärker denn je eine Umwandlung; sie leben in einer Spannung, die bis an die Grenze des Zerbrechens geht. Und viele zerbrechen an ihr. In den Kupferminen im Kongo zum Beispiel sind schon seit langer Zeit Neger aus der Umgebung tätig. Durch die neu erstehenden Städte im Urwald, die Straßen, die angelegt werden, und durch den Aufschwung an den Umlegeplätzen der großen Binnenhäfen werden die Arbeitskräfte aus immer entfernteren Dörfern angelockt und herbeigezogen. Die Jungen verlassen die Dörfer und Stammeszusammenhänge, gelockt vom Verdienst; in den Dörfern bleiben die Alten oder Kranken zurück; langsam sterben sie aus, die Hütten zerfallen.

Ein großer Teil der Jungen findet in Städten und Fabriken Arbeit und paßt sich mit großer Einfühlungsgabe – wenn auch äußerlich – den modernen Verhältnissen, dem neuen Leben an.

Andere können sich vielleicht eine Zeitlang halten, verlieren aber mit dem ersten Arbeitsplatz Ziel und Halt und verkommen in der Wellblech- und Benzinkanisterkultur am Rande der aufstrebenden Großstädte. Ins Dorf zurück können sie nicht mehr, denn auch hier sind sie entwurzelt.

Die Neger aber, die den Umschwung innerlich kräftig und selbständig vollziehen können, stehen in ihrer intellektuellen Fähigkeit und praktischen Begabung den Europäern und Amerikanern nicht nach. Das stellten amerikanische Untersuchungen fest. Sie lernen auch im vorgerückten Alter in kürzester Zeit Lesen und Schreiben und zeigen einen unglaublichen Lerneifer. Sie beherrschen bald mit großer Geschicklichkeit die Führung der Autos, der Krane und Eisenbahnen oder leisten als Vorarbeiter in Schmelzwerken oder feinmechanischen Werkstätten zuverlässige und selbständige Arbeit. Aber auch in intellektueller Hinsicht sind sie aufgeschlossen und begabt. Viele sind Rechtsanwälte und Ärzte geworden. Im Kongo wurde zum Beispiel eine Navigationsschule eröffnet, aus der zahlreiche junge Neger hervorgegangen sind, die nun als Kapitäne den Schiffsverkehr auf dem Strome lenken.

Aber der Aufschwung der Schwarzen wird wie durch stillschweigendes Übereinkommen von den Weißen erschwert und verhindert. Nirgends – mit wenigen Ausnahmen wie im Kongo – wird geduldet, daß ein Schwarzer, der kraft seiner Fähigkeiten wohl dazu in der Lage wäre, eine leitende Stellung bekommt, wenn die Möglichkeit besteht, daß Weiße unter ihm arbeiten müßten. Vorurteile gegen die Rasse, Angst vor deren Selbständigkeit und Konkurrenz stehen hindernd im Weg.

Bis vor kurzem haben die Schwarzen mit einer selbstverständlichen Verehrung die Weißen als überlegen, als die »Herren« betrachtet. In der Gegenwart vollzieht sich gerade darin überall ein Wandel. In dem Maße, wie durch den Anteil an der modernen Zivilisation das Selbstbewußtsein der Schwarzen erwacht und sich stärkt, betrachten sie die

Weißen als Eindringlinge und streben danach, Unabhängigkeit und Selbständigkeit zu erlangen. Es wird von der Einsicht und Einstellung der Weißen abhängen, wie dies sich vollzieht: ob unter Empörung gegen die Weißen oder mit ihrer Hilfe; aufhalten läßt es sich nicht.

Wie Gott die Welt erschuf und wie die Baule auf die Erde kamen

Am Anfang der Welt gab es nur die Götter-Mutter. Man weiß von ihr nur, daß sie im Himmel war und Niamye, den höchsten Gott, und seinen jüngeren Bruder Anangama gebar. Das ist schon lange, lange her.

Niamye schuf sich und dem Bruder eine Frau; die eigene nannte er Assie, den Namen der Schwägerin kennt man nicht.

Ebenso entstanden durch Gottes Hand im Himmel die Menschen, die Tiere und die Geister. Dort lebten sie nun lange Zeit und vermehrten sich – auch Gott und seine Frau bekamen sehr viele Kinder – bis es im Himmel zu eng wurde.

Da machte Gott die Erde. Er formte sie kreisrund aus Staub, den er mit Wasser mischte, und legte sie in den großen Sumpf Nemye, der unter dem Himmel war und noch heute die Erde rings umgibt.

Am Anfang war die Erde nur ein Schlammbrei, und erst allmählich trennten sich Wasser und Erde. Das weiß man aus der Geschichte vom Frosch und dem Chamäleon. Die beiden stritten sich darüber, wer von ihnen zuerst auf die Erde herabgestiegen sei. »Als ich ankam«, sagte das Chamäleon, »war die Erde noch ganz schlammig, daß man kaum drauf gehen konnte. Da habe ich die Gewohnheit angenommen, meine Füße immer so behutsam einen vor den anderen zu setzen, und das tue ich heute noch.« – »Als *ich* herunterstieg«, meinte der Frosch, »da war ja überhaupt noch kein Wasser da. Man begann gerade erst, die Erde mit Wasser einzuebnen, und es gab nur da und dort einen Haufen Schlamm, dazwischen aber waren große Löcher und Spalten. Damals habe ich mir das Hüpfen angewöhnen müssen.« So ist also der Frosch vor dem Chamäleon auf die Erde gekommen.

Als dann die Erde trocken war, schickte Gott seine Frau Assie hinunter, damit sie fortan dort regieren sollte. Daher glauben manche Leute, Assie sei zuerst auf der Welt gewesen – das stimmt aber nicht; es ist nur so, wie wenn man jemand in ein anderes Dorf vorausschickt. Assie brachte die Bäume mit – die anderen Pflanzen sind gleich von selbst aus der Erde gewachsen.

Danach machte Anangama, Gottes Bruder, eine lange Kette, die war sehr stark und hatte an dem einen Ende zwei Schlingen, in die man mit den Füßen treten konnte. Daran ließ er nun die Menschen und alle Tiere auf die Erde hinunter: erst einen Mann, dann eine Frau, und so machte er es bei jedem Menschenvolk, das er im Himmel hatte, ein jedes an seinen Platz. Und jedem Menschenvolk gab er ein Paar von allen Tieren, zuerst das Huhn, dann den Hahn; diese machten eine Ausnahme, denn bei den anderen Tieren kam, wie bei den Menschen, zuerst das Männchen.

Damals kamen auch die ersten Baule auf die Erde.

In diesen ersten Zeiten lebten die Menschen und die Tiere zusammen in großen Dörfern, und die Tiere hatten ebensolche Häuser wie die Menschen. Später aber mußten sie in den wilden Busch fliehen. Da leben sie heute noch.

Die Menschen wußten noch fast gar nichts, und Anangama mußte erst aus dem Himmel herunterkommen und ihnen zeigen, wie dieses und jenes gemacht wird. An der Stelle, an der er herunterstieg, nicht weit von Sakassu, ist sein Fuß in einen Felsen eingedrückt. Er hat nur einen linken Fuß, denn man sieht nur diesen.

Als Anangama wieder im Himmel war, mußte er seine Frau auf die Erde schicken, um die Menschen zu belehren, denn sie wußten über ganz natürliche Dinge nicht Bescheid, worüber es die allerkomischsten Geschichten gibt. Nur mit ihren Krankheiten wurden sie auch dann noch nicht fertig. Da sandte Niamye, der ihnen helfen wollte, den ersten Geist auf die Erde. Das war Mbla. Der ist sehr mächtig und gut.

So wäre es wohl gut gegangen auf der Erde, wenn nicht Niamye nun auch alle die anderen Geister zu den Menschen geschickt hätte. Diese Geister hatten sich nämlich im Himmel schlecht aufgeführt, und da dachte Niamye, sie würden auf der Erde vielleicht besser werden und wie Mbla den Menschen Gutes tun. Aber sie wollten nur ihre Späße treiben, denn es waren furchtbar böse Geister.

Nach einiger Zeit sah Gott, wie die Menschen da unten auf der Erde miteinander Krieg zu führen begannen und überhaupt viel Schlimmes geschah. Er fürchtete, auch seiner Frau könne etwas geschehen, und weil er ein starker Mann war, ging er selbst auf die Erde hinab und schickte Assie in den Himmel zurück. Da war sie nun die mächtigste Gottheit, da sie ja am höchsten saß.

Mit der Zeit aber zeigte sich, daß Assie sich viel Schlechtes angewöhnt hatte: sie ließ ihre Abfälle auf die Erde herunterfallen und den Schmutz, den der Regen abwusch, herabfließen, mitten in Niamyes Essen hinein. Als er es schließlich gar nicht mehr aushalten konnte, schlug Niamye vor, Assie solle sein Reich auf der Erde und er wolle ihr Reich im Himmel besuchen, um zu sehen, wie es jetzt dort aussehe. Assie war einverstanden. Als aber Niamye wieder im Himmel war und Assie auf der Erde, da sagte Niamye: »So – so bleibt es jetzt!« Und seither hat er den Himmel nicht wieder verlassen.

Da sitzt er nun und regiert. Aber wenn die Menschen nicht in Frieden leben und böse sind, wirft er mit seinem Donnerkeil nach ihnen und macht sie krank. Um kleine Dinge aber kümmert er sich gar nicht. Er sitzt nur da und tut nichts – wie der Gouverneur. Alle Leute im Himmel dienen ihm. Es ist wie bei einem großen Häuptling – wenn er etwas anordnet, sagt man nur: »Ja, ja, Herr«, und beeilt sich, den Auftrag auszuführen. Diese Diener aber, die Niamye hat, befehligt Anangama, Gottes jüngerer Bruder. Der ist sehr stark.

Assie wohnt noch immer auf der Erde, doch nicht in der Mitte, weil sie sich dann mit Niamye nicht treffen könnte, sondern weit hinten an ihrem Rande, noch jenseits des großen Sumpfes Nemye, in den am Abend die Sonne taucht. Auch der Mond wohnt dort. Himmel und Erde kommen da, wie man sehen kann, nahe zusammen, und gerade über dieser Stelle wohnt der Gott Niamye. Eine Leiter führt zu ihm hinauf.

Niamye und Assie haben viele Kinder, die alle im Himmel wohnen. Ihre Namen kennt man nicht.

Auch der Mond ist ein Sohn Gottes; darum heißt er Niamye-ba. Wer seine Mutter war, weiß man nicht. Vielleicht ist es der Sumpf. Der Mond ist eigentlich immer rund; aber man sieht es nicht. Manchmal bewirft ihn der Wind mit Schmutz, und da kann man nur das eine Ende sehen. Der Mond muß sich jeden Morgen so lange baden, bis er wieder ganz sauber ist – und dann kommt der Wind wieder, um ihn erneut zu beschmutzen. Manche Leute sagen, es gebe viele Monde und Gott lasse sie nach ihren Reisen immer erst eine Weile ausruhen. Darum sehe man immer nur einen Mond. Aber wie das nun wirklich ist, weiß keiner.

Man weiß nicht einmal, ob der Mond ein Mann ist oder eine Frau – er ist die Lampe für Niamye. Die Sonne aber ist ein Feuer. Manchmal sieht man sie nicht. Und den Mond auch nicht. Dann wandern sie im Himmel ihren Weg zurück und leuchten dort; und am Abend taucht die Sonne in den Sumpf und wird rot. Manchmal bekommen sie auch Streit, der Mond und die Sonne. Jedesmal, wenn sie von verschiedenen Seiten kommen, streiten sie sich. Da sagt die Sonne: »Warum kommst du hier vorbei?« Und der Mond antwortet: »Das ist mein Weg, geh weg!« Und dann streiten sie sich. Manchmal geht dann die Sonne am Mond vorbei und machmal der Mond an der Sonne. Da wird es ganz finster – und überall muß man die Trommeln schlagen, weil es sonst keinen Tag mehr gibt.

Die Sterne sind auch Lampen, aber sie sind kleiner als der Mond. Niamye hängt sie jeden Abend am Himmel auf und zündet sie an, wenige, wenn er müde ist, aber wenn er vergnügt ist und zufrieden mit den Menschen, dann sind es unzählig viele. Wenn es dann Morgen werden will, werden die großen ausgelöscht, die braucht man dann nicht mehr, aber die kleinen leuchten noch viel länger.

Niamye hängt die Sterne immer an der gleichen Stelle auf. Manche aber wandern auch wie die Sonne und der Mond und haben ihren Weg, aber am Tage leuchten sie nur für Niamye.

Die Sternschnuppen sind schlimme Zeichen: sie bedeuten Krieg. Manche halten die Hände vor die Augen, um sie nicht zu sehen; andere meinen, es seien nur fallende Lampen Niamyes.

Die Wolken sind die Decken Niamyes. Sie fliegen ganz schnell, wenn es Regen gibt. Damit zeigt er den Menschen an, daß sie acht haben sollen. Unten sind sie weiß und oben rot. Wenn Wolken kommen, dann bedeutet es, daß Niamye mit den Menschen zufrieden ist und ein Fest feiern will.

Die Erde selbst ist rund und ganz vom Sumpf umgeben. Dahinter ist das Land der Buschgeister. Unter der Erde ist immer nur Erde, so tief man auch gräbt; was dann kommt, weiß man nicht.

Elfenbeinküste

Das Salz der Erde

Es war in Urzeiten der Welt. Da lebten die Kinder Gottes bei ihrem Vater im Himmel, lebten in Frieden, Glück und Reichtum.

Einst wollte Gott sie prüfen und schickte sie auf die Erde, verbot ihnen aber, vom Salz der Erde zu essen.

Die Kinder Gottes stiegen an einem Faden herab auf die Erde. Einige nun vergaßen das Gebot Gottes. Sie sahen das Salz und aßen davon am dritten Tag. Nur ein Kind folgte dem göttlichen Gebot.

Als sie nun am Faden, an dem sie vom Himmel zur Erde heruntergeklettert waren, wieder zu Gott emporsteigen wollten, da riß der Faden bei denen, die Salz gegessen hatten. Sie versuchten noch einmal hochzuklettern, aber der Faden riß wieder. Sie konnten nicht mehr zurückkehren.

Beim Kinde dagegen, das kein Salz gegessen hatte, hielt der Faden, und es kam wieder in den Himmel. Gott fragte es nach den andern, und es erzählte: »Sie haben vom Salz der Erde gegessen. Als sie zurückkehren wollten, riß der Faden, und sie mußten auf der Erde bleiben.«

Seitdem ist es, daß die Menschen auf der Erde Böses tun.

In verschiedenen Gegenden.

Mond und Hase

Vor alten, alten Zeiten war es. Da schickte der Mond das Chamäleon zu den Menschen und ließ ihnen sagen: »Ich sterbe und lebe doch weiter; so werdet auch ihr sterben und doch weiterleben.« Während das Chamäleon auf dem Wege zu den Menschen war, begegnete ihm der Hase und fragte es, wohin es wolle. »Der Mond hat mich zu den Menschen gesandt«, antwortete es. »Ich soll ihnen sagen, daß sie sterben und doch fortleben werden, so, wie er selbst stirbt und doch fortlebt.« Da sagte der Hase: »Ach, du gehst so langsam, besser ist, ich gehe und richte deinen Auftrag aus.« Er lief zu den Menschen und rief ihnen zu: »Der Mond hat mich zu euch geschickt, ich soll euch sagen, daß ihr sterben und hohläugig werden sollt, gerade so wie er selbst stirbt und hohläugig wird.« Nun lief er zum Monde zurück und meldete ihm, was er getan. Da wurde der Mond zornig, schalt den Hasen und sprach: »Ich habe dir nicht den Auftrag gegeben, den Menschen das auszurichten, was du gesagt hast«, nahm einen Stock und schlug ihm damit über die Nase, so daß er seither eine gespaltene Nase hat. Zu den Menschen aber sprach der Mond: »So müßt ihr nun alle sterben und im Tode vergehen. Ich wollte euch eine Freude machen, und ihr solltet im Tode leben, aber der Hase hat es mir nicht geglaubt.«

Seit dieser Zeit wendet sich der Buschmann zum Neumond, wenn er die schmale Sichel wieder am Abendhimmel erblickt, bedeckt mit den Händen sein Gesicht und fleht:

Du mit dem schönen Antlitz,
Gib mir das deinige
Für das meine, das unschön ist.
Bei dir ist ewige Freude.
Denn wenn du stirbst,
Und wir dich auch nicht sehen,
So lebtest du doch
Und du willst wiederkommen,

Und tust es,
Du kehrest lebend zu uns zurück.
Einst versprachst du auch uns,
Daß wir sterben und wiederkehren
Gleich dir.

In verschiedenen Gegenden.

Wahres Glück

Es war einmal ein armer Bauer, der lebte mit seiner Frau und seiner Tochter einsam in einer kleinen Hütte im Walde. Gott hatte ihnen nur dieses eine Kind geschenkt; es war brav und fleißig, und so hatten die Eltern Großes mit ihm im Sinn: sie sollte einmal einen Prinzen heiraten. Darum ließen sie sie im Hause und nur solche Arbeiten verrichten, die den reichen und vornehmen Mädchen anstehen: kochen, melken und buttern; aufs Feld zur schweren Ackerarbeit brauchte sie nicht zu gehen.

Eines Tages kam Gott auf die Erde und trat in die Hütte und sprach zu dem Mädchen: »Dein Vater und deine Mutter haben dir verboten, auf dem Felde zu arbeiten wie die anderen Mädchen, weil sie wollen, daß du einen Prinzen heiratest; aber ich, dein Gott, will das nicht.«

Als nun die Zeit vergangen war, schickten die Eltern ihre Tochter in das Haus des Königs, damit sie dort den Prinzen kennenlernen sollte, den sie für sie erhofften. Sie tat dort Dienste im Hause, wie sie sie gelernt hatte. Als sie dabei eines Tages dem Könige einen Trinkbecher zu reichen hatte, ließ Gott einige Strohhalme und schmutzige Lehmbröckel in das Bier fallen. Der König wurde darüber böse und jagte das Mädchen, das seinen Dienst so schlecht verstand, weg. Traurig wandte sich die Verstoßene an Gott: »Hilf mir, mein Gott!« Der aber antwortete: »Habe ich dir nicht gesagt, daß du für keinen Prinzen bestimmt bist und daß deine Eltern töricht gehandelt haben? Geh da drüben hin, auf den Hügel, dort wirst du einen Mann treffen, dessen Frau sollst du werden.« Das Mädchen tat, wie ihm befohlen, ging auf den Berg und sah dort einen kleinen häßlichen Mann, der seine Kuh auf die Weide trieb. Da erschrak sie und schauderte zurück. Weil Gott es befohlen hatte, ging sie aber doch in die Hütte des Mannes, eine ärmliche, verfallene Hütte, und blieb bei ihm. Als sie am nächsten Morgen aufwachte, spürte sie starken Hunger, denn sie hatte schon zwei Tage nichts gegessen, und betete zu Gott, er möge ihr helfen und zu essen geben. »Nimm eine Hacke«, antwortete ihr Gott, »geh aufs Feld, beackere den Boden, und du wirst zu essen haben.» Das Mädchen tat so, nahm eine Hacke, ging aufs Feld und arbeitete den ganzen Tag. Als sie abends heimkehrte und in die Hütte trat, war ihre Überraschung groß: sie fand überreichliche Mengen von Speisen, die Kuh hatte gekalbt, und aus dem häßlichen alten Manne war ein schöner Jüngling geworden. Beide lebten nun lange und glücklich zusammen als zufriedene und wohlhabende Bauern.

Märchen der Barundi.

Der Sternensohn

Es war einmal ein Häuptling mit Namen Longoloka, dessen Frau war schwanger und sollte ein Kind gebären. Er selbst aber hatte Angst vor diesem seinem zukünftigen Kinde, darum tat er alles, um sich gesund und jung und hübsch zu erhalten; er badete jeden Tag, schmückte sich, betrachtete sich im Spiegel und fragte seine Leute, wer schöner sei, er oder das Kind, das noch im Mutterschoße lag. Regelmäßig erhielt er die Antwort: »Du, unser Häuptling, bist häßlich, du kannst dich nicht mit dem Kinde vergleichen, das deine Frau unter dem Herzen trägt, denn das ist schön, wunderbar schön, weil es einen Stern auf der Stirn trägt.« Als dann das Kind, ein Knabe, geboren war, fragte der Vater wieder, wer schöner sei – er oder sein Sohn –, und wieder antworteten ihm seine Leute: »Dein Kind ist schöner als du, denn es trägt einen Stern auf der

Stirn!« Das wurmte den Vater, und er beschloß, den Sohn aus der Welt zu schaffen. Er nahm ihn eines Tages mit auf die Jagd und ließ ihn dabei von seinen Leuten umbringen.

Nach einiger Zeit erwartete die Frau wieder ein Kind. Wieder fragte der Mann seine Leute, wer schöner sei – er oder das Kind –, und wieder bekam er regelmäßig die Antwort, das Kind sei schöner. Als es herangewachsen war, wieder ein Sohn, wollte er ihn ebenso töten wie sein erstes Kind, aber des Königs jüngerer Bruder warnte den Neffen zur rechten Zeit und konnte ihn so vor dem sicheren Tode retten. Der Jüngling floh in den Wald, quer durch das Dickicht, dessen Dornen sich ihm ins Fleisch spießten, hielt nur einen Augenblick an, wenn er die Dornen sich aus der Haut herausziehen mußte, lief sonst ohne Aufenthalt weiter und weiter, bis er gegen Abend an eine Hütte kam, die ihm leer zu sein schien. Wenigstens sah er niemanden in ihr, und so setzte er sich hin, um sich auszuruhen. Da rief ihn eine Stimme aus der Hütte an. Er trat ein, konnte aber niemanden sehen. Die Stimme ertönte von neuem: »Bist du ein Flüchtling? Wollte wirklich dein Vater dich töten? Bist du wirklich durch deinen Onkel gerettet worden?« Und als er die Fragen bejaht hatte, fuhr die Stimme fort: »So ist dein Herz gut, denn du hast den Mut gehabt, hierher zu kommen und mein Haus zu betreten; das tat noch niemand vor dir. Du aber hast den Mut gehabt, dich hierher zu setzen und mit mir zu sprechen, obwohl du niemanden sahst; geh nun wieder hinaus.« Nach einiger Zeit rief ihn die Stimme zurück, und wie er eintrat, fand er darin fertiges Essen für sich vor und tat sich gütlich daran. Als er mit dem Essen fertig war, schickte ihn die Stimme wieder hinaus und rief ihn nach einiger Zeit wieder herein. Da fand er sein Lager bereitet und legte sich schlafen, denn die Sonne war inzwischen untergegangen.

Früh am Morgen machte sich der Junge zum Fortgehen bereit. Da rief ihn wiederum die Stimme und befahl ihm, eine Ziege aus der Herde zu holen, die auf der Weide von den Hirten gehütet wurde, danach, eine Kuh aus dem Dorf zu holen. Jedesmal, wenn er den Auftrag vollzogen, schickte sie ihn einen Augenblick aus der Hütte, und jedesmal rief sie ihn nach einiger Zeit wieder zurück, und er fand dann sein fertiges Essen vor. Endlich befahl ihm die Stimme, sich unter den Mädchen des Dorfes zwei zur Frau zu wählen. Er suchte sich zwei Mädchen aus und kehrte zur Hütte zurück. Da wollte aber die eine von den beiden nicht bei ihm bleiben, denn sie wolle nicht, wie sie sagte, bei einem unsichtbaren Wesen wohnen. Die andere dagegen hatte Mut und blieb. Auf den Rat seines geheimnisvollen Führers, der fremden Stimme, brachte der Jüngling das Mädchen wieder ins Dorf zurück und holte sich ein anderes dafür, das mehr Mut hatte. Schließlich bekam er von dem unsichtbaren Wesen eine Menge Bewaffnete gestellt, zog mit ihnen in die Heimat, besiegte und tötete seinen Vater und alle seine Diener; einzig seine Mutter und seinen väterlichen Onkel, der ihn gerettet hatte, schonte er. Danach kehrte er mit ihnen zur Hütte seines rätselhaften unsichtbaren Geistes zurück und blieb in dem Dorf wohnen, das ihm jener schenkte.

Märchen der Ba-Ronga.

Der falsche Neffe

Es waren einmal ein Mann und eine Frau, die hatten sich sehr lieb, und sie bekamen einen Sohn, den nannten sie Kwege, und sie waren alle drei sehr glücklich. Bald aber starb der Mann, und die Mutter mußte für sich und das Kind mit schwerer Feldarbeit das tägliche Brot verdienen.

Nun lag über der Frau von Urzeiten her ein schweres Gebot, sie durfte sich nicht vom Regen treffen lassen, sonst war es ihr Tod, und als daher eines Tages der Himmel voller drohender Wolken stand und Regen verhieß, bat sie ihren Sohn, doch an ihrer Statt aufs Feld zu gehen und Kürbisse zu pflücken. Kwege weigerte sich. »Ich werde sterben«, erklärte ihm die Mutter, »wenn mich der Regen auf dem Felde überrascht.« Doch Kwege blieb bei seiner Weigerung. Da half ihr der Sklave ihres Freundes, Bahati, ging aufs Feld und pflückte Kürbisse für sie.

Am nächsten Tag wiederholte sich das; die Mutter bat, der Sohn weigerte sich. Diesmal sagte die Mutter: »Gut, ich will gehen, aber du wirst sehen, ich werde sterben.« Und wirklich, sie ging aufs Feld, wurde vom Regen getroffen und starb.

Kwege wartete auf seine Mutter. Als sie nicht kam und er merkte, daß sie gestorben war, bat er weinend Bahati: »Komm, wir wollen von hier fortziehen, bring mich zu Mutters Bruder, zu Onkel Muwingu.« Bahati nun war sehr häßlich von Angesicht und ging in Lumpen, Kwege dagegen war sehr schön und trug prächtige Kleider. Auch auf Kwege lag von je ein todstrenges Verbot: er durfte über keinen Baumstamm steigen. Als sie unterwegs an einen Baum kamen, der den Weg versperrte, bat er Bahati, ihn hinüberzutragen. Bahati forderte seinen Rock dafür, und jedesmal, wenn sie so einen Baum trafen, wiederholte sich das, Kwege bat, Bahati forderte und bekam Kleider, Schmuck und allen Besitz des Kwege.

So gelangten sie zum Onkel, Kwege jetzt in ärmlichen Lumpen, Bahati in dessen schöner, reicher Tracht. Der Sklave gab sich für den Neffen aus, diesen für sich selbst. Kwege wurde schlecht behandelt und mußte niedere Dienste tun, wie Sklaven sie verrichten; er mußte die Vögel von den Feldern verscheuchen.

Einmal stand er wieder auf dem Felde, so recht traurig. Da sang er das Lied:

»Ich, Kwege, Kwege
Weine, weine
das Wort des Vogels.
Ich, Kwege, Kwege
Weine, weine
das Wort des Vogels,
Du mein Gebot vom Baume.
Ich weine das Wort des Vogels
Sie nehmen mir Kleider,
Sie nehmen mir Perlen,
Nehmen mir Fußschmuck,
Ich bin in Bahati verwandelt.
Bahati ist Kwege worden,
Ich weine das Wort des Vogels.«

Da kamen seine tote Mutter und sein toter Vater in der Gestalt von Vögeln zu ihm und fragten: »Ist es wahr, daß dein Onkel dich wie einen Sklaven behandelt, und wie ist es gekommen?« Kwege erzählte ihnen seine Geschichte. »Laß gut sein«, tröstete der Vater, schlug mit einem Flügel, da war Zeug, und er gab es dem Sohn. Er hob den anderen Flügel, da waren Perlen und Schmuck und Öl, und er gab es dem Sohn. Auch die Mutter hob die Flügel und holte Reis, Fleisch, Gemüse heraus, daß der Sohn essen möchte. Darauf wuschen sie ihn und salbten ihn mit Öl und verboten ihm, fernerhin die Vögel von den Feldern zu scheuchen. Danach flogen sie davon, Kwege ging heim und versteckte die Geschenke.

Daß er mit Öl eingerieben war, konnte er freilich nicht verstecken; Bahati fuhr ihn an: »Woher hast du das Öl, und warum verscheuchst du nicht die Vögel auf dem Felde?« Doch Kwege leugnete.

Am andern Morgen ging Kwege wieder aufs Feld und sang sein Lied, und die Eltern kamen herbeigeflogen. Sie gaben ihm wiederum Kleider, Schmuck und Essen.

Nun hatte Muwingu einen Sohn. Der wollte einmal aufs Feld gehen, um nach Bahati zu sehen. Gerade an diesem Tage tat er es. Wie erstaunte er da, als er Kwege mit seinen Eltern sah! Eiligst lief er nach Hause zu seinem Vater. »Vater, Kwege ist Bahati und Bahati ist Kwege«, rief er, »komm und sieh du selbst.« Der wollte es nicht glauben, ging jedoch heimlich hinaus und sah nun auch mit Erstaunen seine Schwester und seinen Schwager, die er längst tot wußte, mit dem Sohne sprechen. Als diesmal Kwege nach Hause kam, empfing ihn der Onkel weinend: »So bist du also mein Neffe, und Bahati ist ein Betrüger! Warum hast du mir das nicht gesagt?« Er tötete darauf den Sklaven mit kochendem Wasser, das er ihm über den Kopf goß, und führte seinen wahren Neffen voll Freude und feierlich unter großen Festlichkeiten in sein Haus.

Märchen der Saramo.

Der blinde König

Es war einmal ein armer Mann, der hatte zwei Söhne und hatte sie mit Mühe aufgezogen, bis sie groß waren. Nun aber hatte er nichts für sie zu essen und schickte sie darum in die Welt hinaus, damit sie sich selbst etwas verdienen sollten. Die beiden Brüder zogen nun, mit etwas Wegzehrung an Brot und Fleisch, von dannen. Unterwegs wurden sie hungrig. Sie aßen, auf des älteren Bruders Rat, erst den Anteil des jüngeren auf. Als der jüngere dann aber wieder hungrig wurde und den älteren bat, ihm doch noch von seinem Teil abzugeben, da wies ihn dieser höhnisch ab und sagte: »Ich gebe dir nichts; willst du aber durchaus etwas haben, so gib mir dafür eins deiner Augen, ich will es blenden.« Der jüngere Bruder bat und bat, jedoch vergebens. Er konnte es aber vor Hunger nicht aushalten und gab schließlich sein Auge hin: »So blende mir das Auge!« Der Ältere nahm einen großen Nagel und stach seines Bruders Auge aus; dann gab er ihm ein klein wenig Brot und ein klein wenig Fleisch. Ebenso ging es nach einiger Zeit mit dem anderen Auge; der böse ältere Bruder verlangte es gegen das Essen, das er widerrechtlich für sich behalten hatte. Als er es aber bekommen hatte, ließ er seinen unglücklichen Bruder allein auf der Straße sitzen und ging seines Weges, suchte sich einen Dienst und wurde Weber.

Der geblendete Bruder saß vor Schmerzen jammernd da. Da kamen zwei Frauen einher, hörten ihn wimmern und fragten ihn, was ihm fehle. Er erzählte ihnen seine traurige Geschichte. »Weine nicht länger um deine Augen«, sagten sie, »wir werden dir eine Medizin geben, die dich heilt«, gingen zum Walde, holten ein Heidekraut, machten daraus ein Wasser und tröpfelten es ihm in die Augen. Es war ein scharfes Wasser und machte arge Schmerzen, aber nach kurzer Zeit schon konnte der Jüngling die Augen öffnen und wieder sehen. »Nun geh' zum Könige«, sagten die Frauen weiter, »er ist blind, tu ihm so, wie wir dir getan haben, tröpfle ihm von der Medizin in die Augen, so wird auch er wieder sehen können.«

Der Jüngling machte sich auf. Unterwegs traf er seinen Bruder, der ihm die Augen geblendet hatte, sah ihn schwer arbeiten, sagte aber nichts. Dann kam er vor dem Hause des Königs an. »Ich will den Herrn des Hauses sehen«, rief er. »Du bist noch zu klein, um ihn sehen zu dürfen«, antworteten die Diener. »Ich bringe ihm aber etwas, was ihn gesund macht«, erklärte er. Sie jedoch packten ihn und schlugen ihn. Die Königin hörte das Rufen und das Schlagen und erkundigte sich, was los war. Als sie erfuhr, daß jemand zu ihrem Gemahl wollte, befahl sie, ihn durchzulassen. Der Jüngling trat vor den König, grüßte ihn ehrerbietig und sprach: »König, ich komme, weil ich gehört habe, daß du blind bist; ich will dich wieder sehend machen.« Der König erstaunte sehr, denn er war schon dreißig Jahre blind, ließ aber Matten ausbreiten und Decken darauf legen, wie der Jüngling es anordnete, und sich die Medizin in das eine Auge tröpfeln. Wie damals der Jüngling, so bekam auch der König fürchterliche Schmerzen, schrie und wälzte sich auf der Erde umher. Seine Leute bekamen es daher mit der Angst und schlugen auf den fremden Jüngling los. Der König öffnete aber das eine Auge, er konnte wieder sehen und verbot, daß man den jungen Mann schlüge. Der tröpfelte nun auch in das zweite Auge von der Medizin. Wieder bekam der König furchtbare Schmerzen, wieder schlugen seine Diener den Jüngling, aber der König verbot, daß man den Fremdling schlug. »Er hat mir das Augenlicht wiedergegeben«, sagte er, »ich kann so gut sehen, wie ich früher sah und wie ihr; ihr aber habt den geschlagen, der mich gesund gemacht hat, dafür sollt ihr sterben.« Er ließ die Diener, die den Jüngling geschlagen hatten, töten, beschenkte den Jüngling reich, gab ihm seine Tochter zur Frau und entließ ihn voll Gnaden in die Heimat. Unterwegs sah der reiche Jüngling seinen Bruder, der ihn einst geblendet hatte, nur mit einem Sack bekleidet, arm und bei schwerer Arbeit.

Aus Kamerun.

Von den Indianern Nordamerikas

Wenn des Nachts die Wildgänse rauschend nach Norden zogen, die Nordlichter blitzten, das Eis in den Flüssen barst, war die Zeit gekommen, wo die Indianer die Täler des Felsengebirges verlassen konnten, in denen sie den Winter zugebracht, wo sie hinunterzogen in die Weiten der Prärie, wo der Himmel weit und offen ist und der Blick unbegrenzt in die Ferne sich verliert.

Kurz waren die Vorbereitungen zum Aufbruch. In der Nacht, bevor man das Winterlager verließ, war alles auf den Beinen. Die Männer waren festlich geschmückt, bemalt und bewaffnet für den Kriegstanz, der in dieser Nacht getanzt wurde. Dieser Tanz wurde als Dank dem Großen Geist dargebracht, daß der Winter gut überstanden war, daß die Sippe weder Hunger gelitten noch grimmige Kälte. Wenn die Tamtams erdröhnten, hielt es niemanden mehr in den Zelten. Selbst die Kinder, die vor freudiger Erwartung nicht schlafen konnten, schlichen hinaus, drängten sich zwischen den Erwachsenen durch auf den großen Platz und sahen zu, wie ihre Väter und älteren Brüder im Lichte des vollen Mondes tanzten. Niemand schickte sie weg. Stunden dauerte der Tanz, steigerte sich zu wildem Wirbel, so daß das ganze Lager hingerissen mitklatschte und jubelte, und beruhigte sich wieder. Nachdem die Tam-tams verklungen und die Krieger ruhten, setzte man sich zum Mahle. Ehe aber der festliche Schmaus begann, wurde den Toten feierlich geopfert, indem der Zaubermann den Flammen von der Speise übergab, auf daß sie geistig werde. Das war das letzte Mahl im Winterlager, das letzte auch vor dem nächsten Lagerhalt. Dann, wenn der Tag im Osten graute, begann der Aufbruch. Hab und Gut wurde auf die stärksten Pferde verteilt oder an gekreuzte Stangen gebunden und nachgezogen. Wagen kannten die Indianer nicht. Männer und Frauen, alt und jung stieg zu Pferde. Das war der schönste Augenblick für Knaben und Mädchen, auf eigenem Pferd zu sitzen und frei und stolz im Zug mitzureiten. Die jüngeren Geschwister saßen bei der Mutter, und das Kleinste wurde in einer Schaukel getragen, die, an zwei Stangen befestigt, von dem Pferd geschleift wurde, auf dem die Mutter ritt. So zog der Troß, wenn auch nicht schnell, doch stetig den ganzen Tag hindurch. Aus dem Gebirge wollte man so weit wie möglich herauskommen, um beim ersten Lagerplatz von den Vorbergen den Blick in die Weite zu haben. Dort angelangt, war das Lager schnell errichtet, die spitzzulaufenden Zelte kreisförmig um einen freien Platz angeordnet. Bald darauf brannten überall kleine Feuerchen. Jede Familie konnte beim Feuermann Glut holen, denn dieser trug die Glut vom letzten Lagerfeuer in einem ausgehöhlten Birkenstamm mit sich. Seine Aufgabe war, dafür zu sorgen, daß das Feuer niemals ausging. Ein neues Feuer anzufachen mit den Reibhölzern und trockenem Schwamm, wäre eine stundenlange Arbeit gewesen. Die Pferde konnte man hier frei laufen lassen, unbesorgt um feindliche Stämme. – Anderntags gings der Ebene zu. In der unabsehbaren Weite der Grassteppe, wo der Himmel sich bis auf die Erde herabwölbte, die Silberbänder der Flüsse blinkten, mächtige Bäume, umspielt vom Sonnenlicht, sich zum Himmel emporreckten, wo der Boden dröhnte, wenn eine Büffelherde donnernd daherjagte, hier war der Indianer in seinem Element. Und wenn nachts die funkelnden Sterne ihre Bahnen zogen, der Mond die Ebene in schimmerndem Zauberglanz verklärte, der Wind wogend in den Bäumen rauschte, da vernahm er die Sprache des Weltgeistes. Stumm lauschte er und fühlte sich eins mit der Welt.

Im Frühling lockte der Wandertrieb hierhin und dorthin. Weite Strecken wurden durchzogen. Man suchte alte Kampfplätze auf, wo in früheren Zeiten die Sippe mit einem feindlichen Stamm gekämpft. Lebendig war die Erinnerung, die Alten erzählten am Lagerfeuer jede Einzelheit der Schlacht. Dann wurde der Kriegstanz getanzt und die damalige Schlacht dargestellt. Hatte einer sie mitgekämpft, so malte er sich die Wunden auf, die er damals davongetragen hatte. War ein großer Führer und Held im edlen Zweikampf gefallen und zu den abgeschiedenen Geistern hinübergegangen, so wurde für ihn ein zweites und ein drittes Mal feierlich getanzt. Das war Ehrung der Toten und für die Jugend die Schule mannesmutiger Kriegskunst. Manchen Tag verweilte man an solchem Platze und opferte den Toten, ehe man weiterzog. – Nahrungssorgen gab es nicht, denn zahllos waren die Büffel, die in Herden umhertrieben, und leicht zu jagen. Und auch die Wälder bargen Wild in Fülle.

Dann wieder zog man mit einem befreundeten Stamm herum. Oder es galt auch, das Gebiet eines feindlich gesinnten Stammes zu umgehen, ja vielleicht sogar es zu durchkreuzen, ohne bemerkt zu werden. Da war alle Vorsicht geboten. Späher wurden vorausgesandt auf die Hügel, die durch Handzeichen den Zug lenkten. Da mußten alle beisammen bleiben, alle hatten streng den Weisungen des Führers und der Ältesten zu gehorchen. Nur trockenes Holz durfte angezündet werden, damit auch nicht der feinste Rauch ein verräterisches Zeichen gebe.

Kam es dennoch zu einem Treffen, wurde der Kampf unvermeidlich, dann brachte man Frauen und Kinder in Sicherheit, ertrotzte sich den Durchgang, oder setzte sich kämpfend ab vom Feinde, in dem man ihn auf langem Umweg listig vom Lager abzog. Dann mußten Frauen und Kinder selbständig weiterziehen an den verabredeten Ort. Wie da die Knaben ihren väterlichen Vorbildern stolz nacheiferten, Vorsicht, Schutz und Hilfsbereitschaft übten! Kehrten die Krieger zurück, so wurden ihre Wunden gezählt, Zeichen der Tapferkeit, und die schwarz glänzenden Skalpe der erschlagenen Feinde bewundert.

Schön war dieses freie Herumstreifen im Frühling, bis man den Sommerplatz erreicht hatte. Er wurde in den Wäldern des Nordens, an einem wildschäumenden fischreichen Wasser gewählt. Lebte man im Winterlager enggedrängt, so verteilten sich jetzt die Familien in näherem oder weiterem Umkreis um den Versammlungsplatz, auf dem auch das große Versammlungszelt errichtet wurde und die Männer sich abends am Lagerfeuer zusammensetzten.

Wenn auch die Indianer ein Leben ungebundener Freiheit liebten, so war doch der Tag, namentlich für die Frauen, ausgefüllt von Arbeit. Auf den Frauen lastete die Erziehung der jüngeren Kinder, das Beschaffen der Kleider, die Vorsorge für den Winter. Wenn die Mutter vom Zelt sich entfernte, trug sie das Jüngste immer in einem Ledersack, der mit Moos ausgepolstert war, auf dem Rücken mit. Die Männer widmeten sich der Jagd, dem Fischfang, der Ausbildung der Knaben und Jünglinge zu Jagd und Krieg, der Herstellung von Waffen und Geräten. Im Frühling, wenn die Wildpferde geschwächt waren, war es ein besonderes Vergnügen, tagelang einer Herde nachzuspüren, sie zu locken, mit geschicktem Lassowurf Tiere einzufangen, um sie zu zähmen.

Die Mädchen, und die Knaben bis zu ihrem fünften Lebensjahre, blieben ausschließlich in der Obhut der Mütter. Die Frauen, Großmütter und Mütter waren Hüterin und Pflegerin der Sprache, der Sitte und Geschichte des Stammes. Sie achteten darauf, daß die Kinder die Stammessprache fehlerlos sprachen, daß sie kurz, klar und wahr sprechen lernten. Eine eigene Ausdrucksweise war den Männern gemäß, eine andere Sprache ziemte den Frauen. Aus dem Hort ihres Herzens erzählte die Mutter Geschichten, während ihre Hände emsig am Kleid aus Hirschfell nähten oder es verzierten mit leuchtendem Rot, Weiß, Schwarz, Gelb oder Blau. Geschichten, die in den stillauschenden Knaben früh den Keim zur Wahrheitsliebe, den Abscheu vor der Lüge, dem Kampfschild der Feigen, weckten; die den Drang zur Hilfsbereitschaft, zu edlem Mannesmut, zu Stolz und Selbstüberwindung förderten. Sie lehrte sie auch den Großen Geist verehren, der das Lebendige ist in allem, in Baum, Tier und Blume, im Rauschen des Windes, im Atem der Seele. Wenn auch der Born dieser Erzählungen, heldenhafter aber auch abschreckender Beispiele aus der Stammesgeschichte dem Knaben durch seine ganze Jugendzeit hindurch weiterfloß, so begann doch mit dem fünften Geburtstag mehr und mehr die Erziehung durch den Vater. Pflegte die Mutter Gemüt, Herz und Ehrfurcht des Knaben, so stählte der Vater die Kraft und den Mut, bildete seine Geschicklichkeit, schulte ihn zur Selbstbeherrschung, so daß sein Geist und sein Wille stärker wurden als sein Leib. »Sei weise und halte durch«, war Wahlspruch. Eines Morgens nach dem fünften Geburtstag wurde solch ein

Knabe aus dem Schlaf gerüttelt, mußte mit Vater und Brüdern zum Fluß laufen und – hinein ins kalte Wasser! Ohne Zaudern, ohne Zögern. Wehe, wenn einer scheute oder gar weinte! Die Brüder hätten das Plärrgesicht und Milchmaul verlacht. Von dem Tag an kam zu der Erziehung der Mutter immer mehr die des Vaters, bis der Knabe mit zunehmenden Kräften ausschließlich in die Zucht des Vaters kam. Aber auch die Mädchen wurden geübt im Reiten, Schwimmen, im Springen, Stabwerfen und Ballspiel. Für den Knaben gab es außerdem Übungen zur Abhärtung: Baden im eiskalten Fluß, Sichwälzen im Schnee; Übungen der Selbstüberwindung, der Selbstbeherrschung: gelegentlich mußten sie sich über einen Balken legen und Prügel vom Vater oder gar Prügel von den zwölf Ältesten entgegennehmen, ohne mit der Wimper zu zucken. Das war eine Probe, die zur Weiterschulung berechtigte. Anfänglich kleine und immer weitere Märsche und Dauerläufe förderten die Kraft der Ausdauer. Hunger und Durst waren zu ertragen. Weiter kam hinzu die Ausbildung zur Jagd und zum Krieg, die Kenntnis der Gewohnheiten der Tiere, das Lesen ihrer Fährten, die Schärfung der Sinne, des Auges, des Ohres, des Geruchs. Ein Indianer konnte nicht nur kleine Bewegungen in weiter Ferne unterscheiden (bei der Berührung mit den Weißen stellte sich heraus, daß die Indianer am Horizont Dinge wahrnahmen, die ein Weißer kaum mit dem Fernrohr erkannte), das verdächtige Knacken eines Astes wußte er zu unterscheiden im gewöhnlichen Rascheln der Blätter; seine Nase verriet ihm weitentferntes Feuer oder die Nähe vom Wild. Er konnte aus Zeichen am Boden, im Gras, an den Zweigen ablesen, wann und welches Tier vorbeigegangen, ob es hungrig war oder verfolgt. Er lernte die Laute der Tiere so nachzuahmen, daß sogar die Tiere auf das Locken sich näherten. Bestimmte Rufe der Nachtfalken und des Präriewolfes zum Beispiel benutzten die Indianer als Verständigungssprache, wenn sie den Feind beschlichen. – Als Büffel oder Wolf verkleidet oder mit einem dichtbelaubten Zweig über dem Kopf im Flusse schwimmend, galt es etwas auszukundschaften oder gar etwas zu stehlen. Erst als Spiel, dann im Ernst. Der Pferdediebstahl galt als Probestück jugendlicher Genossen. Sie lernten auch die Kunst edlen Männerkampfes.

Wenn solch ein Jüngling aus dem ersten Kampfe heimkam, dann hatte er sich seinen Männernamen erworben; nach einer Eigenschaft, durch die er sich hervorgetan oder nach einer auffallenden Erscheinung während des Kampfes wurde er fortan bezeichnet. Sein Name war Ruhmestitel oder Spitzname. Durch weitere Taten konnte er sich andere Namen erwerben. Höchste Ehre, wenn dem Manne gar ein Name verliehen wurde, den früher ein tapferer Häuptling getragen hatte. Gewiß war der Krieger stolz auf seine Narben, auf die Adlerfedern, die er sich als Siegeszeichen ins glänzende, wohlgepflegte Haar stecken durfte, oder auf die Skalpe, die er errungen hatte. Aber nichts galt dem Heimkehrenden so viel, wie der ruhig stolze Blick, ein stilles anerkennendes Wort seiner Mutter. Zu der Mutter, die seinen geheimen Geburtsnamen hütete, behielt der rauhe, harte Mann zeitlebens eine wortlos-scheue Herzensbeziehung und Verehrung, die er sonst nur in den Wochen aufkeimender Liebe zu seiner Frau zu äußern sich gestattete.

Ein Gefühl, daß jeder für den andern lebte und auf seine Hilfe angewiesen war, bildete ein Band, das die Familie und die Stammesbrüder mit starker Kraft zusammenhielt. Außer mit den Alten, denen man mit großer Ehrfurcht begegnete, und den Eltern und Geschwistern, fühlte sich der Indianer ganz besonders verbunden mit dem Freund, mit dem er Blutsbruderschaft geschlossen hatte. Vielleicht war er mit ihm aufgewachsen, vielleicht hatte ein gemeinsames Erlebnis die Jünglinge zum Freundschaftsbund zusammengefügt – das Gefühl, zusammenzugehören, hieß sie einmal hinausgehen in die Einsamkeit. Dort ließen sie nun ihr Blut in eine gemeinsam getretene Fußspur rinnen: wie ihr Blut zusammenfloß in der Fußspur, so wollten sie vereint durchs Leben schreiten, einer dem andern treu verbunden, zu Hilfe bereit, ja zum Opfer, das vor dem Tode nicht scheut, wenn es nötig sein sollte.

Wie hingebende Liebe zu Familie, Sippe und befreundetem Stamm sie verband, so konnte abgründiger Haß sie trennen von fremden Stämmen; ein Haß, der jäh aufflammte und zu blinder Verfolgung, zu tödlichem Zweikampf sie trieb, sobald sie sich nur sahen, und der von Geschlecht zu Geschlecht sich forterbte.

Wenn auch die Indianer von einem Freiheitsgefühl von solcher Kraft beseelt waren, daß sie den Freitod wählten, wenn die Schmach der Gefangenschaft drohte, so anerkannten sie doch in den Zusammenhängen, die das Wohl und Wehe des ganzen Stammes betrafen – in Entscheidungen über Krieg und Frieden, in der Kriegsführung, bei Parteizwisten oder persönlichen Streitfällen – die Führung des Häuptlings, den Rat der zwölf Ältesten oder Wort und Zeichen des Zaubermannes; denn ihre eigene Freiheit war erst durch Schutz und Hilfe des Stammes möglich. Außer dem Stammeszusammenhang, wild zu leben, wäre für den Indianer undenkbar gewesen, hätte wie ein Fluch auf ihm gelastet. Ausgestoßen nicht nur von den lebenden Brüdern wäre er sich vorgekommen, sondern verlassen auch von den Toten und den Geistern, die den Stamm schützten. Als Häuptling, Führer im Krieg, wurde der frei anerkannt, der sich durch Mut und Tapferkeit und weise Mäßigung hervorgetan. In Friedenszeiten wurden die Entscheidungen, die das Leben des Stammes betrafen, durch den Rat der zwölf Ältesten, zu dem auch die alten Häuptlinge zählten, und in der Versammlung der mündigen Männer getroffen.

Der Indianer war ernst und schweigsam, ein Zuhörer. Auch in der Versammlung wurde wenig gesprochen. Das Wort, im Innern wohlerwogen, mußte sitzen und treffen wie der Beilschlag. Vor wichtigen Beratungen und Entscheidungen wurde den Geistern des Erdkreises in Ost, West, Nord und Süd ein Rauchopfer dargebracht. Langsam machte eine Weidenpfeife die Runde, aus der jeder vier Züge tat; denn nichts kann recht gedeihen im Leben, wenn es nicht in Übereinstimmung getan wird mit der ganzen Welt. So empfanden sie. Aus diesem Rauchopfer der Indianer leitet sich bei den Weißen die Sitte des Tabakrauchens her.

Die Geister der Welt wurden auch angesprochen vom Einzelnen, wenn er allein vor schweren Aufgaben stand, aber auch bei Festen des Stammes durch Lieder, Gebete und Tänze. Denn wirklich – so fühlten die Indianer – wirklich und ewig ist die Welt der Götter und Geister, in der auch die Toten leben. Was wir mit Augen sehen, das ist nur Schatten der überirdischen Welt.

Weil das so gefühlt wurde, genoß der Zaubermann im Stamme besondere Verehrung. Denn das war ein Mann, der durch eine besondere Begabung, aber auch durch eine strenge Schulung, die er durchgemacht hatte, die Verbindung mit den Geistern des Stammes bewahrte. Er sah Dinge, für die die Augen der andern zu trübe und zu dunkel geworden waren.

Der Zaubermann war der Richter, Arzt und Priester des Stammes. Er erkannte die Heilkräfte, die in bestimmten Pflanzen lebten, er besaß die Kraft, einen bösen Geist zu bannen, der in den Leib eines Indianers gefahren war und ihn quälte; ihm war nicht verborgen, wenn die Lebenskraft eines Menschen erschöpft war und die Seele sich anschickte, sich vom Leibe zu lösen; er trat zu ihm hin und tat ihm kund, daß er sich vorbereiten müsse, sein Sterbelied zu singen. Ja, ein mächtiger Zauberer hatte Gewalt über die Elemente und konnte von den Geistern des Wassers Regen erflehen. Es konnte vorkommen, daß er Stunden, ja Tage wie tot in seinem Zelt lag. Dann war seine Seele entrückt; sie weilte in der Welt der unvergänglichen Wirklichkeit, hatte eine Weltschau, sah die Geister kommen und gehen und konnte ihre Botschaften vernehmen. Zurückgekehrt in den Leib, erzählte er in Bildern, was er erlebt. Oder er lehrte den Stamm einen neuen Tanz, der abbilden sollte, was er erschaut. Er gab an, wie sich die einen bemalen sollten, wie die andern sich verkleiden, wie sie sich zu bewegen hatten, einzeln und in Gruppen. Aber durch all das, was so im Tanze dargestellt wurde, konnte er seinem Stamm nur einen trüben Abglanz vermitteln von der leuchtenden Welt, die er geschaut. – Alle Tänze der Indianer sind in dieser Weise entstanden, sind Schatten dessen, was einst ein Zaubermann im »Gesicht« gesehen hatte. Im Tanze suchten die auf der Erde Lebenden sich in Einklang zu bringen mit dem, was in der andern Welt geschah.

Ehe der Zaubermann seine Kraft im Alter schwinden fühlte, zog er sich einen Knaben heran, bei dem er entdeckt hatte, daß er das helle Auge besaß, und bildete ihn als seinen Nachfolger heran. Ein solcher Knabe war vielleicht im neunten Lebensjahr von einer merkwürdigen Krankheit befallen, bewußtlos, wie tot daliegend. Die Eltern ließen den Zaubermann holen. Dieser sah, daß der Knabe nicht sterben würde, sondern daß seine Seele entrückt war und eine große Weltschau hatte. In den Leib zurückgekehrt, fühlte sich der Knabe wie fremd auf der Erde; eine tiefe Traurigkeit befiel ihn. Die Welt, die ihn jetzt umgab, war auch beim hellsten Sonnenschein nicht zu vergleichen mit dem Glanz, den er geschaut in der andern Welt.

Wenn ein solcher Knabe zwölfjährig geworden war, wurde er dem Zaubermann zur Erziehung übergeben. Was für jeden Indianer bis zu einem gewissen Grad galt, daß Geist und Wille stärker wurden als der Leib, mußte sich bei ihm bis zu hoher Vollkommenheit entwickeln. Drei Jahre dauerten die Übungen der Entbehrung, wo er fasten mußte, Hitze und Kälte ertragen lernte, wo er gepeitscht wurde. Dann kamen sieben Jahre der Heilkräuterkunde, der Zauberschulung und Beschwörung der Geister. Erst lernte er Botschaften hin zu denken zum räumlich entfernten Lehrer und Botschaften von ihm zu empfangen als Vorbereitung für den Verkehr mit den Geistern. Diese Schulung vollzog sich in Abgeschiedenheit; nicht konnte er teilnehmen an den frohen Kämpfen seiner Altersgenossen, wenn er so zum Dienst für seinen Stamm sich weihte. – Wenn er die sieben Zauberzelte durchschritten hatte, wurde er Gehilfe des Zaubermanns und trat dessen Amt an, sowie der Alte gestorben war. Zeit seines Lebens mußte er seinen Stammesbrüdern Vorbild sein in der Selbstbeherrschung, in der Wahrhaftigkeit, in Maß und Milde. Ein einziger Fehltritt – und sein Blick hätte sich getrübt, er hätte sein Volk irregeleitet.

Wenn die Sonne den höchsten Stand erreicht hatte, dann feierten die Indianer in den hellen Sternennächten das große Sonnenfest. Der heilige Lebensbaum wurde feierlich geholt, aufgerichtet und umtanzt. Also flehte der Zaubermann bei dem Opfer dieser Feier: »Großer Geist, Vater aller, hilf uns und zeige uns den Pfad der Wahrheit. Halte mich und den ganzen Stamm auf dem rechten Pfad, auf daß wir stark und gesund bleiben im Geiste und im Leibe. Lehre auch die Kleinen deinen Pfad gehen. Schaffe Frieden auf der ganzen Welt. Wir danken dir für die Sonne und das gute Sommerwetter, das du uns wieder gabst. Es bringe gutes Gras für alle Tiere und Nahrung für alle Menschen.«

Das Sonnenfest dauerte mehrere Tage, die Menschen waren fröhlich, die Mädchen gingen mit Blumen bekränzt einher. Die heiligen Pfeifen wurden enthüllt und zum Opfer herumgereicht, stundenlange Tänze aufgeführt. Die Jünglinge hatten vor allem Volk eine Probe abzulegen, durch die sie zu Kriegern geweiht wurden. In Wettkämpfen maß man sich in Schnelligkeit und Kraft. Durch all die Tage roch es nach gebratenem Hirschfleisch, um das man sich zu fröhlichem Schmause versammelte.

War dieses Fest vorbei, dann galt es, die letzten Vorräte für den Winter zu beschaffen. Die Kinder sammelten eifrig Beeren in Körbchen von Birkenrinde und trockneten sie; Knaben spürten den Mäusenestern nach, aus denen sie die wilden Möhren ausgruben, die im Winter eine willkommene Nahrung waren. Die Väter jagten Büffel. Das Fleisch wurde an der Luft getrocknet und in besonderer Weise zubereitet zum sogenannten Pemmikan: das ist getrocknetes Fleisch und Beeren, die in eine Tierblase gefüllt, mit heißem Fett übergossen und zugebunden wurden. So blieb es lange haltbar. Dieses Pemmikan war die Hauptnahrung der Indianer im Winter.

Mit einer Farbenglut ohnegleichen zog der Herbst ins Land: golden leuchtend die Linden und Eschen, erdbraun die Roßkastanien, rot die Buchen und Ahorne, dazwischen dunkelgrün die zahlreichen Arten von Koniferen. Doch nach kurzer Zeit machten Nachtfröste der Pracht ein Ende. Die Blätter lösten sich und wirbelten zur Erde – da war es Zeit, daß der Stamm aufbrach und den schützenden Bergtälern zustrebte.

Schnell brachen Kälte und die ersten Schneestürme ein. Doch der Stamm hatte einen guten Winterplatz erreicht, und als Abbild des Erdkreises erhoben sich die Tippi rund um den Lagerplatz. Schnee fiel still und in Massen. Hart und einförmig wurde das Leben. Da gab es keine Büffeljagd. Die trieben fern in großen Zügen nahrungsuchend umher. Doch im frühen Winter, wenn das dichte Fell gute Pelze versprach, wurde dem Wild in beschwerlicher Jagd nachgestellt: Eichhörnchen, Marder, Bären, Antilopen, Elch und vor allem dem Hirsch. Außer dem frischen Fleisch brauchte man das feine Fell. Männer und Frauen trugen hirschlederne Beinkleider und Überhemden. Gegen die Kälte hüllte man sich in ein zottiges Büffelfell. – In der Winterzeit gab es viel zu schaffen und zu richten an Gerät und Waffen; da versammelte man sich lange Stunden im großen runden Versammlungszelt, Wigwam genannt, beim Lagerfeuer; lauschte den Liedern und Erzählungen aus alter Zeit, zeigte berühmte Kämpfe, erheiterte sich mit Geschicklichkeitsspielen, bis die Zeit der langen dunklen Nächte vorbei war, die Unruhe des nahenden Frühlings alle ergriff und wieder hinaus trieb aus der düsteren Enge in die Weite, in Gefahr und Freiheit.

Die Indianer Nordamerikas lebten stolz und kühn, ein jeder ein König in Haltung und Gesinnung, bis die Blaßgesichter von der Ostküste Besitz ergriffen. Erst wichen die Indianer zurück. Aber als die Weißen rastlos in die Prärie vordrangen, Städte, Straßen und gar Eisenbahnen bauten, als die Büffelherden merklich kleiner wurden, da erwehrten sich die Indianer der fremden Eindringlinge und suchten sie zu vertreiben über das große Wasser. Mit ungleichen Waffen kämpften sie heldenhaft. Aber Stamm nach Stamm erlag der Übermacht, auch dann, als Pulver und Feuerrohr ihnen zur Verfügung stand. Die Übriggebliebenen litten winters Hunger, weil auch die Büffel schonungslos verfolgt worden waren.

Jahrzehntelange Kämpfe endeten schließlich in der Niederlage der Indianer. Die letzten Kämpfe gegen einzelne freie Stämme tobten noch zu Beginn unseres Jahrhunderts. Mit trauriger Seele und stummer Ergebenheit in das Schicksal erlebten diese Indianer, wie das einst so kraftvolle Volk dahinschwand. Sie erlebten, daß trotz der Opfer und Gebete und heiligen Bräuche der heilige Baum dürr blieb. Hatten die guten Geister des Stammes sie verlassen? Waren sie vom rechten Weg abgewichen?

Ein großer Zaubermann hatte ein Gesicht und sah, wie ein großer Wirbelsturm, aus Westen kommend, alles zerschlug, was alt und zum Sterben reif war. Und er sah, wie sein Volk hinging an einen Ort, jenseits eines großen Wassers, wo es keine Blaßgesichter gab, ein schönes grünes Land, wo mit ihm sich versammelten alle Indianer, die je gelebt hatten, und alle Büffel und die übrigen Tiere. Und er sah die Indianer wieder tanzen um den heiligen Baum, der neu belaubt und in frischer Blüte stand, und in dem die Vögel saßen und sangen. Er sah, wie das Volk zurückgefunden hatte in den heiligen Kreis und den rechten Weg ging, glücklich in allen Tagen und ein Wohlgefallen den Mächten des Alls. Viele Indianer hörten von diesem Gesicht, das diesem Zaubermann vom Großen Geist geoffenbart worden war. Und wenn sie auch weinten von ganzem Herzen und den Strom der Tränen nicht zu hemmen vermochten, wenn sie das Elend des sterbenden Volkes sahen und seinen verzweifelten Kampf, so lebte dieses Gesicht als Hoffnung in ihrer Seele auf das Leben in der andern Welt.

Heute hat man einzelne Stämme gerettet, hat ihnen in den Wäldern am Osthang des Felsengebirges Schutzgebiete zugewiesen. Statt in Büffelfelle hüllen sie sich des Winters in Wolldecken aus amerikanischen Zeughäusern. Im Sommer warten sie auf neugierige Reisende, die echte Indianer photographieren wollen, und stellen sich und ihre Tänze zur Schau. Und wenn die Fremden fort sind, sitzen sie traurig und ohne Ziel vor ihren Zelten, sinnen und erinnern die Bilder vom Glanz alter Zeiten.

Welt- und Menschenschöpfung

Die Erschaffung der Welt

Am Anfang war Tirawahut (das Universum); Herrscher des Tirawahut waren Tirawa, der Allmächtige, und seine Gattin Atira, das Himmelsgewölbe. Um Tirawa saßen die Götter zu Rate; und er sagte einem jeden, wo sein Standort sein sollte. Zu dieser Zeit berührte der Himmel noch nicht die Erde.

Tirawa sprach: »Jedem von euch werde ich seinen Platz am Himmel geben; einem jeglichen will ich Macht verleihen, denn ich will Menschen schaffen nach meinem Bilde, und diese sollen unter eurer Obhut stehen.

Ich will ihnen euer Land geben, damit sie darauf leben können, und mit eurer Beihilfe soll für sie gesorgt werden.« Dann wandte er sich zu den einzelnen Göttern: »Sakuru, die Sonne, soll im Osten stehen und der Erde und allen Lebewesen Licht und Wärme geben. Pah, der Mond, soll Licht spenden, wenn es auf Erden dunkel ist. Tschuperekata, der Abendstern, soll im Westen stehen und die Mutter aller Dinge sein, durch die alle Wesen geschaffen werden. Operikata, der Morgenstern, soll im Osten stehen und der Krieger sein, der das Volk der Sterne nach Westen treibt und acht gibt, daß kein Säumiger zurückbleibe. Karariwari, der Nordstern, soll unbeweglich im Norden stehen; er soll der Häuptling aller Götter sein, die am Himmel ihren Platz haben, und über sie walten.«

Dann versammelte Tirawa die Sterne des Nordostens, Nordwestens, Südwestens und Südostens um sich und sprach: »Ihr vier sollt den Himmel tragen, solange er besteht. Und wenn das auch eure Hauptaufgabe sein wird, so gebe ich euch doch auch Macht, Menschen zu schaffen. Ihr sollt ihnen die verschiedenen heiligen Bündel* geben. Eure Macht wird den Menschen offenbar werden, denn ihr sollt den Himmel mit euren Händen und die Erde mit euren Füßen berühren.« Dann sprach er zum Sonnengott: »Wenn du deinen Platz am Himmel eingenommen hast, gebe ich dir die Erlaubnis, die Mondgöttin einzuholen, und ein Knabe soll euch beiden, Sonne und Mond, dann geboren werden. Dann magst du die Götter anrufen, daß sie dir helfen, dies Kind auf die Erde zu setzen. – Du aber, Großer Stern, Krieger des Ostens, sollst auf deiner Wanderung vom Osten nach dem Westen beim Leuchtenden Stern im Westen verweilen. Ich verspreche, euch beiden dann eine Tochter zu geben, und auch euch sollen die Götter helfen, dies Mädchen auf die Erde zu setzen.«

Als alle ihre Weisungen von Tirawa erhalten hatten, befahl er ihnen, ihre verschiedenen Standorte am Himmel einzunehmen. Nur die Sterne der vier Richtungen blieben noch bei Tirawa. Dieser wandte sich nach Westen und sprach zum Abendstern: »Ich will dir Wolken und Winde, Blitz und Donner senden. Sobald du sie empfangen hast, laß sie sich

* Heilige Bündel: enthalten in einer Hülle von Büffelleder Pfeife, Tabak, einen Maiskolben, Farben und Vogelbälge, denen Zauberkraft innewohnt.

zwischen dir und deinem Garten aufstellen; diese vier Götter werden es sein, die alle Dinge schaffen.«

Die Abendsterngöttin empfing die vier und tat, wie ihr befohlen war. Tirawa sah es und war zufrieden. Er sagte dem Abendstern, daß jetzt alles bereit sei, die Erde zu schaffen. Sie solle den vier Göttern befehlen, zu singen, während er einen kleinen Kiesel herabfallen lassen werde. Die vier Götter schwangen ihre Rasseln und sangen. Da stiegen Wolken auf, der Wind blies in die Wolken, Donner und Blitz fuhren in sie hinein. Die Wolken ballten sich über dem Raum; sobald sie sich genügend verdichtet hatten, ließ Tirawa den Kiesel in sie hineinfallen. Der Kiesel wurde in den Wolken hin und her gerollt, und als sich der Sturm verzogen hatte, war der Raum allenthalben mit Wasser angefüllt.

Jetzt wurden den Göttern der vier Weltrichtungen, die noch um Tirawa saßen, Keulen gegeben, und Tirawa befahl ihnen, das Wasser mit den Keulen zu schlagen, sobald sie es erreichten. Dann hieß er sie an die ihnen zugewiesenen Standorte gehen. Sie taten es und schlugen, als sie das Wasser erreichten, mit ihren Keulen hinein, so daß sich das Wasser teilte und die Erde sichtbar wurde.

Als die Erde geschaffen war, befahl Tirawa der Abendsterngöttin, die vier Götter, die sie bei sich hatte, singen zu lassen; der Gesang sollte von der Bildung der Erde handeln. Als der Gesang anhub, stiegen die Wolken hoch, der Wind blies, Blitz und Donner kamen; der Sturm raste über die Erde, der Wind fegte Regen herab, und der Blitz schlug in den Boden und teilte ihm Leben mit. Und als der Donner die Erde erbeben ließ, glitt die Erdkrume dort, wo der Boden uneben war, an den Flanken der Berge hinab in die Täler.

Tirawa befahl weiter dem Abendstern, die Götter einen andern Gesang anstimmen zu lassen. Diesmal sollte der Gesang von den Wäldern und dem Gebüsch handeln. Wieder fuhren Winde und Wolken, Blitz und Donner über die Erde dahin. Schon waren Pflanzen der Erde entsprossen, aber es war kein Leben in ihnen. Als aber die Winde durch sie bliesen, der Regen auf sie fiel, der Blitz in sie schlug und der Donner über ihnen rollte, wurde Leben in ihnen erweckt.

Wieder befahl Tirawa dem Abendstern, die Götter singen zu lassen.

Noch waren die Gewässer, die auf der Erde waren, nicht so, wie sie sein sollten. Tirawa ließ Wind und Wolken, Blitz und Donner über die Erde längs der Ströme und Bäche, der Seen und Teiche dahinziehen. Und der Wind säuberte das Bett der Ströme, der Regen füllte sie, der Blitz fuhr in sie hinein, und der Donner rollte in ihnen, so daß sein Widerhall von jetzt an im Rauschen der Ströme ertönte. Tirawa wußte nun, daß das Wasser der Ströme wohlschmeckend geworden war.

Zum letztenmal hieß Tirawa den Abendstern, die Götter singen zu lassen und Winde und Wolken, Blitz und Donner über die Erde zu senden, damit die Samen, die die verschiedenen Götter vom Himmel auf die Erde hatten fallen lassen, Wurzel faßten und wüchsen. Es geschah; wo immer die Götter Samen verstreut hatten, da verhalfen Blitz und Donner dazu, daß Leben in die Samen kam und daß sie sproßten und aus dem Boden hervorkamen.

Als alles das geschehen war, war Tirawa zufrieden. Darauf verbarg er sich für einige Zeit.

Die Erschaffung des Menschen

Im Anfang schuf Tirawa, der Vater im Himmel, Menschen aus Stein. Diese waren so stark, daß sie von dem Schöpfer nichts wissen wollten und ihm daher nicht gehorchten. Sie trotzten ihm sogar; daher beschloß er, ein Ende mit ihnen zu machen. Er ließ einen großen Regen niedergehen, und es regnete tagelang unaufhörlich, bis alles Land mit Wasser bedeckt war, die Bäume abstarben und die Spitzen der Hügel untertauchten. Da viele von den ersten Menschen groß und schwer waren und sich daher nur langsam fortbewegen konnten, erreichten sie nicht die Hügelkuppen, auf die alle sich zu retten suchten, und selbst die, die hinaufkamen, ertranken, da das Wasser immer höher stieg und schließlich die ganze Erde bedeckte. So starb alles, was auf Erden lebte. – Die Sandsteinfelsen, welche die Steilufer der Flüsse bekrönen und manchmal Ähnlichkeit mit Menschenfiguren zeigen, werden noch heute als die Reste der Urzeitriesen angesehen.

Alles war tot, nur ein Moskito flog noch über dem Wasser hin und her, und ein Entlein schwamm darauf. Beide begegneten einander, und die Ente sprach zum Moskito: »Wie kommt's, daß du noch hier bist?« Der Moskito erwiderte: »Ich vermag vom Wasserschaum zu leben. Und du?« »Wenn mich hungert«, sagte die Ente, »kann ich tauchen und das grüne Kraut essen, das unter Wasser gedeiht.« Da sagte der Moskito: »Ich habe den Schaum satt. Wenn du mich mit dir nehmen willst, daß ich die Pflanzen der Erde koste, werde ich wissen, ob du die Wahrheit sprichst.« Die Ente nahm den Moskito unter ihren Flügel, wo er trocken saß, und tauchte mit ihm auf den Grund des Wassers. Sobald sie diesen erreichten, verschwand alles Wasser, aber außer ihnen war nichts Lebendiges auf Erden.

Da beschloß Tirawa, von neuem Menschen zu schaffen, und tat es. Aber wieder machte er sie sich allzu ähnlich. Sie wurden zu mächtig; er erschrak vor ihnen und vernichtete sie allesamt wieder.

Dann schuf er einen Mann, der den heutigen Menschen glich. Dieser sagte, als er geschaffen war, zu sich: »Wie kommt es nur, daß mir noch immer nicht ganz behaglich zumute ist?« Da schuf der himmlische Vater ein Weib und setzte es neben den Mann, und dieser sprach: »Du wußtest, warum ich nicht zufrieden war und was mir noch fehlte. Jetzt kann ich froh über die Erde wandern.« Augenscheinlich schuf Tirawa damals Menschen und Tiere oben im Himmel, wo er wohnte; da er nun von seinem Werke befriedigt war, beschloß er, sie auf die Erde zu setzen. Er rief den Blitz, daß er sie hinabbrächte, und der Blitz ließ eine Wolke kommen, und die Wolke empfing, was Tirawa geschaffen hatte. Aber der Blitz fuhr, wie es so seine Art ist, in einem gewaltigen Schlage zur Erde hinab, und da der Grund noch vom Wasser, das ihn bedeckt hatte, aufgeweicht war, versank alles in dem weichen Boden. Darüber war der Blitz sehr unglücklich und schrie laut auf; noch bis zum heutigen Tage hören wir, wenn der Blitz die Erde trifft, seinen Aufschrei, den Donner.

Nun war alles Lebende unter der Erde in großer Verwirrung; einer fragte ratlos den andern, wo man sei. Eines Tages wühlte der Maulwurf umher und grub schließlich ein Loch durch die Erde, so daß das Licht hereinflutete und er erschreckt zurückwich; seitdem hat er keine

Augen mehr – das Licht hat sie ihm ausgelöscht. Der Maulwurf wollte deshalb auch nicht aus der Erde heraus, alle andern aber stiegen durch das Loch, das er gemacht hatte, zur Erdoberfläche hinauf. Da blickten sie sich um, um zu wissen, wohin sie gehen sollten. Sie machten sich auf die Wanderung. Nach drei Nachtlagern holte ein Knabe, der im ersten Lager schlafend zurückgeblieben war, die Wandernden ein, in seinen Armen ein großes Bündel tragend. Sie fragten ihn, was es wäre, und er erwiderte ihnen, er habe, als er aufgewacht sei und gesehen habe, daß alles fortgezogen sei, zum Vater im Himmel um Hilfe gebetet, und der Vater habe ihm dieses Bündel gegeben, das ihm den Weg zu seinem Volke gewiesen habe. Des waren alle froh; sie meinten, daß sie jetzt den Weg finden würden, und zogen weiter.

Nachdem sie lange gewandert waren, kamen sie zu einer tiefen Schlucht mit hohen, steilen Ufern, über die sie nicht hinüber konnten. Sie fragten den Knaben, was zu tun sei. Er öffnete das Bündel, und heraus kam ein Vogel mit scharfem Schnabel. Er flog über die Schlucht und begann die Erdbank mit seinem Schnabel zu bearbeiten, flog wieder und wieder hinüber, und schließlich fiel so viel Erde hinab, daß sie die Schlucht ausfüllte und eine Brücke entstand, über welche die Menschen hinübergehen konnten. Ein Teil war schon drüben, aber bevor es allen gelang hinüberzukommen, war der Weg wieder verschwunden, und die Schlucht gähnte wie zuvor. Da kamen alle, die zurückgeblieben waren, um. Sie wurden in Dachse, Schlangen und andere Tiere, die im Erdboden leben, verwandelt.

Die Menschen zogen weiter und gelangten an ein Gehölz, das so dicht war, daß sie nicht hindurch konnten. Wieder mußten sie haltmachen und den Knaben fragen, was zu tun sei. Er öffnete das Bündel, eine Eule kam heraus, flog in das Gehölz und bahnte einen Pfad. Eine große Zahl der Menschen kam hindurch, nur einige alte Frauen und arme, kleine Kinder blieben zurück. Der Pfad schloß sich wieder und hielt sie gefangen, und schließlich wurden sie in Bären, Wildkatzen, Wapitis und andere Waldtiere verwandelt.

Auf ihrer weiteren Wanderung kamen die Menschen an einen großen Fluß, der reißend dahinströmte und ihnen Halt gebot. Sie hielten am Ufer und nahmen wieder ihre Zuflucht zu dem Bündel. Ein Habicht kam heraus, flog quer über den Strom und machte, daß das Wasser aufhörte zu fließen. Die Menschen zogen durch das trockene Flußbett. Als ein Teil schon auf dem andern Ufer war, einige aber noch im Flußbett verweilten, begann das Wasser von neuem zu fließen und ertränkte diese. Sie wurden in Fische verwandelt, und darum sind die Fische den Menschen verwandt.

Die Übrigbleibenden kamen zu hohen Hügeln, den »Blauen Bergen«, und erblickten von ihnen herab ein schönes Land. Hier dünkte es sie gut, zu bleiben. Als sie aber den Knaben mit dem Bündel fragten, sagte dieser: »Nein, wir werden ›das Leben‹ sehen und an ihm leben.« Und sie zogen weiter. Bald danach begannen sie miteinander zu spielen, und eine Partei gewann immer alles, was die andere hatte. Zu guter Letzt gerieten sie in Zank und Streit und kämpften gegeneinander, trennten sich und zogen verschiedene Wege. Die Tiere aber, die während dieser ganzen Zeit mit ihnen gezogen waren, bekamen Furcht vor ihnen und rannten davon. Nur einige Menschen blieben noch zurück und fragten den Knaben, was sie tun sollten. Er nahm aus seinem Bündel eine Tabakspfeife, und als er sie hoch hielt, hatte der Kampf ein Ende. Bei der Pfeife war auch eine steinerne Pfeilspitze. Der Knabe sagte ihnen, sie müßten sich andere, ähnliche machen, denn von jetzt an würden sie zu kämpfen haben; bisher hatte es noch keinen Krieg gegeben. In dem Bündel fand sich auch eine Maisähre, und der Knabe sprach: »Durch sie werden wir leben. Sie ist unsere Mutter.«

Jetzt sprachen die Menschen nicht länger mehr eine Sprache. Die acht Stämme, die davongezogen waren, verstanden einander nicht mehr und lebten nicht mehr zusammen; sie zogen als Büffeljäger in der Prärie umher, und Atira, die Mutter, verließ sie. Der neunte zurückbleibende Stamm aber, der die Arikara, Mandan und Pawnee umfaßte, verließ nunmehr die Blauen Berge und kam zu einem großen Strom; nun erst wußten sie, was der Knabe mit den Worten: »Wir werden das Leben sehen und an ihm leben«, gemeint hatte, denn ›Leben‹ bedeutete der Missouristrom. Da sagten die drei verbundenen Völker: »Das ist die Stelle, wo wir nach dem Willen unserer Mutter wohnen sollen.« Sie säten die Maiskörner und wurden Ackerbauer.

Stämme am Missouri.

Wolfbruder

Häuptling Büffelkind Langspeer erzählt:

Wir wanderten nordwestlich durch die Berge, bis wir die westlichen Ausläufer des Felsengebirges erreichten; hier ließen wir uns in einem tiefen, schneegefüllten Kessel für den Rest des Winters nieder.

In unserem Lager befand sich damals ein sehr geachteter Krieger und Jäger namens Adlerfeder. Zu jenen Zeiten war es Sitte, da die Männer so häufig getötet wurden und die Frauen stets in der Überzahl blieben, daß ein Krieger mehrere Frauen nahm. Auf diese Weise hatten wir die Sicherung, daß alle Frauen im Alter gut verpflegt sein würden.

Aber dieser Krieger Adlerfeder hatte nur eine einzige Frau. Er war ein großer, stattlicher Krieger im kräftigsten Alter; mit seiner hübschen Frau war er sehr zufrieden, sie hatte ihn stets gut betreut. Immer war sie fleißig beim Bereiten der Mahlzeiten oder bei ihren sonstigen Arbeiten, sie gerbte die Felle der Tiere, die dieser ausgezeichnete Jäger in großer Zahl erlegte. Nur in einem erfüllte sie seine Wünsche nicht – sie gebar keine Kinder.

Indianer lieben Kinder; keine Nachkommen zu haben, sehen sie als ein Unglück, als einen Fluch an. Adlerfeder dachte manchmal daran, eine andere Frau mit in sein Zelt zu nehmen, die ihm ein Kind gebären würde; aber er liebte seine treue, schöne Frau, und er brachte es nicht fertig, den Gedanken auszuführen. Viele Stunden schon hatte Adlerfeders Frau allein in ihrem Zelt gesessen und geweint, weil ihr der Große Geist nicht vergönnt hatte, ihrem Manne ein Kind zu schenken und dadurch ihrer beider Leben vollkommen zu gestalten.

Wie alle besonders geschickten Jäger ging Adlerfeder am liebsten allein jagen. Während des Winterlagers seines Stammes im nördlichen Felsengebirge ging er oft allein fort und blieb tagelang aus. Er kam dann vollbeladen mit Fellen von Otter, Nerz, Schwarzem Wolf, Marder und Luchs zurück.

Der Winter begann schon nachzulassen, und der Schnee lag nicht mehr so tief, da brach er eines Morgens wieder auf zu einem seiner Jagdzüge in die wilde Gegend. An jenem Abend stieg er einen Berg herab, um sich einen Lagerplatz zu suchen. Ein Wolf kam aus dem Gebüsch und heulte ihn im bitterkalten weißen Zwielicht an.

Es war ein großer Wolf, kein Kojot, einer von der größten Art unter den gewaltigen schwarzen Waldwölfen. Mit der bekannten Neugierde dieser Tiere beobachtete er Adlerfeder beim Bereiten des Lagers und trottete dann ruhig weiter.

»Geh jetzt, mein Bruder«, sprach Adlerfeder. »Morgen folge ich dir, um deinen dicken Pelz zu holen.«

Also ging Adlerfeder am nächsten Morgen auf seinen Schneeschuhen, eine große Kugel im Büchsenlauf, der Spur des Wolfes nach.

Es war leicht, dieser Spur zu folgen, denn die Fußtritte waren größer als alle Wolfsspuren, die Adlerfeder je gesehen hatte. Sie führten lange durch ein steiles Gebirgstal und weiter durch eine dichtbewaldete Kette von niedrigen Bergen. Der Wolf schien sich genau nach Norden zu halten. Nichts, nicht einmal die frischen Querspuren von Elchen, hatten ihn von der eingeschlagenen Richtung abbringen können. Er benahm sich nicht wie ein Wild, das dem Verfolger ausweicht.

Adlerfeder war den ganzen Tag gewandert, und die späte Nachmittagssonne machte schon lange Schatten – da plötzlich, als er nach vorn spähte, sah er den großen Wolf über einen kahlen Hang laufen, der aus einer buschbewachsenen Bergebene stieg.

Es hatte schon eine Weile still aber anhaltend geschneit, beim Untergehen der Sonne erhob sich der Wind in kurzen, abgerissenen Stößen und trieb kleine Schneewirbel über die weiße Fläche – alles Vorzeichen eines Gebirgssturmes. Der Neuschnee hatte Adlerfeder das Gehen schwer gemacht – auch den Wolf mußte er ermüden, denn er sank nun bei jedem Schritte bis zum Bauch in den Schnee.

Nach dem ersten Auftauchen des Wolfes auf dem Berghang verlor ihn Adlerfeder eine ganze Weile aus dem Auge. Dann sah er ihn wieder, und nachdem die Sonne mit ihrer unheildrohenden Begleitung von zwei falschen Sonnen den Rand der Berge im Westen berührt hatte, blieb der Wolf immer in voller Sicht. Der Jäger fegte in langem Lauf vorwärts auf der welligen Fläche des weiten Schneemeeres, während der Wolf, anscheinend vor Übermüdung, schon hin und her schwankte.

Der Wind wurde immer stärker; bald war die ganze Erde eingehüllt in ein Getöse von stechendem, augenblendendem Schneetreiben. Ein Blizzard zog herauf. Nichts stand mehr aus der Landschaft hervor als nur ein kleines Tannenwäldchen, das im Schnee wie eine Insel aussah.

Das Unwetter hatte keine Schrecken für einen Jäger wie Adlerfeder, solange Waldschutz in Sicht war. Er wußte, daß der Wolf dieser Dekkung zustrebte, und er beeilte seine Schritte, um ihn noch einzuholen und zu schießen, ehe er unter den Tannen entkäme oder sich im Dunkel des rasenden Sturmes verlöre.

Als er schließlich atemlos und erschöpft das Wäldchen erreichte, hatte er von seinem Wild sowohl die Sicht als auch jede Spur verloren.

Er rastete ein wenig und suchte dann die windgeschützte Seite der Tannen nach einer passenden Stelle für ein Feuer und ein Lager ab. Dabei wurde er plötzlich gewahr, daß der Wolf ihn von einer Schneewächte aus beobachtete. Behutsam wandte er sich und zielte, den langen kalten Lauf seiner Flinte genau zwischen die zwei springenden grauen Augen gerichtet, – wilde, schrägliegende Augen, die ihn anschimmerten wie zwei Stücke grauen Flintsteins. Er zauderte einen Augenblick, dann zog er den Drücker. Ein kurzes Aufleuchten des Zündstiftes – aber kein Knall. Die Zündung war im Schneetreiben naß geworden.

Mit den Zähnen zog er den hölzernen Stöpsel aus seinem Pulverhorn und schüttete trockenes Pulver auf die Pfanne – den Wolf hielt er dabei mit starren Augen fest. Der machte jedoch keine Anstalten, sich zu bewegen oder fortzulaufen. Während der Jäger flink seine Flinte mit einer neuen Zündung versah, redete er leise mit dem Wolf:

»Mein Bruder, ich werde dich nicht lange in der Kälte und dem Schnee warten lassen. Ich bereite einen kleinen Boten, den werde ich dir zuschicken. Habe nur noch kurze Zeit Geduld.« Als er das trockene Pulver auf die Zündpfanne schüttete, tat der Wolf plötzlich einen gewaltigen Sprung – und verschwand.

Die einsetzende Dunkelheit und der heulende Schneesturm machten alle weiteren Versuche, diesen kostbaren Pelz zu erbeuten, aussichtslos. Adlerfeder sah ein, daß ihm hier zum erstenmal in seinem Leben eine

Beute entlaufen war. Er legte die Flinte beiseite und knüpfte die Axt von seinem Gürtel los, um sich rasch noch eine Deckung gegen den Blizzard zu bauen. Er hieb trockene Fichten zu seinem Feuer und baute sich dann einen Windschutz aus Bergbüschen.

Während einer Pause in der Arbeit fing sein Ohr, das auf alle Laute der Wildnis scharf gestimmt war, ein sonderbares Geräusch auf. Er horchte genauer und fing den Laut ein zweites Mal auf, diesmal so, daß kein Verkennen möglich war. Es war das Weinen eines Kindes.

Er warf die Axt hin, wickelte seinen Mantel um Kopf und Leib und stolperte hinaus ins Dunkel nach der Richtung, aus der er das Weinen vernommen hatte. Während er im wirbelnden Schnee dahinstapfte, die Ohren scharf gespitzt, um das Weinen durch das Tosen des Windes zu hören, verfing sich der eine Schneeschuh in irgend etwas, und er fiel mit dem Gesicht vornüber in den Schnee. Er stand auf und griff umher nach seiner Decke – da berührte seine Hand den schweren Gegenstand, der ihn zu Fall gebracht hatte. Er kniete nieder und betrachtete ihn – es war eine Frau – eine Indianerfrau, eine tote Indianerfrau.

Noch immer vernahm er das Weinen. Er schritt im Kreise herum, fand aber nicht die Richtung. Es schien aus der Luft zu kommen, nicht von der Erde. Er schritt und horchte, hielt an und horchte wieder. Schließlich kam er an einen Baum, und dort, hoch über dem Bereich der wilden Tiere, hing ein lebendes Kind in einem Moossack – ein Kind von etwa zwei, drei Monaten.

Im Schutze dieser Wiege, wohl eingepackt in Moos und Hasenfelle, hatte es durch die Kälte nicht gelitten.

Er machte nun ein großes Feuer und baute sich ein Lager. Die ganze Nacht schlief er mit dem Findling zwischen seinen Armen.

Am Morgen fing er einige Hasen in der Schlinge. Mit dem Jagdmesser ritzte er dem einen den Hals auf und drückte das warme Blut in den Mund des hungrigen Säuglings.

Es dauerte nicht lange, mit der Axt aus einigen grünen Bäumchen einen rohen Schlitten zu zimmern. Gegen Abend kam er ins Lager zurück, auf dem Schlitten zog er die unbekannte tote Frau, das Kind in seinem Moossack trug er unter der Manteldecke.

Die Leute im Lager verwunderten sich über diese seltsame Gesellschaft: zwei Lebende und eine Tote. Er aber reichte den Säugling seiner Frau hin und sprach:

»Hier ist unser Kind, wir brauchen nun kein fremdes Weib in unser Zelt zu nehmen.«

Adlerfeders Frau nahm das Kind in die Arme und wärmte es an ihrer Brust. Die alten Leute sagen, die Feuer der Mütterlichkeit hätten sich bei der Berührung des Säuglings entzündet, so daß Milch zur Erhaltung des Kindes aus den Brüsten geflossen sei.

Am Abend saßen wir am Lagerfeuer, und Adlerfeder erzählte sein Erlebnis. Da heulte tief und lang draußen auf einem Hügel ein großer Wolf.

»Mokuji! – Es ist er, der Wolf!« rief Adlerfeder. Dann hob er die Hand und erklärte feierlich: »Nie wieder werde ich einen Wolf schießen, sie sind meine Brüder.«

Er wandte sich dem Kinde zu und taufte es Mokuji-Oskon, Wolf-Bruder. Dies blieb sein Name, bis er achtzehn Jahre alt war.

Das Kind wuchs und gedieh. Es wurde ein großer Häuptling. Sein Name steht eingegraben in einer Steinsäule, die zur Erinnerung an das Ende der Kriege zwischen den Indianerstämmen des Nordwestens errichtet wurde.

Glanz und Untergang der Inka

Auf den Hochebenen der Anden Südamerikas, in Tälern und an Gebirgshängen trifft der Reisende auf seltsame Überreste großer Tempelbauten und verlassener Städte. Sie stammen zumeist aus der Zeit, da die Inka über die dortigen Indianervölker herrschten.

Große Sonnenaltäre erheben sich auf einsamen Bergkuppen. Aus dem anstehenden Fels sind sie unregelmäßig geformt, mit Treppenstufen, Vertiefungen und sockelartigem Aufsatz. Solche Sonnenaltäre finden sich auch an den höchsten Stellen der früheren Städte, deren Häuserruinen sich in regelmäßigen Reihen um die Tempelanlagen scharen. Zwischen den Häusern sind gepflasterte Gassen und breite Treppen; Brunnen und Kanalisationsanlagen fehlen nicht. In Felswänden sind Grabkammern eingehauen, zu denen Treppenstufen hinführen. Den Berghängen entlang liegen terrassenartige Äcker, einer über dem anderen, von Mauern gestützt. Auch Überreste von Bewässerungseinrichtungen sind noch zu sehen. Das sind die einstigen Felder der Indianer, die da und dort heute noch bepflanzt werden. Streckenweise haben sich gepflasterte Straßen erhalten und werden noch benutzt. In Windungen führen sie über Bergkämme und mittels Treppenstufen in Schluchten hinab.

Staunen erregen aber vor allem die Mauern aus Granit, Porphyr oder Kalk. Die Mauerblöcke haben meist polyedrische Gestalt, sind aber auch viereckig und liegen so aufeinander, daß man nicht eine Messerspitze zwischen die Fugen stecken kann. Einzelne haben ein Gewicht von zwei bis sechzehn Tonnen; ja, es gibt solche, deren Gewicht auf vierzig Tonnen geschätzt wird. Rätselhaft, wie sie bearbeitet, herbeigeschleppt und aufeinandergetürmt wurden! Die Blöcke der Festung Sacsahuaman, die 250 Meter über der Hochebene liegt, stammen von einem Steinbruch her, der sich einige Kilometer Luftlinie entfernt am gegenüberliegenden Berghang befindet; aber dazwischen liegt ein Flußtal. Die tonnenschweren Steine müssen über eine Brücke herüber geschafft worden sein.

Nur recht wenig weiß man vom Leben der Menschen, die einst solche gewaltige Bauten errichtet haben. Was man weiß, stammt aus Berichten der spanischen Eroberer, die im 16. Jahrhundert in das Reich mit den goldenen Tempeln und den volkreichen Städten eingedrungen sind und es für die spanische Krone eroberten.

*

Von der Erschaffung der Welt, von der Erschaffung des Menschen und der Geburt des Herrschergeschlechts der Inka wissen die Indianer der Anden vieles zu erzählen. Reich und vielgestaltig sind die Mythen, in denen die verschiedenen Stämme des heutigen Peru, Bolivien, Chile und Ecuador die Erinnerung an die Urzeit bewahren:

Im Anbeginn, ehe noch die Welt geschaffen war, da war Viracocha, der Ursprung und Hüter des Weltalls.

Diese Gottheit ist der allmächtige Gebieter über alle Dinge; er ist grundgütig. Er erschuf alles, was es in der Welt gibt, was sie erfüllt und schön macht. Da aber die Indianer die Sonne als das Schönste von allem ansahen, was geschaffen wurde, beteten sie vor allem die Sonne an und den Mond als Gattin und Gefährtin der Sonne.

Viracocha, der Vielnamige, den jedes Indianervolk mit anderem Namen nennt, war es, der die Welt erschuf. Aber sie war noch dunkel, ohne Sonne, Mond und Sterne.

Nachdem der Schöpfer die Erde erschaffen hatte, bildete er ein Geschlecht von Riesen unförmiger Körpergröße. Da ihm aber ihr Wuchs als viel zu groß erschien, ließ er sie zu Stein erstarren und sprach: »Es ist nicht gut, daß die Menschen so groß sind; es ist besser, wenn sie von meiner Größe sind.« Und er machte die Menschen nach seinem Bilde so, wie sie heute sind. Aber sie lebten im Dunkel dahin. Er gab ihnen Gesetze, nach denen sie einträchtig leben sollten. Eine Zeitlang befolgten sie auch seine Gebote und verehrten ihn. Dann aber wandten sich einige von ihm ab und beteten Quellen, Flüsse, Berge und Felsen an. Übermut und Eigennutz machten sich unter ihnen breit. Darob erzürnte Viracocha. Er schmetterte Blitzstrahlen auf die Erde. Aber die Menschen ließen nicht ab von ihrem Tun. Da ließ Viracocha solche Wassermassen auf die Erde ausschütten, sechzig Tage und Nächte lang, daß alles Erschaffene in den Wassern umkam, bis auf wenige, die ohne Schuld waren. Diese entkamen, weil Gott ihnen gestattete, auf die Gipfel ragender Berge zu steigen oder in Höhlen sich zu bergen.

Die Bewohner von Quito erzählen, daß ein Mann, Pacha, sich mit seinen drei Söhnen und Frauen auf den Gipfel des Pinchincha rettete. Dort oben baute er eine Hütte und nahm Nahrung und viele Tiere mit hinein. Nach vielen Tagen ließ er einen rabenähnlichen Vogel fliegen. Der kehrte nicht zurück, weil er sich vom Aas der umgekommenen Tiere nährte. Ein zweiter Vogel, den er aussandte, kam mit grünen Blättern zurück. Darauf stieg Pacha mit seiner Familie hinab auf die Hochfläche, auf der heute die Stadt Quito liegt. Als sie dort ein Haus bauten, konnte plötzlich keiner mehr verstehen, was der andere sprach. Deshalb trennten sich die Brüder und der Alte mit ihren Frauen; sie ließen sich in verschiedenen Gegenden des Landes nieder, wo noch heute ihre Nachkommen wohnen.

Andere aber erzählen:

Als die Wasser nach der Flut sich verlaufen hatten und die Erde trocken geworden war, beschloß Viracocha, die Erde zum zweiten Mal zu bevölkern. Und um die Schöpfung vollkommener zu machen, beschloß er, Lichter zu schaffen, die Helle verbreiteten.

Er begab sich mit drei Dienern auf eine Insel in dem großen See Titicaca und gebot, daß Sonne, Mond und Sterne erscheinen und zum Himmel aufsteigen sollten, um der Welt Licht zu spenden. So geschah es auch.

Dies ereignete sich nach der indianischen Zeitrechnung im Monat Dezember. Darum feierten die Indianer in einigen Provinzen zu dieser Zeit ein Fest zur Erinnerung an die Erschaffung des Lichtes: Zwölf Tänzer traten auf dem Platz des Sonnentempels auf, alle in rote Gewänder gehüllt und mit Girlanden und Kränzen geschmückt. Inmitten dieser Zwölf war ein Dreizehnter in blauer Kleidung, und alle zusammen tanzten feierlich und sangen Lieder zum Lob der Sonne.

Nachdem Viracocha die Gestirne geschaffen hatte, verließ er die Insel und fuhr über den See nach dem festen Land. Er zog an den Ort, der heute Tiahuanaco heißt. Da zeichnete er auf große Steinplatten Bilder und Zeichen von allen Völkern, die er zu schaffen gedachte, und von den Orten, wo sie leben sollten.

Viracocha hatte einen Diener – einige sagen, es sei sein Sohn gewesen – der ihm in allem widersprach und das Gegenteil dessen schuf, was sein göttlicher Vater entstehen ließ: schuf dieser Berge, so machte er Schluchten; schuf Viracocha die Menschen gut, so machte er sie böse. Als Viracocha ihm nun einen Befehl erteilte, widersprach er ihm aufs neue; da ließ er ihn an Händen und Füßen fesseln und auf einem Binsenfloß aussetzen, worauf er verschwand, lästernd und drohend, er werde zurückkehren und sich rächen.

Danach befahl Viracocha seinen Dienern, sich die Namen der Stämme gut einzuprägen, die er gezeichnet hatte, wie auch der Täler und Orte, aus denen die Stämme hervorkommen sollten. Nun hieß er jeden einen andern Weg einzuschlagen und dabei die bezeichneten Stämme bei Namen zu rufen und aufzufordern, hervorzukommen, sich zu mehren und das Land zu bebauen. Die Diener machten sich auf den Weg. Der eine zog dem Meere entlang, der andere durchwanderte die Gegenden im Osten jenseits der Anden.

Viracocha tat dasselbe in den Ländern, die zwischen den Wegen seiner Diener lagen. Und ihrem Ruf gehorchte jeder Ort und jeder Stamm. So kamen die Menschen überall, wo sie durchzogen, hervor, die einen aus Seen, die andern aus Quellen, aus Tälern, Höhlen, Bäumen, Felsen und Bergen, und sie erfüllten die Länder und wurden zu den Völkern, die es heute in Peru gibt.

Die Leute vom Titicacasee aber erzählen: Viracocha habe die Menschen in Tiahuanaco geschaffen, die Männer aus Erde, die Frauen aus Pflanzen, habe ihnen Leben eingehaucht, und dann seien sie von dort ausgezogen, um die Länder zu besiedeln, die er ihnen zugeteilt. Bevor sie aufbrachen, hätten sie alle noch die gleiche Sprache gesprochen.

Die Menschen errichteten dem Schöpfer aus Dank einen Tempel als Wohnsitz. Dessen gewaltige Ruinen sieht man heute noch in Tiahuanaco.

*

In der Nähe von Cuzco erhebt sich ein Berg mit Namen Tambotoco. Aus diesem Berg ließ Viracocha vier Männer und vier Frauen ans Licht hervortreten. Sie nannten sich Schwestern und Brüder und sagten, Viracocha, die Sonne, habe sie erschaffen, auf daß sie die Herren des Landes würden. Daher nahmen sie den Namen Inka an, was soviel bedeutet wie Herr.

Über dem Ältesten, Manco Capac, schwebte ein falkenartiger Vogel »Inti«, dessen Zauberkraft ihm die Macht über alle Stämme gab; auch besaß er einen goldenen Stab. Die Geschwister zogen durch die Länder und machten sich alle Völker untertan.

Einer der Brüder, Ayar Cache, besaß solche Kraft, daß er mit seiner Schleuder Berge zerschmetterte und Schluchten schuf, überall, wo er durchzog. Die andern fürchteten seine Macht. Sie schickten ihn zurück zum Berge, aus dem sie hervorgegangen waren, die goldenen Gefäße zu holen, die sie dort vergessen hätten. Seinem Begleiter aber erteilten sie im geheimen den Auftrag, er solle es einrichten, daß Ayar Cache in dem Berge umkomme.

Als Ayar Cache in die Höhle stieg, um die goldenen Gefäße zu bergen, wälzte sein Begleiter einen Felsen vor den Eingang und setzte sich darauf: Ayar Cache war gefangen.

Als er merkte, daß er überlistet war und, von seiner Schleuder getrennt, keine Möglichkeit sah zu entkommen, schrie er, daß der Berg erzitterte, und verfluchte seinen Begleiter. Dieser erstarrte alsbald zu Stein. Noch heute zeigt man diesen Felsen an dem Berg Tambotoco.

Weiterschreitend kamen die Kinder der Sonne an einen Berg. Ein Regenbogen wölbte sich darüber. Manco Capac sprach: Nehmet dies zum Zeichen, daß die Welt nicht wieder durch Wasser zerstört werden wird. Laßt uns dort hinaufgehen und von dort aus den Ort wählen, auf dem wir unsere Stadt gründen wollen. Oben auf dem Berg fanden sie eine Huaca, das ist ein versteinertes Standbild eines Gottes aus früherem Geschlecht. Sie beschlossen, sie wegzuräumen. Ayar Uchu erbot sich dazu. Mit großer Kühnheit machte er sich an das Standbild heran. Wie er es berührte, merkte er, daß er festgehalten wurde und versteinerte. Sich verwandelnd prophezeite er den Geschwistern Reichtum und Macht und bat, daß man ihn ehre und ihm Opfer darbringe, denn um ihretwillen bliebe er zurück. Sie versprachen es und stiegen den Berg hinab.

Sie betraten nunmehr das Tal, wo heute Cuzco steht. Da warf Manco Capac seinen goldenen Stab aus und sprach: Dort, wo der Stab niederfällt, wollen wir uns niederlassen und eine Stadt bauen. Und zu seinem Bruder sprach er: Bruder, siehst du den Felsen neben dem Stab? Fliege hin und setze dich darauf, auf daß wir von diesem Land Besitz ergreifen. Und Ayar Auca erhob seine Flügel und ließ sich auf dem Felsen nieder. Sogleich ward er zu Stein. Ihm zum Gedächtnis wurde die Stadt »Cuzco« genannt, was in der Sprache des Tales »besitzanzeigender Markstein« heißt.

Manco und die vier Frauen kämpften gegen die Bewohner der Gegend und machten sie zu Untertanen. Danach erbauten sie ihrem Vater Viracocha mitten in der Stadt einen Tempel, das Haus der Sonne. Manco Capac nahm seine Schwester Mama Occla zur Gemahlin und erzeugte mit ihr einen Sohn. Von diesem stammen alle späteren Inka ab.

Viracocha, der aus den Wolken hervortretende Strahlenglanz der Sonne, wie er auch genannt wird, wandelte einst in Lumpen gehüllt auf der Erde unter den Menschen. Nur die helle Hautfarbe deutete auf seinen lichten Ursprung. Wer nicht wußte, wer er war, schmähte und verhöhnte ihn. Da ließ er Feuer vom Himmel regnen. Alsobald erkannten die Menschen seine Macht und baten um Gnade. Darauf löschte er das Feuer.

Er trat unter die Menschen und lehrte sie, an den steilen Wänden der Flußtäler Terrassen anzulegen, um Felder zu gewinnen; er zeigte ihnen, wie man Bewässerungskanäle baut, und die Frauen lehrte er spinnen und weben.

Nachdem Viracocha alles weise eingerichtet hatte, begab er sich an die Küste des Meeres im Westen und vereinigte sich mit seinen Dienern. Er verkündete denen, die er erschaffen hatte, Dinge, die sich in Zukunft ereignen würden. Und er verhieß ihnen, daß er ihnen einst seine Boten senden werde, damit diese sie schützten und weiterbelehrten.

Nach diesen Worten begab er sich mit seinen Dienern aufs Meer, und wie Schaumkronen verschweben, entzog er sich den Blicken der Menschen.

Über alles, was sich von der zweiten Menschenschöpfung an bis auf die Zeiten zutrug, da die Inka regierten, weiß man wenig zu sagen.

*

Die Inka waren eine zahlenmäßig kleine Kaste von Vornehmen, die, mit dem König an der Spitze, über die anderen Indianervölker herrschten. Sie waren wohl erst im 11./12. Jahrhundert (nach unserer Zeitrechnung) in diese Gegenden eingewandert und fanden dort Völker mit hoher Kultur vor, welche sie nach und nach zu Untertanen machten.

Diese Indianer verehrten die Gestirne, vor allem die Sonne, und die Geister, die in den Elementen, in Donner und Blitz walten. Aber auch der Erdgottheit wurde überall geopfert. In Cuzco, dem »Nabel der Welt«, waren Tempel aus mächtigen Quadern errichtet für die Sonne und den Mond. Der Sonnentempel maß 80 Meter im Geviert und war innen mit fingerdicken Goldplatten ausgeschlagen; der Mondtempel war silbern. Daneben standen die Tempel des Morgensterns, des Donnergottes und anderer Gottheiten. Außerdem hatten die Inka freie Hochaltäre auf den Bergkuppen, über die sich der ganze Himmel wölbte, wo sie den Sonnenkultus verrichteten. Geburt und Tod, Saat und Ernte, das ganze Leben dieser Indianervölker war eingebettet in die Verehrung der göttlichen Mächte. Das größte Fest aber war das Sonnenfest, das sogenannte Sonnenanbinden, das zur Zeit gefeiert wurde, da die Sonne am höchsten stand. Den Sonnenaltar umstanden der König mit den Priestern und den Vornehmen, alle geschmückt mit dem reichsten Ornat. Die Inka trugen Purpurbinden ums Haupt. In gemessenem Abstand konnte das Volk teilnehmen.

Sobald die Sonne hinter den Bergen hervortrat, hielt ihr der Oberpriester eine goldene, mit Edelsteinen besetzte Scheibe entgegen. Auf ein Zeichen des Königs wurden ihr weiße Lama und ein schwarzes als Opfer dargebracht. Dann erhob der König eine goldene Schale, gefüllt mit Maistrank, und opferte bei feierlicher Flötenmusik der aufsteigenden Sonne. Während dieses Opfers sanken alle auf die Knie, erhoben die Arme und lobpriesen die Sonne, den Herrn und Hüter des Weltalls.

Nach den Opfern trugen die Sonnenjungfrauen die goldene Scheibe, die nun ganz durchdrungen war von Licht und Wärme der höchsten Sonnenkraft, in feierlichem Zug beim Klang der Flöten in den Tempel zurück.

Im Sonnentempel von Cuzco thronten auf goldenen Sesseln die einbalsamierten früheren Könige – ganz mit Gold verziert. Diese Mumien wurden an hohen Festtagen, wie dem des Sonnenanbindens, in Sänften mitgetragen. Man trug sie auch zu dem nun folgenden Festessen der Vornehmen hin, wo ihnen auf goldenem Geschirr von allen Speisen dargereicht wurde.

Das Volk aber, angetan mit den farbenfrohen Ponchos, freute sich draußen auf den Plätzen an einfacher Speise, am Reigentanz und am gemeinsamen Spiel auf den ein- und mehrreihigen Bambusflöten, die bis tief in die Nacht erklangen.

Die Städte der Inka bestanden aus einfachen Steinhäusern, die mit Balken und Maisstroh gedeckt waren. Planmäßig reihten sie sich um die Heiligtümer. Bei der Inneneinrichtung fehlte es an Silber nicht. Silber war in allen Familien das gebräuchlichste Metall für Geräte und Geschirr.

Die Metallbearbeitung und -legierung stand bei allen Indianervölkern, insbesondere bei denen in Columbien, auf hoher Stufe. Davon zeugen viele Schmuckstücke aus feinstem Blattgold und die Gefäße, die gefunden worden sind. Sogar das Geheimnis einer Legierung von Gold und Kupfer kannten sie.

Gepflasterte Straßen und Wege verbanden die Tempel und die verschiedenen Städte im Reich. Straßen führten vom Meer über eisige Hochflächen und wieder hinunter bis in die dampfenden Täler des angrenzenden Urwaldes. Über Schluchten spannten sich schwankende Brücken, die aus Lianen oder Agavenfasern geflochten waren.

Auf diesen Straßen war ein reges Hin und Her. Alles ging zu Fuß. Die Indianer kannten weder Rad und Wagen noch ein Reittier. Die Vornehmen ließen sich in Sänften tragen. Lasten wurden Trägern oder Lamaherden aufgeladen. Neben den oft breiten Straßen gab es schmalere Pfade, die ausschließlich für die Frauen bestimmt waren.

An den Straßen, die von Stadt zu Stadt führten, standen Rasthäuser in Abständen von ungefähr vier Kilometern. In diesen Häusern warteten Schnelläufer, Chaski, Tag und Nacht bereit, Meldungen des Königs oder der Reichsverwaltung im Stafettenlauf weiterzugeben. Eine Botschaft über eine Strecke von 700 Kilometern kam nach drei Tagen ans Ziel.

Der Ackerbau dieser Indianervölker war gut entwickelt. In den Hochebenen und an den Gebirgshängen von über 3000 Meter Höhe waren keine großangelegten Felder möglich; darum die Terrassenfelder. Auf diesen kleinen Äckerchen pflanzten sie je nach der Höhenlage Mais, eine Art Hirse und Süßkartoffeln, von welchen sie verschiedene, dem jeweiligen Klima angepaßte Arten kannten.

Alljährlich begann der König den Ackerbau, indem er mit einem goldenen Stab die Erde ritzte. Dann begaben sich alle Bauern auf die Äcker und lockerten mit dem Grabstock die Erde. Der Pflug war nicht bekannt. Sie düngten die Felder mit Guano, einem Vogelmist, der von den Vogelbergen an der Meeresküste auf Lamakarawanen ins Landesinnere transportiert wurde. Welche Felder brach blieben und welche angebaut wurden und mit welcher Frucht, wann bewässert wurde und geerntet, das alles ordneten die königlichen Beamten der Gegend an.

Auch sonst war das Leben der Menschen genau geregelt, das der Kinder sowohl wie das der Greise, das der Frauen wie der königlichen

Minenarbeiter, der Handwerker und Soldaten, bis in Kleidung, Sitte und Arbeit, die ihnen zukam. Ein Heer hoher und niederer Beamten – die Inka im eigentlichen Sinne – wachte in allen Provinzen über den Ablauf; es prüfte den Anbau derjenigen Felder, deren Ertrag für den König bestimmt war, und den für die Krieger, Metallschürfer, für die Krüppel und Waisen des Dorfes oder der Stadt. Außer diesen Feldern hatte der Bauer, je nach der Größe seiner Familie, solche zugeteilt, deren Frucht ihm zugute kam. Die Beamten hatten auch die Aufsicht über die königlichen Bauten und bestimmten die Tage, an welchen die Untertanen an den öffentlichen Bauten, auf den Straßen und in den Steinbrüchen zu arbeiten hatten. Da waren immer Hunderttausende am Werk, um die mächtigen Steine zu brechen, zu glätten, zu schleppen und aufeinander zu türmen.*

Verfehlungen im Anbau, Faulheit, Diebstahl, Lüge wurden hart bestraft. Wenn die Leute außer Haus gingen, brauchten sie nur einen Balken quer vor den Eingang zu schieben, und sie konnten sicher sein, daß ihr Besitz unangetastet blieb.

Den Inka war die Kunst des Schreibens nicht bekannt, auch nicht in der Form der Bilderschrift. Zur Unterstützung ihres Gedächtnisses machten sich die Beamten, die beauftragt waren, sich der Ereignisse, der Höhe der Abgaben usw. zu erinnern, bestimmte Zeichen: sie machten Knoten in Schnüre. Wenn sie diese Schnurgebilde von verschie-

* Von der Technik, diese gewaltigen Bauten zu errichten, ist keine Beschreibung auf uns gekommen. Eine merkwürdige Einzelheit jedoch erzählt Hans Helfritz: In einem Kloster wollte der Abt einen schön geglätteten Granitblock, der aus der Inkazeit im Hof lag, zu einem Taufstein formen lassen. Ein Steinmetz berechnete eine lange Arbeitszeit, um die Höhlung für das Taufbecken auszumeißeln. Ein Indio, der im Kloster diente, sagte, er kenne einen alten Mann, der die Arbeit schneller ausführen könne, ohne einen Meißel zu brauchen. Der Abt ließ den Alten kommen. Der rührte in einem irdenen Gefäß ein Pulver mit etwas Wasser an. In diesen Brei zerrieb er allerlei getrocknete Kräuter, die er ebenfalls mitgebracht hatte. Dann tauchte er den Lappen immer wieder hinein und strich mit gleichmäßigen Bewegungen über die Mitte des Steines und höhlte diesen allmählich aus. Der Alte, um die Herkunft und Zusammensetzung dieses einfachen Mittels gefragt, verriet das Geheimnis um keinen Preis.

dener Dicke, Länge und Farbe – Quipus genannt – betrachteten, konnten sie sich an diesen äußeren Denkzeichen der Tatsachen wieder erinnern. Die Kunst, solche Quipus herzustellen – die Zahlen zum Beispiel merkten sie sich im Zehner-System – und zu lesen, war selbst den Inka, die dieses Amt nicht zu verwalten hatten, ein Geheimnis.

So war das Reich bis ins einzelne geordnet und verwaltet; von den kleinen Mädchen, die Wasser holten für die Küche, bis zu den Greisen, die Schnüre flochten und Kaninchen oder Enten züchteten, war jedem seine Arbeit zugeteilt; jeder hatte sein Essen, jeder sein Dach über dem Kopf. Reichtum, Ruhe und Friede war im Land.

*

Als Huayna Capac, der elfte der Inkakönige regierte, hatte das Reich die größte Ausdehnung; von der Meeresküste bis an den Rand der Urwälder im Osten gehorchten ihm die Völker; vom Süden bis weit in den Norden entrichteten sie ihm Tribut und anerkannten die Macht des Sonnensohnes.

Einen kräftigen Thronfolger hatte ihm seine Schwestergemahlin geboren, Huascar, der sein Herz erfreute. Bei dessen Geburt berief er den geschicktesten Goldschmied, gab ihm eine Menge Gold und hieß ihn daraus eine Kette schmieden von 700 Fuß Länge. Und als das Fest der Entwöhnung des Prinzen und des ersten Haarschnittes gefeiert wurde, tanzten die Inka, angetan mit den goldenen Ohrringen und den purpurnen Stirnbinden, auf dem großen Platz vor dem Sonnentempel, alter Sitte gemäß. Bei ihrem Reigen hielten sie die goldene Kette in den Händen, das Symbol der Größe und Macht des Königs und das Zeichen des heiteren Gehorsams seiner Untertanen.

Alles war aufs beste bestellt im Reich; aus allen Provinzen wurden Abgaben gebracht, herrliche Früchte aus den Tiefländern im Osten, goldener Mais, Süßkartoffeln, eine Art Rübe, Honig, Enten, Fische und Lama für den Haushalt des Königs. Unermeßliche Schätze an Gold, Silber und Kupfer häuften sich in den Schatzkammern.

Da erhob sich an der äußersten Nordgrenze der Stamm der Caras und beunruhigte das Land. Rasch eilte das geschulte Heer nordwärts und unterwarf sie. Der König eroberte ihre mächtige Stadt Quito. Und um die neue Provinz fester ans Reich zu binden, verband sich Huayna mit der schönen Prinzessin dieses Stammes. Seine Liebe zu ihr war so groß, daß er das altehrwürdige Cuzco verließ und seine Residenz in Quito aufschlug, in der Heimatstadt seiner bevorzugten Gemahlin. Ein Entsetzen unter den Hohepriestern von Cuzco, daß der Sohn der Sonne die heilige Sonnenstadt verließ. Und als die Prinzessin ihm einen Sohn schenkte, den er über alles liebte, bangten die Priester um die Einheit des Reiches.

Lange Jahre blieb der König der heiligen Stadt fern. Nur auf dringendes Bitten der Priester ließ er sich in goldener Sänfte wieder nach Cuzco tragen zur Feier des Sonnenfestes. Als die heiligen Umzüge vollbracht und die Musik verklungen war und der König, umringt vom Glanz der Edlen, am Sonnenaltar die goldene Schale mit dem Opfertrank füllte und zur Sonne emporhob, da tat dies der König mit solch einem zweifelnden Blick, daß der Hohepriester, der neben ihm stand, erschauerte.

Als die Opfer vollzogen waren und der Hohepriester im Tempel allein war mit dem König, sprach er: Hoher Herrscher, erlaubst du mir zu fragen, was deine Seele bewegte, als du heute der Sonne das Opfer darbrachtest? Der König sprach: Laß mich dir durch zwei Fragen antworten:

Würde einer meiner Edlen es wagen, mir zu befehlen, jeden Morgen meinen Thron zu verlassen, und könnte er mir gebieten, den ganzen Tag zu wandern?

Niemals, hoher König, antwortete der Hohepriester.

Aber wenn ich dem mächtigsten meiner Edlen befehlen würde, nach Chile zu marschieren und wieder zurück, würde er mir nicht unverzüglich gehorchen?

Er würde dir bis in den Tod gehorsam sein, antwortete der Priester.

Siehe, sprach der König sinnend, nun wandert die Sonne Tag um Tag über den Himmel, ohne anzuhalten. Wenn sie der Herrscher über die Welt wäre, wie unsere Väter glaubten, würde sie Halt machen, wann es ihr beliebt, und ausruhen. Da sie es aber nicht tut, sondern ewig wandert, gehorcht sie einem Gebieter, der größere Macht hat als sie. Das lag mir im Sinne, als ich heute, gemäß der Sitte der Väter, der Sonne das Opfer darbrachte.

Nie, o König, seit das Reich besteht, sind so furchtbare Worte ausgesprochen worden. – Wie Frevel klang es in diesen Hallen vor den Zeugen der Väter. Der Priester wollte weiter zum König sprechen, daß ihm um den Bestand des Reiches bange, aber der König gab ihm ein Zeichen; er verneigte sich tief und ließ den Herrscher allein im Raum mit den golden thronenden Ahnen.

Kurze Zeit danach brach der König nach Quito auf. Bald mehrten sich Zeichen am Himmel, die Unheil kündeten. Ein Kondor, der Sonnenbote, stürzte, von Falken verfolgt, mitten auf den Platz von Cuzco nieder und starb; Kometen tauchten am Himmel auf; verheerende Blitze schlugen nieder, Stürme tobten, und die Erdbeben häuften sich. Ein unheildrohendes Zeichen sprach auch vom Mond her. Ein Wahrsager, vom Hohenpriester geleitet, begab sich nach Quito und sprach zum König: Schaue den Mond: er ist von drei Höfen umgeben. Der erste hat die Farbe des Blutes, der zweite schimmert grünlich und der dritte wie schwelender Rauch. Der Mond, deine Mutter, läßt dir sagen: Der Lebensspender und Erhalter aller Dinge bedroht deine Familie, dein Reich, deine Untertanen. Deine Söhne werden sich bekriegen, das königliche Blut wird versiegen, das Reich verschwinden. Also kündet es der Himmel. – Der König, tief beunruhigt, ließ andere Wahrsager kommen; aber sie deuteten das Zeichen wie der erste.

Bald darauf erkältete sich der alternde König im Bad; Fieber schüttelten ihn. Der Sterbende versammelte seinen Hof und verkündete seinen letzten Willen: Sein Leib soll nach der Väter Sitte einbalsamiert und in den Tempel von Cuzco überführt werden; sein Herz und seine Leber aber sollen in Quito bestattet werden. Seine beiden Söhne, Huascar und Atahualpa sollen in Eintracht das Reich regieren, der eine im Süden, der andere im Norden. Alle Vorbereitungen wurden getroffen, um die Götter um Zustimmung zu bitten. Aber der König verschied, ehe die Antwort der Götter eintraf. Und so ward sein Wille Gesetz.

Wenige Jahre nach dem Tode des Königs sollte sich erfüllen, was prophezeit worden war: Kaum war die Trauerzeit vorbei, entzweiten sich die Brüder; einer wollte mächtiger sein als der andere. Ein Bruderkrieg ließ das ganze Reich erzittern. Atahualpa, mit Heeresmacht vom Norden anrückend, besiegte des Bruders Heer und nahm ihn gefangen.

Zu dieser Zeit drangen vom Meer her fremde Männer mit heller Hautfarbe ins Land. Ob in der allgemeinen Landesnot Viracocha seine Boten sendet? Es gab Stämme, die hielten sie für Söhne der Sonne und nannten sie daher »Gagua«. Nur zu bald aber zeigte sich den erstaunten Inka, daß die Fremden weder Frieden noch Gerechtigkeit brachten. Getäuscht sahen sie sich und überlistet; ja, als sie voll Entsetzen die Grausamkeit und düstere Härte der Ankömmlinge erfuhren, wandelten sie den Namen um in »Suegagua« und nannten sie »Lichtteufel«.

Pizarro, der Anführer der Fremden, wußte den einen Bruder gegen den andern auszuspielen. Wie gelähmt ließen die Inka alles über sich ergehen: Verrat, Gefangennahme und Vergießung des königlichen Blutes. Als der göttliche Inka gebunden zur Richtstätte geführt wurde, säumten seine Untertanen zu Tausenden stumm die Straße, neigten ihr Haupt in den Staub, als er vorbeischritt, als er getötet wurde. Fassungslos ließen sie das Unerhörte über sich ergehen. Die Weissagungen hatten gesprochen; das Geschick des Volkes war erfüllt. Ihre Götter hatten sie verlassen.

Kampflos fiel das mächtige Reich in die Hände der 300 Spanier, kampflos ergaben sich die trutzigen Festungen.

Als die Inka, aus der Ohnmacht sich aufraffend, zu verzweifeltem Kampf sich erhoben, war es zu spät. Die Fremden hatten Verstärkung erhalten. Schrecklich war das Morden. Blitz und Donner selbst waren in ihrer Gewalt. Den Fremden halfen wohl stärkere Götter.

Beutegierig stürzten sich die Spanier auf die unermeßlichen Schätze, plünderten und verwüsteten Tempel und Paläste. Nach wenigen Jahren war der Glanz des Sonnenreiches verblaßt, das einst wohlgeordnete Reich zerfallen, die Kraft des Volkes erlahmt.

Eine rätselvolle Kultur, in manchem an die des alten Ägypten erinnernd, aber in unsere Epoche herrüberreichend, war untergegangen.

Von den Russen und ihrer Heimat

Weit und vielgestaltig ist Rußland: Fruchtbare Kornebenen mit schwarzer Erde neben Grassteppen, auf denen Vieh weidet; unabsehbare Wälder mit Eichen, Linden oder den hellen Birken wechseln mit dem düsteren Ernst dunkler Tannenwälder. Es gibt Ebenen von solcher Ferne, daß man die Krümmung der Erdoberfläche erkennt, dann wieder mächtige, vergletscherte Gebirgsmassive; Seen, in denen die Himmelsbläue sich spiegelt, und dunkle, bodenlose Sümpfe; hellrauschende Bäche, Flüsse, wasserreiche Ströme und wüstenartige Steppen ohne Regen, wo Salz aus dem Boden wittert und wie Reif und Schnee liegt. Im Norden baumlose, gelbbraune Moore mit gefrorenem Boden, die Tundra oder Kältesteppe; im Süden dagegen, auf der Halbinsel Krim am Schwarzen Meer, wachsen Zypressen und Pinien, gedeiht der Ölbaum, reifen herrlich süße Trauben.

Brütend heiß sind die Sommer, das Gras verdorrt, erdbraun herrscht vor. Weit und hell sind die Nächte. Im Winter Schnee und schneidende Kälte, daß Stein und Bein friert und die Flüsse bis in den Mai mit Eis bedeckt sind. Die Nächte sind still und samtdunkel, die Sterne funkeln und sprühen.

Weite Strecken sind menschenleer; unberührte Natur, in paradiesischem Glanz und Frieden. Es gibt Gegenden, wo der nächste Nachbar zwanzig Kilometer weit entfernt wohnt. Zeit und Entfernungen spielen da gar keine Rolle mehr. Man kann im Winter einen Bauern finden, der mit Schlitten und Pferd Hunderte von Kilometern einsam durch die verschneite Landschaft fährt, um bei Freunden zu plaudern und ein Täßchen Tee zu trinken, wie er sagt. Dann wieder gibt es übervölkerte

Riesenstädte, wo vier, fünf Familien in einer Wohnung enggedrängt zusammenleben, wo Dampfhämmer klopfen, Sirenen heulen, aus Hunderten von Fabrikschloten der Rauch über den Dächern schwelt und die Sonne trübt.

Alles nimmt Riesenausmaße an und lebt sich unvermittelt in Gegensätzen dar, in der Landschaft wie im Menschen.

So weit und vielgestaltig der Lebensraum des russischen Menschen, so weit und unfaßbar ist seine Seele. Ein russisches Sprichwort sagt, daß man den Russen erst kenne, wenn man ein Pud Salz mit ihm gegessen habe, das sind 16 Kilogramm.

Der Russe ist tief verbunden und verwurzelt mit seiner Heimat, mit der russischen Erde. Er empfindet sie wie ein Wesen; sie ist ihm die große Mutter. Schwer und dunkelfarbig, einförmig, ja eintönig in ihrer Größe, lastet sie, lastet auf dem Menschen und gibt ihm einen feinen Zug der Schwermut.

Und im Frühling, welch ein Licht und Glanz in der Natur, in den aufsprossenden Pflanzen, in den klaren Bächen, die vom Eise befreit sind, in den lichten Birken mit den weißleuchtenden Stämmen. Ein unbeschreiblicher Zauber.

Wehen Schmerz und Jubel zugleich weckt die russische Landschaft in der Seele, Erdenschwere und lichte Himmelsbläue gibt sie.

Ist der Russe seiner Heimat fern, treibt ihn ein stetes Heimweh zurück. Trost und Bedürfnis ist ihm in der Fremde, mit anderen Russen zusammen zu sein. Überall finden sie sich und fühlen sich brüderlich verbunden, selbst wenn sie miteinander streiten.

Wenn sie in der Fremde altern und der Tod ihnen naht, dann steigert sich das Heimweh nach der russischen Erde. In der Todesstunde weilen sie mit ihren Gedanken und Empfindungen in der Heimat, sie schauen die Verwandten, die an ihr Bett kommen, und sprechen mit ihnen. – Das war selbst bei jungen Kriegern in den Feldlazaretten so und für die pflegenden Schwestern ein Zeichen, daß der Tod nahe sei. – Als einst eine berühmte russische Tänzerin in einer fremden Stadt tödlich erkrankte, übergab sie dem Arzt ein Schächtelchen mit Erde und bat, er möge, sobald sie gestorben sei, die Erde auf ihre Füße streuen.

Die Tänzerin hatte das Schächtelchen mit der heimatlichen Erde auf allen ihren Reisen immer bei sich getragen. Aber auch Menschen, die nicht Russen sind, jedoch in Rußland geboren wurden oder mehrere Jahre in diesem Lande weilten, verspüren ein tiefes Sehnen und Verlangen nach dieser Erde, nach dem weiten Himmel Rußlands, nach dem Lande, wo die Seele sich löst aus der engen Umklammerung, frei aufschwingt und mit dem weiten Raum in die unendlichen Weiten sich dehnt.

Kehrt ein Russe nach langen Jahren aus dem Ausland heim, so ist ihm nicht allein Bedürfnis, Verwandte, Freunde und alle Nachbarn zu umarmen und zu küssen, er neigt sich auch ehrfürchtig zur Erde und grüßt, ja küßt sie.

Wenn der Russe betet, kniet er auf die Erde nieder und berührt sie mit der Stirn. Hat man einmal gesehen, mit welcher Ruhe und Demut östliche Menschen dies tun, junge und auch alte, so vergißt man es nie wieder, so ergreifend ist diese Frömmigkeit.

Die innige Beziehung, die der russische Mensch zur Erde hat, kommt auch im Wort »Bauer« zum Ausdruck. Der Mann, der die Erde bearbeitet, damit sie Frucht und Korn gibt, heißt auf russisch: krestjanin (früher und heute noch in der Kirchensprache: christianin). Das bedeutet ursprünglich »Kreuzträger«, »Christusbeseelter«.

Eine geradezu elementare Lebenskraft und zu Zeiten überschäumende Daseinslust erfüllt den russischen Menschen, namentlich den naturverbundenen vom Land. Anspruchslos, mit den einfachsten Verhältnissen, der einförmigen Nahrung von Brot, Kohl, Gurken, Buchweizen und etwas Fleisch zufrieden, ist er noch mit sicheren Kräften des Instinktes begabt, durch die er das Leben meistert. Jeder Russe kann selbstverständlich kochen; mit dem Beil weiß sich der Bauer handwerklich immer zu helfen; er ist Zimmermann, Schreiner und Wagner zugleich. Der Russe ist gewohnt, Härten, bittere Kälte und Schmerzen zu ertragen; Schmerzen von solchem Ausmaß – bei denen andern Menschen sich die Seele aus dem Leibe winden würde.

Gegensätzlich wie sein Land ist sein Charakter. Er ist feinen Zartgefühls und völliger Hingabe fähig. Sein Eingehen auf den anderen Menschen kann so weit gehen, daß er im Zuhören immer mehr seine eigene Meinung aufgibt und dem anderen beipflichtet; spricht er mit dem nächsten, ist es wieder so; eine Fähigkeit der Hingabe, die uns Mitteleuropäern als Unwahrhaftigkeit oder Charakterlosigkeit erscheint. Aber ebenso bekannt ist sein kurzes schroffes »njet«, zu dem er sich zuweilen hartnäckig versteifen kann.

Seine Liebe, sein Mitgefühl kennen zu Zeiten keine Grenzen. Das kann sich ganz spontan äußern gegenüber einer armen Frau, der er etwas schenkt, gegenüber einem fremden Kind auf der Straße, das er aus plötzlicher Rührung streichelt und tröstet.

Kurz darauf kann derselbe Mensch jäh im Zorn entflammen, wenn sich ihm ein Widerstand bietet; mit roher Gewalt, brutal, rücksichtslos kann er etwas fordern, ja, er kann kaltblütig einen Menschen niederschlagen ohne jeden sichtbaren Grund.

Selbst im alltäglichen Leben können Russen immer wieder Seiten einer herrischen Ungeduld und Härte zeigen, die einen unwillkürlich nach ihren Stiefeln und der Reitpeitsche umschauen läßt. – Und wiederum: mit einer staunenswerten Langmut und Demut können sie warten; lächelnd warten, bis sie zum Beispiel an einer Fähre übergesetzt werden, und wenn es Stunden dauerte. Aber auch an einem Postschalter sieht man sie geduldig stehen, schwatzen und warten, bis sie an die Reihe kommen. Der Russe hat Zeit. Mit innerer Ruhe, gelassen und voll Vertrauen nimmt er Freud und Leid, nimmt er sein Schicksal hin.

Unberechenbar schneller Wechsel der Stimmungen ist ihnen eigen. Ein Antlitz von feiner Melancholie überschattet mag dir im Zuge gegenübersitzen, und im nächsten Augenblick, wenn die Fahrkarte nach langem Suchen endlich in der Tasche gefunden ist, huscht ein Lächeln über diese Züge, so leuchtend und stark wie die Sonne, die plötzlich aus Wolken hervorbrechend eine Landschaft aufhellt.

Stumm und schweigsam ist der Russe, wie die Menschen im Gebirge schweigsam sind; er kann lange Zeit in der Werkstatt, auf dem Felde arbeiten, ohne ein Wort zu reden.

Aber wiederum: Mit welcher Offenheit erzählt er bei einer Eisenbahnfahrt seinem Nachbarn vom Vorhaben seiner Reise, von seinen Geschäften, vom Wohl und Weh seiner Freunde und Nachbarn. Und ebenso interessiert er sich für das menschliche Geschick seines Gegenübers. Und wenn die Essenszeit naht, dann bietet er mit einer gewinnenden und doch vornehmen Herzlichkeit dem Gefährten von seinem vielleicht sehr einfachen Vorrat an – Brot und Speck in Zeitungspapier gewickelt – und teilt mit ihm. Seine Güte überstrahlt alles. Der einfachste Autolenker bietet erst seinem Nebenmann eine Zigarette an, ehe er selber raucht.

In jedem Menschen sieht der Russe den Bruder; jeder Alte wird mit »Väterchen« angesprochen, jede ältere Frau erscheint ihm als Mütterchen. In jeder Frau verehrt er im Grunde mit dem besten Teil seines Wesens die Mutter des Christus. Aber er kann sein tieferes Empfinden roh mit Füßen treten, sich erniedrigen und zum Knecht werden seiner Leidenschaft, seiner brutalen Kraft.

Bis in alle Nacht hinein können Russen erzählen und diskutieren mit einer wahren Lust am Kreuzen scharfer Klingen. Immer summt dazu

der Samowar auf dem Ofen oder über einem Wachslichtchen. Schwarztee wird bei solcher Gelegenheit in Mengen getrunken, mit sehr viel Zucker. Und zwar nimmt man ein Stück Zucker in den Mund und trinkt dann den Tee. – Das Gespräch weitet sich bald zu Fragen über Gott und Welt, Himmel und Hölle. Bei aller Leidenschaftlichkeit, zu der das Gespräch sich steigern kann, ist der Russe tolerant. Er freut sich am andern Menschen, wie er ist, und wünscht seinerseits unangetastet zu leben; fremde Überzeugungen läßt er ruhig gelten. Leben und lebenlassen ist sein Wahlspruch. Für alles Soziale und Menschliche hat er ein feines Empfinden. Er neigt dazu, alle Dinge frei und unter großem Maßstab zu betrachten. – Aufschlußreich für sein Denken ist das kleine Detail, wie die Russen Adressen schreiben: Oben schreiben sie das Land, dann die Stadt, die Straße und zuletzt den Namen des Menschen. Er geht vom großen Ganzen aus und übersieht gern die konkreten Einzelheiten des Lebens, an denen die großen Pläne dann oft scheitern. Er geht und trägt sein Haupt in den Sternen und achtet nicht, daß seine Schuhbändel offen sind. Um alles Einzelne, Kleinliche kümmert er sich nicht; daher die nicht zu beschreibende Unordnung in Küche und Zimmer; daher die Zeitlosigkeit und großzügigste Unpünktlichkeit. Mit Zeit und Raum kommt der Russe schwer zurecht, nicht aus Schwäche, sondern weil er ein anderes Verhältnis dazu hat als der Mitteleuropäer. Er verbindet sich nicht so eng und fest damit wie dieser. In seinem Zuhause sieht es immer aus, als wäre er soeben von einer Reise zurückgekehrt oder im Begriffe, aufzubrechen; alles ist provisorisch, vorübergehend. Er fühlt sich im Grunde als Pilger auf dieser Erde.

Der Russe erlebt alles stark. Leicht fließt seine Seele über in Sympathie oder verschließt sich in Antipathie. Bis in seine Sprache offenbart sich, wie er alles im Gegensatz des Hell-Dunkel erlebt. – Wir haben in unserer Sprache das weiche d, den harten Stoßlaut t und entsprechend b–p, oder das stimmhafte weiche s in sanft und das scharfe s in Last. In der russischen Sprache hat jeder Konsonant, ja jeder Vokal die Möglichkeit, weich und hell oder dunkel und hart zu lauten. Mit ungeheurer Vehemenz schwingt die Seele in diesem Licht-Schattenelement, in der Polarität des Harten und Weichen, des Hohen und Tiefen.

Ergreifend nahe tönt die Seele des russischen Menschen in seinem Lied: da jauchzt es auf in überschäumender Lust und schluchzt in wehem Schmerz; es klingt bald laut und hart, bald leise und weit verhallend, in Urtiefen die Bässe steigend und silberglockenhell die Tenöre dazu. Ein Lied beginnt vielleicht langsam, schleppend, wird schneller und endet in übersteigertem Rhythmus jäh abbrechend oder lang verklingend. In den Dörfern, da singen und tanzen die Menschen heute noch an Sonntagen, bei Festen oder des Abends nach der strengen Erntearbeit auf der Straße vor ihren braunen Blockhäusern. Und manch ein Alter mischt sich in den Tanz, macht Sprünge, wenn die Lust ihn ergreift, daß die Jungen staunen. Eine Seligkeit des Daseins erfüllt sie.

Arbeiten ist für sie eine biblische Strafe; doch wenns drauf ankommt, schaffen sie, daß Späne und Funken fliegen. Dann wieder können sie restlos entspannen. Tagelang sitzen sie dann, festen, singen und tanzen in lautem Übermut; essen und trinken in solchen Mengen, besonders zu Ostern nach dem Fasten, daß einem das Zuschauen schon den Schweiß austreiben kann, geschweige, daß man anständig mitzumachen in der Lage wäre.

Mit ungeheurer, elementarer Kraft leben sie, der Erde verbunden, und sind doch zu gleicher Zeit erdflüchtig, zartfühlend und offen für das Übersinnliche. Ergebenheit in das Schicksal und tiefe Frömmigkeit ist der Grundzug der russischen Seele. Religion ist dem Russen weniger eine Frage des Bekenntnisses oder der Kirche als ein unmittelbares Empfinden und Fühlen des Göttlichen. Wie ein tieffließender mächtiger Grundstrom lebt dieses Gefühl für das Göttliche in ihm. Es drückt sich mehr in stillen unscheinbaren alltäglichen Handlungen aus als in Worten. Diese Frömmigkeit kann gespürt werden, wenn man sieht, wie der russische Bauer das Brot bricht. Sie lebt darin, wie ein Mädchen in der Kirche sich erhebt, nachdem das Osterbrot gesegnet worden ist, wie es das Körbchen mit einem weißen Tuch zudeckt und friedevoll und beseligt aus der Kirche schreitet. Sie kann erlebt werden in der Art, wie das Schicksal getragen wird, wie der eine sich um den andern Menschenbruder kümmert in der Not. In der Stimmung, ja bis in Bild und Wort der Erzählungen eines Solowjow, Lesskow und Tolstoi und selbst der neueren Dichter lebt diese unmittelbare Frömmigkeit, wird gegenwärtig und wahr, etwas von dem, was da gesagt ist: »Wenn ihr einen meiner Geringsten aufnehmt, so nehmt ihr mich auf.« Aus vielen russischen Dichtungen, die der edelste Ausdruck dessen sind, was im Herzen der Volksseele lebt, spricht zart und oft verhüllt die Erfahrung unmittelbarer Christusnähe, als vollzöge sich das Erlebnis der Hirten von Bethlehem immer neu.

Dieses Volk ist, wie manches slawische Volk, seit je unter immer anderen Herrschaften härtestem Druck und Knebelung ausgesetzt und bringt immer wieder eine große Kraft und Fähigkeit des Duldens und Tragens auf.

Es sprechen deutliche Zeichen dafür, daß die Seele des russischen Volkes wohl unterdrückt, aber nicht gebrochen werden kann; daß das Licht unter harter, rauher Schale verborgen gehütet wird und still fortbrennt, daß die Leidensfähigkeit der Menschen Rußlands größer ist als die Macht der Unterdrücker.

Wie ein Mensch durch schwere Lebensprüfungen und Schicksalsschläge an Kraft und Tiefe zunimmt und durch Ertragen von Schmerzvollem geläutert wird und vorbereitet zu etwas Höherem, so erwachsen vielleicht auch einem Volk im stillen Kräfte, die später erst zur Auswirkung und freien Entfaltung kommen werden. Vielleicht, so mag es scheinen, steht seine Zukunftsaufgabe dem russischen Volk und seinen slawischen Brudervölkern erst bevor. Vielleicht kündigen sich in der feinfühlenden Zartheit dem Menschlichen, dem Geistigen gegenüber Kräfte an, die eines Tages auferstehen und leuchten werden, so wie nach dem Frührot die Sonne aufgeht und die Nacht und das dunkle Gewölk siegreich überstrahlt.

Gott sieht die Wahrheit, aber er sagt sie nicht sogleich

Von Leo Tolstoi

In der Stadt Wladimir lebte ein junger Kaufmann Aksjonow. Er besaß zwei Kaufläden und ein Haus.

Aksjonow war blondlockig, hübsch, ein lustiger Bursch und ein Liedersänger. Von jung an hatte Aksjonow viel getrunken, und wenn er angetrunken war, suchte er Händel. Seitdem er aber verheiratet war, hatte er das Trinken aufgegeben, und es kam nur noch selten bei ihm vor.

Eines Sommers wollte Aksjonow nach Nischnij zur Messe. Als er sich von seiner Familie verabschiedete, sagte seine Frau zu ihm: »Iwan Dmitrijewitsch, fahr heut nicht; ich habe einen bösen Traum von dir gehabt.« Aksjonow lachte und meinte: »Du fürchtest wohl, ich könnte auf der Messe zu trinken anfangen?« Sein Weib antwortete: »Ich weiß selbst nicht, was ich fürchte; aber ich habe so Schlimmes im Traum gesehen – wie du aus der Stadt kommst und die Mütze abnimmst, blicke ich hin, da ist dein Kopf ganz grau.« Aksjonow lachte. »Nun, das bedeutet Gewinn. Gib acht – wenn ich gute Geschäfte mache, bringe ich dir prächtige Geschenke mit.« Und er verabschiedete sich von seiner Familie und fuhr fort.

Auf halbem Wege traf er einen bekannten Kaufmann und blieb mit ihm zusammen über Nacht. Sie tranken ihren Tee zusammen und legten sich schlafen. Ihre Kammern lagen nebeneinander. Aksjonow schlief nicht gern lange; er wachte frühmorgens auf, weckte, um in der kühlen Morgenluft zu fahren, den Fuhrmann und hieß ihn anspannen. Dann trat er in die Bauernstube, rechnete mit dem Wirt ab und fuhr weiter.

Nachdem er vierzig Werst gefahren war, machte er Rast zum Füttern, ruhte im Flur der Herberge aus, ging zum Mittagessen die Treppe hinauf und ließ sich den Samowar bringen; dann holte er seine Gitarre hervor und begann zu spielen. Plötzlich kommt ein Dreigespann mit Schellen auf den Hof gefahren, aus dem Wagen steigt ein Beamter mit zwei Soldaten, tritt zu Aksjonow und fragt, wer er sei und woher er käme.

Aksjonow gibt auf alles Antwort und fragt, ob sie nicht mit ihm Tee trinken wollen. Aber der Beamte dringt weiter mit Fragen in ihn: wo er die letzte Nacht zugebracht? ob allein oder mit einem Kaufmann? ob er den Kaufmann am Morgen gesehen habe? warum er frühmorgens vom Hofe weggefahren sei? – Aksjonow wunderte sich, warum man ihn nach alledem fragte, gab aber auf alles genau Antwort und meinte: »Was fragt Ihr mich so aus? Ich bin kein Dieb und Räuber, fahre in eigenen Angelegenheiten, Ihr habt mich nichts zu fragen.«

Da rief der Beamte die Soldaten und sagte: »Ich bin der Kreisrichter und frage dich deswegen, weil dem Kaufmann, mit dem du letzte Nacht zusammengewesen, der Hals abgeschnitten ist. Zeig deine Sachen, und ihr durchsucht ihn.«

Man ging ins Haus, nahm Koffer und Reisesack und begann sie aufzuschnüren und zu durchsuchen. Plötzlich zog der Kreisrichter aus dem Sack ein Messer hervor und rief: »Wessen Messer ist das?« Aksjonow blickt hin, sieht – wie man ein blutiges Messer aus seinem Sack hervorgezogen hat und erschrickt. – »Woher rührt das Blut an diesem Messer?« – Aksjonow wollte antworten, konnte aber kein Wort hervorbringen. »Ich ... ich weiß nicht ... ich ... das Messer ... ist ... nicht mein ...«

Da sagte der Kreisrichter: »Am Morgen hat man den Kaufmann mit durchschnittenem Halse im Bett gefunden. Außer dir hat niemand die Tat verüben können. Das Haus war von innen verschlossen, und außer dir war niemand drinnen. Jetzt ist sogar ein blutiges Messer in deinem Sack, und deinem Gesicht merkt man es auch an. Sag, wie du ihn getötet und wieviel Geld du geraubt hast.«

Aksjonow schwur, daß er die Tat nicht begangen und den Kaufmann nicht mehr gesehen, nachdem er mit ihm Tee getrunken hätte; an Geld hätte er 8000 Rubel bei sich, die sein eigen wären; das Messer gehöre ihm nicht. Aber seine Stimme versagte, sein Gesicht war blaß, und er zitterte vor Furcht am ganzen Leibe wie ein Schuldiger.

Der Richter rief die Soldaten, befahl, ihn zu binden und auf den Wagen zu bringen. Als man ihn mit gebundenen Beinen auf den Wagen legte, bekreuzigte sich Aksjonow und weinte. Man nahm ihm seine

Sachen und sein Geld ab und brachte ihn in die nächste Stadt ins Gefängnis. Dann zog man Erkundigungen in Wladimir ein, was für ein Mensch Aksjonow sei. Und alle Kaufleute und Einwohner von Wladimir sagten, er habe von Jugend auf getrunken und ein lockeres Leben geführt, sei aber ein braver Mensch. Dann hielt man Gericht über ihn. Der Urteilsspruch ging dahin, daß er den Kaufmann aus Rjasan ermordet und 20 000 Rubel gestohlen hätte.

Sein Weib grämte sich über ihren Mann und wußte nicht, was sie beginnen sollte. Ihre Kinder waren noch alle klein, und eins lag noch an der Brust. Sie nahm alle mit sich und fuhr in die Stadt, wo ihr Gatte im Gefängnis saß. Anfangs ließ man sie nicht vor, aber dann bat sie die Aufseher, und man führte sie zu ihrem Manne. Als sie ihn in Sträflingskleidung und in Ketten mit Räubern zusammen erblickte, schlug sie auf den Boden nieder und konnte lange nicht zur Besinnung kommen. Dann stellte sie die Kinder rund um sich herum, setzte sich mit ihnen in eine Reihe und erzählte ihrem Manne von den häuslichen Angelegenheiten und fragte ihn nach allem, was geschehen sei. Er erzählte ihr alles. Sie aber sagte: »Was soll nun werden?« Er erwiderte: »Man muß eine Bittschrift an den Zaren richten. Ich darf doch nicht unschuldig zugrunde gehen!«

Sein Weib sagte, sie hätte schon eine Bittschrift an den Zaren abgesandt, die hätte aber ihr Ziel nicht erreicht. Aksjonow erwiderte nichts und ließ den Kopf hängen. Da sagte sein Weib: »Ich habe doch damals, erinnerst du dich, nicht umsonst den Traum gehabt, daß du grau geworden bist. Jetzt bist du vor Kummer wirklich grau geworden. Du hättest damals nicht fahren sollen.« Sie begann sein Haar zu streicheln und sagte: »Wanja, Herzensfreund, sag deiner Frau die Wahrheit: Hast du es nicht getan?«

Aksjonow erwiderte: »Auch du glaubst das von mir?« bedeckte das Gesicht mit den Händen und weinte. Dann kam ein Soldat und sagte, die Frau und die Kinder müßten fortgehen. Und Aksjonow nahm zum letzten Male Abschied von seiner Familie.

Als seine Frau fort war, dachte Aksjonow an das zurück, was sie gesprochen hatten. Bei dem Gedanken, daß sogar seine Frau an ihn gedacht und ihn gefragt hatte, ob er den Kaufmann ermordet habe, sagte er zu sich selbst: »Außer Gott kann niemand die Wahrheit wissen, nur zu ihm muß ich beten und nur von ihm kann ich Gnade erwarten.« Seit der Zeit hörte Aksjonow auf, Gnadengesuche einzureichen, er hoffte auch nichts mehr und betete nur zu Gott.

Aksjonow wurde zu Peitschenhieben, zu Zwangsarbeit und Verbannung verurteilt. Und das geschah auch.

Er wurde ausgepeitscht, und als die Wunden von den Peitschenhieben zugeheilt waren, wurde er mit anderen Sträflingen nach Sibirien verschickt.

In Sibirien lebte Aksjonow 26 Jahre im Zuchthaus. Sein Haupthaar wurde weiß wie Schnee, und es wuchs ihm ein langer, schmaler, grauer Bart. All seine Lustigkeit war verschwunden. Er ging gebückt und langsam, sprach wenig, lachte niemals und betete oft zu Gott.

Im Zuchthaus lernte Aksjonow Stiefel machen und kaufte sich für das verdiente Geld die Legenden der heiligen Märtyrer und las darin, wenn es im Zuchthause hell war; an Feiertagen ging er in die Gefängniskirche, las die Apostelgeschichte und die Episteln des Neuen Testaments und sang auf dem Chor – seine Stimme war noch immer schön. Die Vorgesetzten hatten Aksjonow wegen seines bescheidenen Wesens gern, und die Mitgefangenen verehrten ihn, nannten ihn Großväterchen und Gottesmann. Hatte man ein Anliegen im Gefängnis, so schickten die Mitgefangenen stets Aksjonow zu den Vorgesetzten, und wenn unter den Sträflingen Streitigkeiten vorfielen, ging man stets zu Aksjonow, damit er sie schlichte.

Von zu Hause bekam er nie einen Brief, und er wußte nicht, ob seine Frau und die Kinder noch am Leben waren.

Einst wurden neue Sträflinge ins Gefängnis gebracht. Abends versammelten sich alle alten Gefangenen um die neuen und fragten sie aus, wer sie seien, aus welcher Stadt oder welchem Dorfe sie kämen und was sie begangen hätten. Aksjonow saß ebenfalls auf einer Pritsche neben den Neuangekommenen, ließ den Kopf hängen und hörte zu, was jeder erzählte. Einer der neuen Sträflinge war ein großer, kräftiger Mann von sechzig Jahren mit grauem, geschorenem Barte. Er erzählte, weshalb man ihn festgenommen hätte. Er sagte: »Glaubt mir, Freunde, für nichts und wieder nichts bin ich hierher gekommen. Habe einem Fuhrmann das Pferd vom Schlitten losgebunden. Man faßte mich und sagte, ich hätt's gestohlen. Ich sage aber: Wollte nur schneller vorwärtskommen – und habe das Pferd laufen lassen. Der Fuhrmann ist auch mein Freund. Geht alles mit rechten Dingen zu. – Nein, sagen Sie, du hast's gestohlen. – Was und wo ich aber gestohlen, das wissen sie nicht. War das eine Geschichte! Ich hätte schon längst hierher gemußt, aber sie konnten mir nichts beweisen, und jetzt haben sie mich ungesetzlich hierher gebracht. Um nicht zu lügen – ich war schon mal in Sibirien, hab' meinen Besuch aber nicht lange ausgedehnt ...«

»Woher kommst du denn?« fragte ein Sträfling.

«Bin aus der Stadt Wladimir, dortiger Kleinbürger, heiße Makar, mit Vatersnamen Ssemjonowitsch.«

Aksjonow erhob den Kopf und fragte: »Sag mal, Ssemjonowitsch, hast du nichts von den Kaufleuten Aksjonow gehört? Leben die noch?«

»Wie sollt ich nicht! Sind reiche Kaufleute, trotzdem der Vater in Sibirien ist. Scheint auch so ein Sünder wie ich. Aber du selbst, Väterchen, weswegen bist du hier?«

Aksjonow sprach nicht gern von seinem Unglück; er seufzte und sagte: «Meiner Sünden wegen bin ich im sechsundzwanzigsten Jahre im Zuchthaus.«

Makar Ssemjonowitsch erwiderte: »Wegen welcher Sünden?«

Aksjonow sagte: »Muß es wohl so verdient haben«, und wollte nicht mehr sagen. Andere Gefangene aber erzählten dem Neuling, wie Aksjonow nach Sibirien gekommen sei. Sie erzählten, wie unterwegs jemand einen Kaufmann getötet und Aksjonow das Messer untergeschoben und wie man ihn dann unschuldig verurteilt hätte.

Als Makar Ssemjonowitsch das hörte, sah er Aksjonow an, schlug sich mit der Hand aufs Knie und sagte: »Nun sag einer! Ist das ein Wunder! Bist du aber alt geworden, Freund.«

Man fragte ihn aus, worüber er sich wunderte und wo er Aksjonow gesehen hätte; aber Makar Ssemjonowitsch antwortete nicht, er sagte nur: »Ist das ein Wunder, Freunde – wie man sich so zusammenfindet!«

Bei diesen Worten kam Aksjonow der Gedanke, ob dieser Mensch nicht wüßte, wer den Kaufmann getötet hätte. Er sagte: »Ssemjonowitsch, hast du etwa früher einmal von dieser Sache gehört, oder hast du mich früher gesehen?«

»Wie sollte ich nicht! Die Welt ist voll von Gerüchten. Aber die Sache ist schon lange her: was ich davon gehört, habe ich vergessen«, erwiderte Makar Ssemjonowitsch.

»Vielleicht hast du gehört, wer den Kaufmann getötet hat?«

Makar Semjonowitsch lachte und meinte: »Sicher hat ihn der getötet, in dessen Sack man das Messer gefunden hat! Selbst wenn dir jemand das Messer untergeschoben hat – nicht gefangen, nicht gehangen. – Wie hätte man dir auch das Messer in den Sack stecken sollen? Er stand doch wohl an deinem Kopfende, das hättest du doch gemerkt!«

Sowie Aksjonow diese Worte hörte, kam ihm der Gedanke, dieser Mensch müßte den Kaufmann getötet haben. Er stand auf und ging weg. Aksjonow konnte diese ganze Nacht nicht einschlafen. Schwermut überkam ihn, und er hatte Erscheinungen: bald erschien ihm seine Frau, genauso wie damals, wo sie ihm das letzte Lebewohl vor seiner Reise zur Messe sagte. Er sah sie wie lebend vor sich, ihr Gesicht und ihre Augen, und hörte, wie sie mit ihm sprach und lachte. Dann erschienen ihm seine Kinder, genauso, wie sie damals waren, ganz klein, der eine im Pelz, der andere an der Brust, und er erinnerte sich, wie er damals gewesen war – heiter und jung; er erinnerte sich, wie er oben in der Herberge saß, wo man ihn gefangennahm, wie er auf der Gitarre spielte und wie ihm damals heiter zumute war. Und er erinnerte sich der Richtstätte, wo man ihn ausgepeitscht, und des Henkers und des Volkes und der Leute ringsum, und der Ketten und der Sträflinge und seines ganzen sechsundzwanzigjährigen Sträflingslebens und seines Alters. Und es befiel ihn solche Schwermut, daß er Hand an sich legen wollte.

»Und das alles kommt von diesem Bösewicht!« dachte Aksjonow. Und ihn überkam solche Wut gegen Makar Ssemjonowitsch, daß er sich an ihm rächen wollte, wenn er auch selbst dabei zugrunde ginge. Er sprach die ganze Nacht Gebete, konnte sich aber nicht beruhigen. Am Tage wich er Makar Ssemjonowitsch aus und sah ihn nicht an.

So vergingen vierzehn Tage. Nachts konnte Aksjonow nicht schlafen. Er litt so große seelische Schmerzen, daß er nicht wußte, was er beginnen sollte.

Eines Nachts ging er im Gefängnis umher und sah, wie unter einer Pritsche Erde aufgeworfen wurde. Er blieb stehen und sah hin. Plötzlich sprang Makar Ssemjonowitsch unter der Pritsche hervor und sah Aksjonow erschreckt an. Aksjonow wollte vorübergehen, um ihn nicht zu sehen: aber Makar ergriff seine Hand und erzählte, daß er einen Durchgang unter der Wand gegraben und jeden Tag die Erde in den Stiefelschäften herausbrächte und auf die Straße schütte, wenn man sie zur Arbeit triebe. Er sagte: »Schweig aber still, Alter, ich bringe dich auch hinaus. Wenn du aber darüber sprichst, werde ich mit Ruten gepeitscht, dann laß ich dich nicht los – schlag dich tot.«

Als Aksjonow den Bösewicht so vor sich sah, zitterte er am ganzen Leibe vor Wut, machte seine Hand frei und sprach: »Ich habe keinen Grund von hier fortzugehen, und mich töten kannst du nicht, du hast mich schon längst getötet. Ob ich dich angeben werde oder nicht, hängt davon ab, wie Gott es mir eingibt.«

Als man am nächsten Tage die Sträflinge zur Arbeit hinausführte, bemerkten Soldaten, wie Makar Ssemjonowitsch Erde ausschüttete; man suchte im Gefängnis nach und fand das Loch. Der Gefängnisdirektor kam und befragte alle Sträflinge, wer das Loch gegraben hätte. Alle leugneten. Die von der Sache wußten, verrieten Makar Ssemjonowitsch nicht, weil sie wußten, daß man ihn dafür halbtot peitschen würde. Dann wandte sich der Gefängnisdirektor an Aksjonow. Er wußte, daß Aksjonow ein aufrichtiger Mensch war und sagte: »Alter, du bist ein wahrheitsliebender Mensch; sag mir bei Gott: Wer hat es getan?«

Makar Ssemjonowitsch stand da, als wenn nichts geschehen wäre, blickte den Gefängnisdirektor an und sah nicht nach Aksjonow hin. Aksjonow zitterten Hände und Lippen, und er konnte lange kein Wort hervorbringen. Er dachte: »Verrate ich ihn nicht – weshalb soll ich ihm verzeihen, wo er mich zugrunde gerichtet hat? Er soll meine Leiden entgelten. Sage ich aber, er ist es gewesen, so wird er zu Tode gepeitscht. Und wenn ich ihn nun in falschem Verdacht habe? Werde ich dadurch überhaupt Erleichterung finden?«

Der Direktor sagte noch einmal: »Nun, Alter, sag die Wahrheit: Wer hat den Gang ausgegraben?«

Aksjonow blickte Makar Ssemjonowitsch an und sagte: »Ich weiß es nicht, Euer Gnaden. Gott heißt mich schweigen. Und ich sag's nicht. Verfahren Sie mit mir nach Belieben, ich bin in Ihrer Gewalt.«

So sehr der Gefängnisdirektor in ihn drang, Aksjonow sagte kein Wort mehr. So erfuhr man denn nicht, wer das Loch gegraben hatte.

Als Aksjonow in der nächsten Nacht auf seiner Pritsche lag und eben einschlafen wollte, hörte er, wie jemand zu ihm kam und sich ihm zu Füßen hinsetzte. Er blickte in der Dunkelheit hin und erkannte Makar.

Aksjonow sagte: »Was willst du noch von mir? Was machst du hier?« Makar Ssemjonowitsch schwieg. Aksjonow aber erhob sich und sagte: »Was willst du? Geh fort! Sonst rufe ich den Posten.«

Makar Ssemjonowitsch beugte sich zu Aksjonow und flüsterte: »Iwan Dmitrijewitsch, verzeih mir!«

Aksjonow sagte: »Was soll ich dir verzeihen?«

»Ich habe den Kaufmann getötet. Ich habe dir das Messer untergeschoben, ich wollte auch dich töten, aber auf dem Hofe entstand ein Geräusch; da schob ich das Messer in deinen Sack und kletterte zum Fenster hinaus.«

Aksjonow schwieg und wußte nicht, was er sagen sollte. Makar Ssemjonowitsch glitt von der Pritsche herunter, beugte sich bis zur Erde nieder und sprach: »Iwan Dmitrijewitsch, verzeih mir, verzeih mir um Gottes willen. Ich werde aussagen, daß ich den Kaufmann getötet habe, dann kommst du frei und kehrsf nach Hause zurück.«

Aksjonow sagte: »Du hast gut reden. Aber was wird aus mir? Wohin soll ich jetzt gehen? Mein Weib ist tot, die Kinder haben mich vergessen; ich kann nirgends hin ...«

Makar Ssemjonowitsch erhob sich nicht vom Boden, sondern schlug mit dem Kopfe gegen die Erde und sprach: »Iwan Dmitrijetwisch, verzeih mir! Als man mich auspeitschte, war mir leichter zumute als jetzt, wo ich dich ansehe ... Und du hast noch Mitleid mit mir gehabt – hast kein Wort gesagt! Verzeih mir, um Christi willen! Verzeih mir verfluchtem Verbrecher!« Und er schluchzte auf.

Als Aksjonow hörte, wie Makar Ssemjonowitsch weinte, begann er selbst zu weinen und sagte: »Gott wird dir verzeihen; vielleicht bin ich hundertmal schlechter als du!« Und plötzlich wurde ihm leicht ums Herz, und er sehnte sich nicht mehr nach Hause. Er verließ das Gefängnis niemals, sondern dachte nur an seine letzte Stunde.

Makar Ssemjonowitsch hörte nicht auf Aksjonow und gestand sein Verbrechen. Als die richterliche Entscheidung eintraf, Aksjonow könne heimkehren – war er gestorben.

QUELLENNACHWEIS

Die Lesestücke wurden mit freundlicher Genehmigung der Verlage folgenden Büchern entnommen:

Hans Bethge, Die chinesische Flöte. Insel, Leipzig 1907 (Mond, Wasser, Wind. Mondnacht auf dem Meer. Der Dichter. Treppe im Mondlicht)
Chinesische Gedichte. Nachdichtungen von Klabund. Phaidon, Wien o. J. (Frühling. Der Silberreiher)
Chinesisch-deutsche Jahres- und Tageszeiten. Diederichs, Jena 1922 (Sommer)
Häuptling Büffelkind Langspeer erzählt. List-Taschenbuch Nr. 115, München 1949 (Wolfbruder)
Das Gesicht der Völker. Westafrikanischer Kulturkreis. Röth-Verlag, Kassel o. J. (Wie Gott die Welt erschuf und die Baule auf die Erde kamen)
Indianermärchen aus Nordamerika. Diederichs, Jena 1924 (Die Erschaffung der Welt. Die Menschenschöpfung)
Richard Karutz, Des schwarzen Menschen Märchenweisheit. Orient-Occident-Verlag, Stuttgart 1929 (Wahres Glück. Der Sternensohn. Der falsche Neffe. Der blinde König. Das Salz der Erde. Mond und Hase)
Konjaku. Altjapanische Geschichten. Niehans-Verlag, Zürich 1956 (Wie eine Frau, die ihren armen Mann verließ ... Wie der Hofmann Hiromasa den Blinden besuchte. Vom Mönch Tôshô)
Kungfutse, Die goldene Mitte. Schuler-Verlag, Stuttgart 1950 (Sprüche und Aphorismen)
Lyrik des Ostens. Carl Hanser Verlag, München 1957 (Preis geistiger Gemeinschaft. Nutzen des Nichts. Die Chrysanthemen. Herbstabend im Gebirge. Krieger. Winter)
Märchen aus Nordamerika. Diederichs, Jena 1924 (Der Flug zum Mond)
Malaiische Märchen. Diederichs, Jena 1927 (Die Erzählung vom himmlischen Prinzen. Vom Manne, der Gott versuchte. Von einem Begu, der eine Frau rauben wollte. Der Zwerghirsch und der Tiger)
Knud Rasmussen, Die Gabe des Adlers. Schütte Verlag, Frankfurt/Main 1937 (Der Mythos vom Ursprung allen Lebens. Die Seele des Wals)
Sibirische Märchen. Diederichs, Jena 1927 (Die drei Störche. Die bösen Geister mit den eisernen Zähnen)
Tausend und eine Nacht. Übertragen von G. Weil, Berlin 1865 (Die drei Äpfel. Ikirma und Chuseima. Der fromme Sohn Harun al Raschids. Der Eselstreiber und die zwei Diebe)

PADRAIC COLUM

Der Königssohn von Irland

Übersetzt von Konrad Sandkühler, 4. Aufl., 218 S., Pappband

Padraic Colum erzählt: »Meine Großmutter kannte überlieferte Geschichten, und einige, die ich von ihr hörte, waren sehr schön. Sie erzählte sie jedoch nicht in berufsmäßiger Weise. Ihr Haus hatte aber einen Besucher, der noch berufsmäßig erzählen konnte, einen Mann, der der letzte Shanachie dieser Gegend war, der letzte berufsmäßige Geschichtenerzähler und Geschichtskundige. In seinem Haus – es war eine verfallene Hütte, die nur durch eine Kerze und noch häufiger nur durch das Torffeuer auf dem Herd erleuchtet wurde – hörte ich Geschichten in der alten, berufsmäßigen Weise mit dem Rhythmus, den Gebärden der Betonungen, die zur alten Volkskunst gehören.«
Aus dieser Begegnung entsprang Padraic Colums Liebe zu den irischen Sagen und Märchen, von denen er die schönsten in diesem Buch aufzeichnete: Die Geschichte vom Königssohn, von Flann und der Prinzessin Weinflamme, von Fedelma, der Tochter des Zauberers, vom Lichtschwert und von den Abenteuern des Gilly Ziegenfell.

CHRESTIEN DE TROYES

Perceval

oder die Geschichte vom Gral. Übersetzt von Konrad Sandkühler, 3. Aufl., 204 Seiten mit 4 Farbtafeln, Leinen

Wir erfahren die Abenteuer des Ritters Perceval, von seinem Auszug als wallisischer Dummkopf bis zu seiner Begegnung mit dem edlen Gauwain, der ihn am Artushof als nunmehr vollendeter Ritter einführt. Er erlebt dann den jähen Sturz in den Zustand des Ausgestoßenen, der zunächst seine Aufgabe und geheime Sendung nicht erfüllen kann. Dann tritt im weiteren Verlauf der Geschichte der Held Gauwain seine Fahrt der Abenteuer an. Er ist der vollendete Artusritter, der die Pflichten der »Höfischkeit« mit immer gleicher innerer Geduld, Ausdauer und Tatkraft erfüllt.
Diese älteste Gralserzählung, in der Blütezeit des mittelalterlichen Rittertums entstanden, erscheint hier zum erstenmal in deutscher Übersetzung.

GERBERT GROHMANN

Lesebuch der Pflanzenkunde

6. Auflage. Mit zahlreichen Zeichnungen des Verfassers. 214 Seiten, kartoniert

Voller Geheimnisse und Wunder ist die Pflanzenwelt. Mit Gerbert Grohmann entdecken wir so viel Neues, daß es scheint, als sähen wir sie überhaupt zum erstenmal richtig und seien bisher mit blinden Augen durch Wiesen und Wälder gegangen. Wer hat schon das Geheimnis des Rosenkelchs entdeckt oder einen Farnkeimling genau untersucht? Wer weiß schon, warum das Korn keine Blumen trägt oder warum die Kartoffel mit der Tomate verwandt ist? Wer weiß etwas über die merkwürdigen Moose und Flechten der skandinavischen Hochgebirge oder über die verschiedenen Palmenarten und ihre wirtschaftliche Nutzung? Von großen und kleinen, einheimischen und exotischen Pflanzen erzählt Gerbert Grohmann so spannend, daß man Lust bekommt, selbst draußen in der Natur zu suchen und zu beobachten. Denn das «Lesebuch der Pflanzenkunde» ist kein trockenes Lehrbuch, sondern ein lebendiger und anregender Führer auf einer Entdeckungsreise in die weite Welt der Pflanzen.

GERBERT GROHMANN

Lesebuch der Tierkunde

Zeichnungen von Eva Zippel, 5. Auflage, 128 Seiten, kartoniert

Achtzehn Tiere: Das Ren – Der Braunbär – Der Hamster – Von den Robben. Der Seehund – Von zwei Eulen – Vom Buntspecht – Über das Kamel – Sieben Schneckengeheimnisse – Lob und Preis dem Regenwurme! – Fledermäuse – Der Maulwurf – Von einem Vögelein, das nicht so gern fliegt, und von Fischen, die Nester bauen – Von der Kreuzspinne – Elefanten – Von Ameisen – Über den Igel.
Dieses Buch ist kein trockenes Schulbuch, sondern spannend wie eine Entdeckungsfahrt in ein fremdes Land: Sogar das Leben kleiner und unscheinbarer Tiere steckt voller Wunder und Geheimnisse, von denen Gerbert Grohmann lebendig zu erzählen weiß.

VERLAG FREIES GEISTESLEBEN STUTTGART

141.–

DM 18–

11/80